KB230782

기독교
노인교육

기독교 노인교육

- 독일 지역교회를 중심으로 -

김 정 희 지음

KSI 한국학술정보㈜

|머리말|

"인간은 늙어가는 존재이다. 그러나 자신이 어떻게 노화의 시간을 느끼느냐 그리고 자신의 삶을 어떻게 만들어 가느냐에 따라서 노화의 시간은 달라진다."

내가 기독교 노인교육에 대해 처음 관심을 가지게 되었을 때 맨 처음 마주쳤던 말이 바로 위에 쓰인 문장이다. 이 문장은 나의 기독교 노인교육의 연구에 있어서 기본적인 토대가 되고 있다. 그리고 본 저서에 있어서도 전체 내용을 잡아주는 기본적인 뼈대가 되고 있다. 필자가 노인에 대해 관심을 가지게 되었던 때가 바로 독일 유학 시절이었다. 학생 신분으로 독일 지역교회(Landeskirche)에서 교회실습을 하면서 한국 교회에서는 경험할 수 없는 값진 경험을 할 수 있게 되었다. 바로 실습 기간 중에 만났던 평신도 사역자의 대부분이 노인이었는데 이는 한국 교회에서는 상상하기 어려운 일이었기 때문이다. 우리는 흔히 '유럽 교회는 죽어가고 있다'라는 말을 많이 사용한다. 그런데 필자가 독일에서 경험해 본 바로는 여전히 뜨거운 믿음의 열정적인 사역이 있었다. 그리고 그 핵심에는 노인이 서 있었다. 하지만 안타깝게도 독일 기독교 노인교육 자체의 늦은 발달로 인해 이와 같은 사실이 많이 가려져 있었다. 그리고 교회 구성원 중에 노인이 많은 역할을 함에도 불구하고 그에 대한 귀중함을 깨닫지 못하고 있었다. 본 저서에서는 노인의 교회 내 귀중한 사역을 소개하고 이를 통해 현 노인에게 있어서 필요한 것이 돌봄이 아닌 그들의 능력을 제대로 재인식시키고, 이를 사회와 교회 안에 유용하게 쓰일 수 있도록 하는 데 있다는 사실을 재인식시키고자 한다. 그런데 왜 한국이 아닌 독일의 기독교 노인교육일까? 한국도 이미 2000년에 전체 인구 가운데 65세 이상의 노인인구가 약 7.2%를 넘어섬으로서 고령화 사회로 진입하였다. 그리고 2018년에는 그 비율이 14%가 되면서 고령사회로 들어서게 될 것이 예상되고 있다. 이러한 고령화 현상으로 인해 이미 한국 사회는 노인에 대해 많은 관심을 기울이고 있다. 정치계에서는 노인과 관련된 각종 복지정책이 나오고 있으며, 교육계에서는 노인과 관련된 저서가 쏟아져 나오고 있다. 예를 들어 서점에 가면 노인복지, 노인교육과 관련된 책들이 이미 한 칸을 차지하고 독자들을 맞이하고 있다. 또한 대중매체에서도 노인과 관련된 이야기를 프로그램의 한 테마로 사용하고 있다. 그러나 안타깝게도 기독교 교회 내 그리고 신학 대학 내지 대학원 내 노인에 대한 관심은 아직 미미한 상황이다. 여전히 아동·청소년교육에 관심을 기울이는 신학생·사역자가 많으며 성인교육에 많은 힘을 기울이고 있는 교회가 많다. 노인은 여전히 뒷전이다. 노인에 대한 관심이 있다고 하더라도 이는 사회복지 차원에서의 관심일 뿐 노인교육과 관련되어 노인을 주체적으로 바라보고 그들의 존재의미와 활동기회의 실현에 대한 관심은 아니다. 이와 같은 생각은 노인에 대해 관심이 없어서일 수도 있지만, 어쩌면 노인의 중요성에 대해 미처 깨닫지 못함에서 오는 현상일 수도 있다. 그러므로 필자는 독일 지역 교회의 모습이 멀지 않은 미래의 한국 교회의 모습이 될 것이라 의심하지 않는다. 한국 사회가 선진국의 사회구조 발달의 전철을 밟아 고령화 사회로 진입하였고 앞으로 고령사회 그리고 초고령사회로 발전하는 모습이 예상되고 있는 것처럼 교회도 그리할 것이다. 그러므로 이미 초고령교회의 구조를 가지고 있는 독일의 기독교 노인교육을 통해 한국 기독교 노인교육의 미래를 조명하고자 한다. 특별히 본문에서 외론으로 다루어지고 있는 '웰빙 노인'에 대한 내용은 그동안 노인에 대해 가지고 있었던 편견을 없애주는 데에 커다란 도움을 줄 것이다.

본 저서는 우선 신학 대학이나 대학원에서 노인사역 또는 노인교육을 공부하는 학생들을 염두에 두고 저술되었다. 그러나 현장에서 노인사역 또는 노인교육을 담당하고 있는 목회자와 교육 리더에게도 도움이 될 것이다. 더 나아가 노년기에 접어든 혹은 언젠가는 노인이 될 여러 독자들에게도 흥미로운 내용이 되기를 바란다. 왜냐하면 노인교육은 노인에게만 해당되는 교육이 아니라 앞으로 노인이 될 사람에게도 중요한 교육이 되기 때문이다. 본인도 처음 기독교 노인교육을 접했을 때에는 나와는 먼 이야기라는 생각을 했던 것이 사실이다. 그러나 연구를 하면 할수록 노인교육이 곧 나를 위한 교육임을 알게 되었다. 왜냐하면 노년기는 선택사항이 아니기 때문이다. '아는 것이 힘이다'라는 속담처럼 노년기를 미리 경험하고 준비하는 자가 그렇지 못한 자보다 인생을 더 값지게 살 것이라 여겨진다. 그러므로 본 저서를 접하는 독자들도 이와 같은 깨달음을 함께 누리기를 바란다.

이 책이 나오게 되기까지 많은 도움을 주신 분들에게 감사를 드린다. 먼저 대학과 대학원 시절 많은 가르침과 격려를 해 주신 목원대학교의 여러 교수님들, 노인교육에 눈을 뜨게 해주신 독일 Bonn 대학의 Michael Meyer-Black 교수님, 독일에서 기독교 노인교육을 연구할 때 아낌없는 조언과 관심을 가져주셨던 Bonn 감리교회 성도들, 특별히 Dr. Klaus Thimm, Björn Sobick, 노인교육에 대해 아낌없는 조언을 해주시는 손삼권 목사님, 믿음의 아버지이신 김국도 목사님,

김병삼 목사님, 김용학 목사님, 그 외 동료들에게 깊은 감사의 마음을 전한다. 그리고 이 책의 출판을 기꺼이 맡아 주신 한국학술정보 채종준 사장님과 편집부 여러분께도 감사드린다. 마지막으로 기도로 든든한 힘이 되어주신 어머니에게 존경과 사랑을 전한다.

서 론

"인간은 늙어가는 존재이다. 그러나 자신이 어떻게 노화의 시간을 느끼느냐 그리고 자신의 삶을 어떻게 만들어 가느냐에 따라서 노화의 시간은 달라진다."

1.1. 문제제기와 대안방안

독일 사회는 초고령사회(super-aged society)이다. 독일의 사회구조가 초고령사회로 발전하는 데에 가장 큰 영향을 준 것은 산업혁명 이후 지속적으로 발전되고 향상되어온 의학과 국민 계층 간에 높아져가고 있는 삶의 질의 향상이다. 이로 인해 인간의 평균 수명은 지속적으로 증가하게 되었다. 그러나 평균수명의 연장만이 초고령사회의 원인이 되는 것은 아니다. 바로 낮아진 출산율에서도 그 원인을 찾을 수 있다. 독일의 인구분포도를 보면 전체적으로 어린이와 젊은이의 숫자는 감소하고 있으며 이와 반대로 노인의 숫자는 눈에 띄게 증가하고 있다. 이런 현상은 단순히 일시적인 현상이 아니다. 시간이 가면 갈수록 심화될 것으로 추측된다. 이러한 사회구조의 발전과 함께 시작된 것이 바로 노인에 대한 관심과 그의 삶의 환경에 대한 관심의 증가이다. 예를 들어 노인의 육체적이고 경제적이고 사회적인 면과 관련된 문학 작품이 증가하고 있는 것, TV와 라디오 프로그램 가운데 특별히 노화에 대해 다양한 분석과 조언을 주 내용으로 한 프로그램이 증가하고 있는 것 그리고 노년과 관계된 놀이문화가 증가하고 있는 것 등이 있다. 이를 통해 알 수 있는 사실은 사회가 노인 대부분이 겪고 있는 육체적인 어려움 그리고 영적이고 사회적인 어려움에 대해 관심을 가지게 되었다는 것이다. 이와 함께 눈에 띄는 것은 짧은 시간동안 노년층이 사회적인 소비 계층으로 발돋움했다는 사실이다. 이것은 어떤 면에서 보면 독일의 연금제도가 주는 재정적인 면에서의 풍요로운 노년과 연관 지어 생각해 볼 수 있다. 현재 독일에서는 이러한 견해들 속에서 노년층을 새로운 소비 고객층으로 보고 그들을 위한 다양한 상품들이 쏟아져 나오고 있는 상황이다.

이와 같은 노인에 대한 사회적 관점이 달라지고 있는 데에는 학문적이고 사회적인 기관(교회 역시)의 노력이 영향을 주었다. 그들은 노년에 나타나는 현상에 대해 다양한 방법을 통해 연구하고 있다. 특별히 사회학적·심리학적 노인연구와 지난 30년 동안 나타난 수많은 이론적인 프로그램들 그리고 광범위한 경험적인 자료들이 그것이다.

노인에 대한 독일 내 인문학적인 연구 역사를 보면 다음과 같다. 먼저 1967년 '노인연구를 위한 독일 사회'가 창립되었다. 이후 첫 번째 회의에서 그 명칭을 '노년학에 대한 독일사회'로 바꾼다. 이 학회는 독일 내 심리학, 사회학 (또는 노인사회학) 그리고 교육학과 의학적 – 생태학적 학문과의 조우를 통해 집약적이고 성과 있는 결과들을 내놓게 된다. 즉 인문학의 각과 분야의 자유로운 대화를 통해 노인에 대한 지식을 다양하게 얻음과 동시에 노인에 대한 문제와 기회를 찾고자 하는 것이 이 학회의 목적이다.

노인에 대한 연구를 좀 더 구체적으로 살펴보면, 두 가지 관점으로 나눌 수 있다. 첫째, 교회와 사회 기관의 노인에 대한 서비스이다. 둘째, 노인에 대한 학문적 노력이다. 이 두 가지는 노인학이라는 개념 아래에서 바라볼 수 있는 것으로서, 여기에서 명심해야 할 것은 노인에 대한 이 두 가지 관점이 서로 분리되어 있는 것이 아니라 상호 연합되어 있다는 사실이다. 특별히 노인학은 노인교육에 많은 영향을 주었다. 왜냐하면 노인학의 새로운 연구 결과들이 노인교육에 있어서 새로운 견해를 주고 있기 때문이다. 이는 이론이 발전하면 할수록 노인에 대한 긍정적이고 관심적인 발전도 눈에 띄게 증가된다는 사실을 의미한다. 그러나 지금까지 현대 사회에서 노인에 대한 부정적인 상이 우세했던 것은 사실이다. 예를 들어 우리는 흔히 노인에 대해 '약하다, 도움을 필요로 한다, 의존적이다, 더 이상 능력이 없다, 짐이 될 뿐이다' 등으로 정의했다. 이와 같은 노인에 대한 부정적이고 편협한 사고는 사회와 교회 안에서 여전히 대다수의 여론 형성에 영향을 주고 있다. 이러한 부정적인 시각은 사회로 하여금 노인을 그들의 구성원으로서 받아들이려 하지 않는 데에도 한몫을 하고 있다. 사회는 인간이 노년기에 접어들게 되면 그의 의지와는 상관없이 직업전선의 삶의 자리에서 강제로 은퇴의 삶의 자리로 옮겨놓는다. 그리고 '늙었다, 병들었다, 능력이 없다'는 말 등으로 노인의 사기를 저하시켜 왔다. 그리고 다른 연령 계층과는 다르게 '노인'이라는 계층을 사회적으로 구분이 된 특별한 그룹으로 한정짓고 있는 것이 사실이다. 이러한 사회적인 한정 외에도 배우자를 잃고 홀로 사는 것, 은퇴에 들어가 연금생활을 하는 것, 자녀의 독립, 육체적인 체력의 저하, 가까운 친구와 지인의 죽음 등은 노인으로 하여금 소극적이게 만든다. 그러나 이제 우리는 노인의 모습을 제대로 바라보아야 할 필요가 있다. 왜냐하면 그들의 운명이 곧 우리 자신의 미래의 운명이 될 것이기 때문이다.

노인에 대해 긍정적이고 새롭게 이해하기 위해서는 먼저 오늘날 노인학의 주장을 통해 주어지는 가능성과 기회로부터 출발해야 한다. 이와 더불어 노년기를 의미 깊고 행복한 삶의 단계로 경험할 수 있도록 하기 위한 정보도 함께 제공되어야 한다. 특별히 '나이 듦'에 대한 일방적이고 부정적인 견해는 노인에게 있어서는 직접적으로 부정적인 영향을 주는 것일 뿐만 아니라 젊은이에게 있어서는 오랜 기간에 걸쳐 그들이 노인에 대해 부정적인 또는 불완전한 면만을 볼 수 있도록 강요하는 것일 수도 있다. 노인을 긍정적으로 바라보고 그의 잠재된 능력을 강조하는 학술적인 노인학은 사회 안에 일반적으로 알려진 견해와 행동 사이의 모순이 있음을 지적한다. 이 모순의 근본적인 이유는 노인학의 무능력에 있다. 그동안 노인학은 학문적인 영역에서 정체되어 있었던 것이 사실이다. 이제 이러한 정체를 타파하기 위해서는 노인학에서 주장하는 내용을 삶의 현장으로 이끌어 내야 한다. 근본적으로 인간과 사회와의 관계 안에 일구어진 이론들이 다양한 실제적인 경험을 통해 재배열되어야 한다. 물론 사회적·교회적인 체제 안에서 노인에 대한 실제적인 활동은 오래전부터 고유의 길을 걸어갔다. 지난 30년 동안 학문적인 기초로부터 노인에 대한 교육과 실제에 대한 관심을 추진해 온 것이 사실이다.

그러므로 다음과 같은 질문은 이제 무의미한 것이 되었다: "현 사회에서 노인을 볼 때 가치 없는 존재로 보아야 하는가?" 오늘날 독일에서 60세 이상의 인구가 차지하는 분포율을 살펴보면, 약 24.8%이다. 그리고 이 분포율은 2030년에 들어가서는 약 34.4%로, 60세 이상의 노인의 인구가 더욱 늘어날 것이라는 사실을 가르쳐주고 있다. 이러한 현상은 교회에게 있어서도 예외가 아니다. 예를 들어 라인란트의 지역교회의 교인 숫자 현황을 보면 60세 이상의 구성원이 오늘날에는 약 31.4%를 차지하고 있으며, 2030년에는 약 39.9%를 차지할 것으로 예상된다.

도표 1. 2004년 교회구성원의 연령 구성

나 이	남 자	%		여 자	%		총 계	%	
1 – 4	46.809	51,1		44.791	48,9		91.600	100	
5 – 9	66.329	50,8		64.136	49,2		130.465	100	
10 – 14	83.141	50,9		80.042	49,1		163.183	100	
15 – 19	85.393	50,4	21,0	84.066	49,6	16,6	169.459	100	18,6
20 – 24	81.948	48,5		87.104	51,5		169.052	100	
25 – 29	75.358	48,1		81.409	51,9		156.767	100	
30 – 34	85.641	47,0		96.581	53,0		182.222	100	
35 – 39	109.161	45,9	26,3	128.696	54,1	24,0	237.863	100	25,0
40 – 44	105.073	45,9		123.803	54,1		228.876	100	
45 – 49	90.957	46,6		104.432	53,4		195.389	100	

나 이	남 자	%		여 자	%		총 계	%	
50 – 54	80.918	46,2		94.329	53,8		175.247	100	
55 – 59	64.943	44,7	25,5	80.374	55,3	24,6	145.317	100	25,0
60 – 64	89.239	43,9		114.049	56,1		203.288	100	
65 – 69	99.354	44,2		125.555	55,8		224.909	100	
70 – 74	73.108	43,4		95.512	56,6		168.620	100	
75 – 79	56.034	36,8	23,7	96.060	63,2	26,3	152.094	100	25,1
80 – 84	31.451	28,0		80.806	72,0		112.257	100	
85 – 89	10.231	24,2		32.032	75,8		42.263	100	
90 – 94	4.868	19,0		20.765	81,0		25.633	100	
95 이상	976	15,3	3,5	5.396	84,7	8,5	6.372	100	6,3
총 계	1.340.938	45,0	100	1.639.938	55,0	100	2.980.876	100	100

이러한 발전에 근거하여 노인의 사회적 힘이 서서히 증가하고 있다는 사실 역시 간과해서는 안 된다. 이제 노인은 사회적 문제요인 중의 하나로 보아서는 안 된다. 그보다는 그들을 우리 사회의 능동적인 구성원으로서 인지해야 한다. 그들은 앞으로 다가 올 미래의 사회 안에서 특별한 의미 있는 역할을 할 존재들이 될 것이다. 이런 예상은 이미 오래전부터 교회 내 노인의 숫자가 불균형적으로 크게 증가했다는 사실을 통해 입증되고 있다.

그렇다면 교회는 이러한 현상에 대해 어떻게 보아야 할 것인가? 도표 1을 보면, 우리는 특별히 눈에 띄는 연령층을 발견할 수 있다. 바로 80 – 90세 사이의 연령층을 구성하고 있는 그룹이다. 이 그룹은 현재 교회구성원의 약 6.5%를 차지하고 있다. 60 – 79세의 구성원이 약 25.1%를 차지하고 있다는 사실 역시 간과해서는 안 된다.

결과적으로 60 - 80세 사이의 숫자는 전체 교회구성원의 약 31.6% 라는 매우 커다란 부분을 차지하고 있다.

이 동년배 집단의 기대되는 성장:

도표 2. 2005 - 2030년의 공동체구성원의 연령 구성(예상)

연 령	2005	%	2010	%	2015	%	2020	%	2025	%	2030	%
0 - 4	88.967		86.164		77.435		66.827		58.225		52.982	
5 - 9	125.620		99.703		95.874		85.855		74.115		64.841	
10 - 14	158.700		132.758		106.096		101.386		90.672		78.498	
15 - 19	172.350	18,5	162.277	17,2	146.035	15,9	108.973	15,0	103.832	14,7	92.893	14,1
20 - 24	165.916		167.471		157.455		131.985		105.787		100.778	
25 - 29	157.118		155.285		156.716		147.347		123.515		98.991	
30 - 34	168.030		147.955		146.251		147.551		138.753		116.314	
35 - 39	229.052	24,4	157.549	22,5	138.785	23,0	137.149	23,3	138.400	22,7	130.105	21,8
40 - 44	231.062		214.594		147.622		129.986		128.476		129.600	
45 - 49	199.750		217.987		202.488		139.253		122.610		121.181	
50 - 54	175.329		198.753		207.125		192,424		132.376		116.475	
55 - 59	145.694	25,5	167.935	28,3	181.764	28,3	198.427	27,3	184.322	25,5	126.769	24,1
60 - 64	188.530		139.434		160.730		173.958		189.963		176.488	
65 - 69	226.514		178.997		132.658		152.697		165.319		180.562	
70 - 74	171.817		207.202		163.606		121.646		139.705		151.332	
75 - 79	154.488	25,1	147.344	24,1	177.754	24,3	140.125	24,3	104.743	26,9	119.876	30,7
80 - 84	115.069		117.696		111.956		135.030		105.964		80.144	
85 - 89	43.593		71.238		72.236		68.550		82.611		64.306	
90 - 94	26.182		19.214		30.888		31.071		29.506		35.443	
95이상	6.665	6,5	7.817	7,7	6.181	8,5	8.856	10,1	9.223	10,2	8.892	9,2
총 계	2.950.446	100	2.788.375	100	2.609.613	100	2.419.095	100	2.228.115	100	2.046.468	100

이러한 사실에 직면하여 우리가 기억해야 할 것은 사회의 모든 구성원은 기본적으로 자신의 삶에 대한 기회의 평등과 극대화 그리고 삶의 질의 개선을 요구한다는 것이다. 여기에서 하나의 중요한 갈등의 가능성이 생긴다. 바로 노인이다. 노인이 사회 안에서 더 이상 생산적인 존재로 비추어지지 않더라도 노인의 국민총생산의 증가에 기여하는 역(易)역할로의 변화를 통해 노인 스스로가 자신의 삶을 누릴 수 있는 권리를 요구하기 시작했다. 이제 노인은 더 이상 사회의 한 구석에 서 있고자 하지 않는다는 것을 깨달아야 한다. 그렇기 때문에 노인에게 여전히 존재하는 가능성과 잠재능력을 발견하고 장려하여 사회 안에서 활동적으로 협력할 수 있도록 격려하고 이에 따른 활동의 영역도 제공되어야 한다.

그렇지만 이에 상응하는 자각을 발전시키는 것과 생각의 전환은 쉽지 않다. 이것은 노인뿐만 아니라 젊은이, 장년에게 마찬가지이다. 그렇지만 생각의 전환은 - 비록 그것이 어렵다고 할지라도 - 획기적이고 능동적으로 이루어져야 한다. 그렇게 해야 노인 스스로도 그리고 젊은이도 자신의 부정적인 선입견을 변화시킬 수 있다. 여기에 있어서 중요한 역할을 하는 것이 바로 노인교육이다. 노인교육은 노인의 고독, 외로움, 의존성, 불필요한 존재로 낙인찍힘에 대한 두려움, 체념, 자신의 자리로부터 쫓겨남 등에 대해 관심을 기울이고 도와야 한다. 또한 기독교 노인교육은 세속적 - 기독교적 공동체 안에서 그들의 삶에 대한 생각과 권리를 찾고 누릴 수 있도록 하는 데에 도움을 주어야 한다. 이러한 교육은 노인에게 있어서 생각의 변화를 가져오게 한다. 노인교육은 이러한 목표설정에 있어서 노인 스스로 자각을 할 수 있는 길과 '노인이 됨'에 대해 어떤 모습과 마음가짐으로 받아들여야 하는가에 대해 계획하고, 이를 통해 노년의 삶을 최고로 만족하는 삶으로 받아들일 수 있도록 이끌어야 한다.

그런데 우리는 이쯤에서 다음과 같은 질문에 봉착하게 된다: "그동안 '노인교육'이라는 명칭을 친숙하게 들어왔는가?" 일반적으로 교육은 학교교육과 직업교육 그리고 직업 활동 안에 이루어지는 평생교육으로 나눠진다. 그동안 노인학은 인문학의 영역에서 다루어졌다. 그리고 독일 시민대학과 지역교회에서는 노인에 대해 관심을 갖고 그들은 하나의 목표 집단으로 보고 그들에게 많은 프로그램을 제공하는 데에 주력했었다. 그런데 이러한 사회와 교회의 움직임에도 불구하고 노인은 대부분 주체가 아닌 객체로서 다루어졌다. 왜냐하면 사람들은 노인을 바라볼 때, 그에게 있어서 교육은 더 이상 필요하지 않거나 그 스스로가 원치 않는다고 생각했었기 때문이다. 그들은 노인에게 있어서 필요한 것은 돌봄과 도움이라고 생각한 것이 사실이다. 이렇듯 노인학이 학문적 영역에서 머무르고 있는 것과 사회와 교회에서는 교육적 이해와 과정이 없이 실제적인 면에만 치중한 것이 오늘날 독일의 노인사역의 현실이다.

또한 눈에 띄는 것은 독일 신학대학의 실천신학 또는 기독교교육학의 분야에 있어서 노인교육을 교회교육에 있어서 하나의 연구과제로 바라보는 관심이 적었기 때문에 이와 관련된 세미나를 거의 열지 않고 있었다는 사실이다. 그리고 이에 동반하는 실제적인 숙고와 성찰이 없었다는 것도 안타까운 일이다. 왜냐하면 그 결과 대부분의 신학생, 목사, 종교기관에서 일하게 되는 사람들이 노인에 대해 올바른 지식을 전혀 갖추지 못하게 되었기 때문이다. 이러한 지식적 결핍은 그들이 노인을 볼 때 대개 돌보아야 할 존재로밖에 생각할 수 없게 만들었다.

현재 보이는 또 다른 문제로는 노인교육을 성인교육의 하나의 특별한 부분으로서 인지하는 데 있다. 그것은 노인교육을 하나의 독립된 것으로, 즉 특별한 요구와 합법성을 가지고 있다거나 또는 주체적으로 서 있는 교육의 한 분야로서 보는 것이 아닌 성인교육의 미미한 부수적인 교육 현상으로 규정하고 있다는 것이다. 이러한 현상은 노인을 학문과 사회·교회의 한구석으로 몰아가는 원인이 됨과 동시에 그를 소외시키는 결과를 가져오게 되었다. 노인이 주체가 될 수 있다는 관심 속에서 하나님의 사랑하는 자로서의 의미를 가질 수 있는 자기가치가 있으려면, 노인의 삶과 믿음의 상황이 그동안 여겨져 왔던 상황과는 다른 상황으로 옮겨져야 하고 이와 함께 그들에게 사회와 교회의 삶에 적극적으로 참여할 수 있는 새로운 기회를 주어야 한다.

그렇기 때문에 본 저서는 다음과 같은 질문에서 출발한다: "노인교육이 근본적으로 주체적인 교육의 영역으로서 다양한 견해와 관점을 제공하고 이를 통해 사회와 교회에 있어서 미래지향적인 학문 영역으로 조직될 수 있을까?" 교회에 있어서 위와 같은 질문은 노인의 존재론적 이유와 그의 삶의 자리와 관련된 질문과 상당히 밀

접히 연관되어있다: "노년기에도 교육은 가능한가?" "노인도 능동적으로 활동할 수 있는 존재인가?" "교회 안 사역에 있어서 노인의 능력과 활동은 교회에 어떤 영향을 줄 수 있을까?" 이 질문에 대한 해답을 찾기 위해 다음과 같은 연구가 진행될 것이다. 첫째, 노인에게 있어서 스스로에 대해 침묵하게 하지 않고 – 그들의 요청에 부합하여 – 노인 자신과 더 나아가 늙어가고 있는 사람들에 대한 새로운 이해를 찾고자 한다. 이를 위해 교회와 사회라는 상황 안에서 노인의 문제를 다루고자 한다.

둘째, 노인교육에 대한 의미를 기독교 공동체 안에서 새롭게 바라보려고 한다. 노인교육의 목표는 더 이상 노인을 '돌봄의 존재'로 보는 것이 아닌 노인 스스로 가치가 있다는 사고의 전환을 통해 노인 자신의 사기를 고취시키고, 자존감을 높여주어 삶의 만족을 가지도록 하는 데에 있다. 그러므로 특별히 교회 내에서 노인이 긍정적으로 활동할 수 있는 활동영역도 제시하고자 한다. 즉 교회 안에서 사역봉사자로서의 동기유발과 준비 자세를 갖출 수 있도록 하는 데에 도움을 주며, 심지어 자신의 한계를 넘어설 수 있도록 하는 데에 관심을 초점을 맞추고자 한다. 이를 위해 준비되어지는 적절한 제안은 다음과 같다.

1.2. 목적과 구성

1.2.1. 역사적 전제

노인은 단지 의학적으로 적당한 치료와 나이에 맞는 돌봄만을 필요로 하지 않는다. 정신적·문화적으로 적합한 자극과 함께 심지어 그들의 요구에 맞는 교육적 기반 또한 필요로 한다. 이러한 노인의 욕구에 대한 논의는 이미 20세기 초반에 이루어졌다. 그러나 노인의 정신적인 활동성을 자극시키고 격려시키는 과제는 지금까지 보편화되지 못했고 인지되지 못한 상태이다. 그러므로 평균수명의 연장과 질 높은 삶의 환경을 통해 육체적·정신적으로 여전히 생산적이고 활동적인 사람들이 많아짐에도 불구하고 사회적으로 활동할 수 있는 나이의 제한으로 인해 일터로부터—예를 들어 공적인 일(공직, 공무, 공직 근무자 전체, 도움, 돌봄, 봉사)들—강제적으로 은퇴하게 되면서, 그들은 새로운 요구를 사회와 교회에게 하게 되었다.

50년대 이후 인문학계(특별히 정신학적·사회학적 노인연구에서)의 빠르게 축적된 지식을 토대로 상이한 이론이 형성되었다. 노인학에 대해 각 학과에서 새롭게 연구되고 있는 분야는 의학적이고 정신학적 문제제기와 함께 신학적인 물음도 덧붙여져 상호 영향을 주고 있는 것이 사실이다. 이를 기본 바탕으로 하여 노인의 삶의 성취와 삶의 만족의 형태가 이해되거나 서술되고 있다. 노인의 기대되어지는 정신적인 대답 그리고 적어도 부분적으로는 매우 활동적으로 행하는 역할의 증가는 신학으로 하여금 하나의 도전으로 받아들이게 한다. 노인은 이제 신학적 연구의 새로운 목적그룹이 되어야 한다. 본 연구는 교회 내 노인구성원의 증가와 교회의 책임적 기능을 위임 받도록 자극함과 동시에 빠르게 증가되는 노인 구성원과 감소되고 있는 젊은 구성원 사이의 이상적인 조화를 전제로 한다.

1.2.2. 노인학의 연구를 위한 전제

노인학은 노인연구를 위해 시작되었고, 노인의 육체적, 정신적, 사회적 그리고 영적인 상태에 대한 지식적 영역을 끊임없이 수집하고 가공하였다. 그것과 함께 노인학은 학문의 각 분야의 가장 특별한 인식 안에서 다음과 같은 문제제기를 해야 한다: "살아있는 기독교 공동체는 노인의 상태에 대해 어떤 영향을 주어야/줄 수 있는가?" 신학은 노인의 특별한 질문과 필요욕구에 대해 적합하게 반응하고 도전하는 가운데 노인학의 지식을 고려하고 취해야 한다. 또한 노인 특유의 질문과 그에 따른 핵심토론—죽음으로 인도하는 질환, 속수무책적인 삶, 임종을 앞둔 사람을 위한 도움, 보살핌 등에 대해—에 대해 자율적이고 주체적으로 대답을 주어야 한다. 그로부터 노인이라는 목적 집단에 대한 학제적 고찰은 불가피하게 발생한다. 특별히 사회학과 성인교육과 같은 다른 학문과 밀접한 연관성을 가지게 된다. 이러한 맥락으로부터 특별히 기독교 노인교육이 내포하는 사상, 관점, 방법에 대한 노력이 나타나게 되었다.

1.2.3. 최근 요구되어지는 노인교육에 대한 질문

인간의 평균수명[1]의 증가와 함께 인생의 끝은 점차 멀어지고 있다. 이러한 시대적 변화는 다음과 같은 질문을 가져왔다: "노인은 노년의 시간을 어떻게 보내야 하는가?" "노년의 삶을 만족스럽게 보내기 위해서는 어떤 의미 깊은 제안들이 노인에게 주어져야 할 것인가?" 먼저 생각해야 할 것은 삶의 만족의 지표가 되는 육체적·정신적 건강과 노년에 형성되는 영적인 건강 사이에는 직접적인 상관관계가 있다는 사실이다. 여기에서 나타나는 질문은 다음과 같다: "특별히 노년의 삶에 있어서 노인이 지루해하지 않고 우울증에 빠지지 않고, 자신의 개인적인 능력뿐만 아니라 공동체적인 능력을 간직하게 하기 위해서는 어떤 마음가짐을 가져야 하는가?" "노년에 주어지는 재정적인 가능성과 개인적인 여가활동(여행 또는 공부 등)을 위해서는 어떤 제안을 할 수 있는가?" "노화에 대한 부정적인 편견에 대한 보살핌으로서의 자극과 활성화의 필요성으로서 문제가 제기될 때, 이러한 자극들은 어떠한 형태로 보아야 하는가?" 여기에 있어서 중요한 것은 위의 질문에 대해 노인으로 하여금 가능한 한 기꺼이 받아들이도록 만들고 효과적으로 만드는 데에 있다. 왜냐하면 노인교육을 기획함에 있어 가장 기본이 되는 질문이기 때문이다.

---

1) 예를 들어 독일의 경우 남자는 평균 74.8세, 여자는 평균 80.8세의 수명을 산다.

1.2.4. 기독교 노인교육의 목적과 구조

'기독교 노인교육'은 일반 노인교육과는 다른 입장과 견해에서 노인을 바라보고 있다. 이를 두 가지로 나누어 살펴볼 수 있다. 첫째, 기독교적 인간형상은 세속적 인간형상과 전혀 다른 의미를 지니고 있다. 기독교인은 사회에 속했지만 사회에 속하지 않은 존재로서, 이분법적으로 생각해야 한다. 이로부터 기독교인은 그 스스로 고유의 의미를 찾을 수 있다. 예를 들어 인생의 마지막과 관련하여 '죽음에 대한 의미와 도움'에 대한 현실적인 문제에 있어서도 기독교적 사고 안에서는 새로운 견해를 찾아야 한다.

둘째, 기독교인의 믿음에 대한 태도와 그 결과 나타나는 생활 태도에 대한 질문이다. 이것은 각 개인의 삶에 대한 질문과 다른 사람과의 관계에 대한 질문 그리고 그 안에 나타나는 자비하신 하나님의 가치 있는 인도하심을 통해 기독교인이 비기독교인 또는 다른 종교에 속한 자와는 다르게 보인다는 것을 전제로 한다.

'기독교 노인교육'은 다음과 같은 목적을 가진다. 첫째, 믿음에 대한 질문, 믿음에 대한 견해 아래에서 각 개인의 삶에 대한 회상과 믿음의 깊이에 대해 교육한다. 둘째, 믿음 안에 자신의 존재의 의미와 가치를 재확인하고 죽음에 대한 재인식을 통해 교회와 사회 안에서 자신의 자리를 되찾고 자기실현을 위해 노력하도록 교육한다. 그러므로 기독교 노인교육은 다음과 같은 과제에 대해 특별히 관심을 가져야 한다: 노년에 있는 사람에게 구원받은 죽음, 즉 높고 깊은 삶의 완성에 대한 준비를 시켜야 한다. 이를 위해서는 믿음의 각 분량에 따라 노인을 세분화하여 교육을 할 필요가 있다. 그리고 기독교 노인교육은 노인을 돌보아야 될 객체뿐만이 아니라 주체로서 보아 그들의 능력과 여전히 남아있는 잠재능력을 장려하고, 이 능력이 기독교 공동체뿐만 아니라 세속 공동체 안에서도 사용되고 활성화되도록 하여 노인 자신의 자리를 찾도록 하는 데에 중점을 두어야 한다. 이를 통해 두 가지 효과를 가져 올 수 있다. 첫째, 노년에 있어서 삶의 만족을 줄 수 있다. 둘째, 노인으로 하여금 기독교 공동체와 사회 안에서 가치 있는 봉사를 할 수 있게 한다.

본 연구의 구조는 다음과 같다:

첫 번째 단원은 노인과 관련된 일반적인 견해를 살펴보고자 한다. 특별히 노화로 인해 나타나는 육체적이고 정신적인 변화들에 대해 상세히 서술하고자 한다. 이와 더불어 일반적으로 뒤따르는 연구와 토론, 즉 의학적, 육체적이고 생물학적 관점을 언급하고자 한다. 특별히 노화진행에 대한 심리적인 심상들과 인지에 대한 상세한 진술을 할 것이다. 이것은 일반 노인학의 기본적인 연구 영역임과 동시에 목적을 알 수 있게 도움을 줄 것이다.

두 번째 단원에서는 오늘날 사회 속에서 노인이 자신의 자리를 어떻게 느끼고 바라볼 수 있을까에 대해 살펴보고자 한다. 특별히 사회적이고 윤리적인 관점을 통해 보았을 때 어떤 선입관과 차별대우가 사회 안에 존재하여 노인을 괴롭히고 억압하고 있는지에 대해서도 알아보고자 한다. 더 나아가 사회 안에서 노인에게 허용되는 역할이 존재한다면 어떤 것들이 있을지에 대해서도 찾아보고자 한다. 그리고 사회와의 관계를 고려해서 보았을 때 노인들은 어떤 미래적 기대를 앞으로 가질 수 있을지에 대해서도 논의하고자 한다. 이를 위해서 다음과 같은 질문을 던진다: "노년에 들어서는 인간은 그의 삶에 있어서 점점 더 낯섦을 느끼고 그 안에 고립되는가?" 아니면 "노년의 삶을 살아감에도 불구하고 사회 안에서 긍정적인 관계를 가지게 되는가?"

세 번째 단원은 다음과 같은 노인교육의 질문에 주목하고자 한다. 이는 인간의 삶의 약 30년 이상을 지배했던 직업 활동으로부터의 벗어남과 삶의 끝 사이의 시기에 직면하여 심각하게 던지게 되는 질문이다. "어떻게 하면 노인들이 이 시간을 가능한 한 건강하게 그리고 큰 부담이 없이 극복할 수 있을까?" 사회적 현상과 맞물려 나타나는 대가족의 해체와 함께 적절한 치료(돌봄)와 보호의 문제는 노인으로 하여금 직업적 재배치로 이동하게 만든다. 그러나 그동안 국가와 사적인 기관에서는 노인에 대한 광범위한 돌봄만을 제공해 왔을 뿐, 그들에 대한 진지한 고민이 없었던 것이 사실이다. 순수한 돌봄과 간호에 있어서 부양의 과제는 복지적 차원 안에서 적절하고 알맞은 동기와 촉진을 일으켜야 한다. 단지 받는 것에서 끝나는 것이 아니라 베풀 수 있는 자리까지도 제공되어야 한다. 왜냐하면 이와 같은 과정이 주어질 때만이 인간은 자신의 존재가치를 느낄 수 있기 때문이다. 이를 위해서는 사회와 교회가 노인교육을 적극적으로 홍보하고 알릴 필요가 있다.

네 번째 단원에서는 독일 기독교 노인교육의 관심이 시작된 때가 언제였는지를 살펴보고자 한다. 이를 통해 일반 노인교육과의 간접적인 비교가 이루어질 것이다. 또한 기독교 노인교육이 앞으로 관심을 가져야 할 과제와 도전이 어디에 있는지 살펴보고자 한다.

다섯 번째 단원에서는 기독교 노인교육에 대한 현실적인 콘셉트를 말하고자 한다. 여기서 필자는 오늘날 기독교 노인교육에 있어서 갖추어야 할 목적과 방법에 대해 설명하고자 한다.

외론 1은 성서적 관점에서 바라보는 노인의 모습을 애기하고자 한다. 특별히 구약성서 안에서 강조되는 노인에 대한 존경과 함께 신약성서의 사회 안에서 나타나는 노인의 역할과 그들에 대한 돌봄에 대해 살펴보고자 한다.

여섯 번째 단원에서는 노인의 믿음에 대해 살펴보고자 한다. 성령의 감동 안에 살아 숨 쉬는 믿음은 모든 사람에게 있어 예외적이지 않다. 특히 누구보다도 노인에게 있어서 명백하게 나타나야 하는 것이 바로 믿음이라 할 수 있다. 기독교 노인교육은 노인의 믿음에 대한 가르침과 자신의 주어진 삶에 대한 의심에 대한 해답을 주어야 한다. 더 나아가 노인의 믿음의 굴곡과 관련하여 어떤 교육이 필요할 것인지에 대해 살펴보아야 한다. 왜냐하면 믿음은 인간의 삶에 있어서 구체적이고 체험 가능한 경험을 하게 만들며, 노년의 개인적인 삶의 진행과 관련하여 이를 긍정적으로 볼 수 있게 만들기 때문이다. 더 나아가 믿음은 '묻는 자들에게 주는 해답'과 함께 '믿음 안 하나님과 함께 하는 평화'로 이끈다.

외론 2는 노인의 믿음과 관련된 실재적인 프로그램을 제시한다.

일곱 번째 단원에서는 오늘날 사회 안에서 일반적으로 터부시되는 테마인 죽음과 관련하여 기독교 노인교육은 어떤 관점으로 바라보고 있는지에 대해 살펴보고자 한다. 이를 통해 죽음 이후 영생에 대한 믿음의 약속과 조화를 이루는 관계를 가지는 죽음에 대해 어떻게 준비를 해야 하는지를 말하고자 한다. 그동안 죽음에 대한 생각은 기독교적 선포 안에서 언급하기를 회피한 것이 사실이다. 그러므로 오늘날 죽음에 대한 준비는 예수 그리스도에 대한 믿음 안에서 볼 수 있는 특별한 도전이라 할 수 있다.

6, 7단원의 믿음과 죽음에 대한 기본원칙의 논의와 관련하여 여덟 번째 단원에서는 이에 대한 현재적 도전에 대해 관심을 기울이고자 한다. 이를 통해 노인의 위축되고 쇠약해진 정신적 자원과 경험을 긍정적으로 활성화시켜 지속적으로 세상과 교회 안에서 활동할 수 있도록 도와주고자 한다. 왜냐하면 기독교 공동체에 있어서 매우 큰 가치가 기대되는 노인의 숨겨진 재능과 경험이 경우 없이 정체되어 있고 낭비되어지기 때문이다. 그렇기 때문에 기독교 노인교육은 노인이 가지고 있는 능력의 의미에 대해 그동안 충분한 평가가 전혀 이루어지지 않고 있었음을 반성하고, 이에 대해 커다란 관심과 책임을 가져야 한다.

외론 3은 노인이 기독교 공동체 안에 어떤 역할의 가능성을 가질 수 있는지에 대해 증명하고 단원 7에서 언급되었던 내용을 보충하고자 한다.

외론 4는 교회에 있어서 노인의 위치적 중요성에 대해 말하고자한다. 인구통계학적 결과로서 나타나는 노인 숫자의 증가와 기독교공동체의 감소되는 재정적 측면과 관련하여 노인이 교회 공동체의미래적인 측면에 있어서 점차 중요한 역할을 하게 될 것이라는 점을 강조하고자 한다.

단원 9에서는 인간의 지속적이고 끊임없는 삶의 만족에로의 도달과 성취 그리고 '복된 죽음' 내지 '건강한 죽음'에 대한 준비를 기독교인의 부활을 믿는 믿음 안에서 새롭게 해석하고자 한다. 이에대한 이해를 위해 필자는 교황 요한 바오로 2세의 명언을 인용하고자 한다. 그는 죽음을 앞두고 있는 자신의 현재적 삶에 대해 다음과 같이 말했다: "나는 즐겁습니다. 당신들도 즐거워하길 바랍니다."이후 그는 인간에게 주어진 가장 높은 삶의 목표(복된 죽음 혹은건강한 죽음)에 도달했다.

외론 5는 기독교 노인교육의 한 부분으로서 '노년을 준비함에 있어서 적절한 시기'에 대해 언급하고자 한다. 그와 함께 노년에 있어서 절대적으로 필요한 임무와 과제를 판단하고 평가하고자 한다.

외론 6은 '죽음으로의 동행'과 관련된 내용을 주제와 과제로 삼았다.

1.

노화진행에 대한 노인학적 인식

노인교육이나 노인과 관련된 내용을 말하기에 앞서 먼저 노인과 노화에 대한 학술적인 연구 안에서 어떤 상이한 정의와 관점이 있는지에 대해 알아야 할 필요가 있다. 이를 통해 노인과 노화가 현재 어떤 의미를 가지고 있는가에 대해 설명하고자 한다. 인간은 노화과정 안에서 서서히 그러나 점점 더 강하게 육체적인 변화에 대한 경험을 하게 된다. 이것은 노화현상에 있어서 매우 눈에 띄는 첫 번째 변화이다. 이러한 변화에 대해 어느 누구도 피할 수 있거나 그로부터 도망칠 수 없다. 그러므로 노인의 삶에 있어서 매우 중요한 질문을 던질 수 있다: "인간은 자신의 육체적 노화에 대해 그 어떤 것도 전혀 할 수 없는가?" 그런데 우리는 다음과 같은 말을 종종 듣고 있음을 기억해야 한다: "노인은 학습 가능한 능력을 가지고 있다." 이 문장은 노인에게 있어서 심리적인 능력과 관련된다. 솔직히 말해서 노인의 심리적 능력은 연대기적인 나이를 통해 한정되어지지 못한다. 비록 육체적으로 매우 힘든 상태에 있다 하더라도 그들의 심리적인 능력을 사용할 수 있다는 것이다. 이러한 견해는 노인교육에 있어서 하나의 중요한 발판이 된다.

1.1. 노인에 대한 일반적인 개념

인간의 삶의 역사적 발전에 있어서 노년은 마지막 생의 단계라고 정의 내려진다. 이 단계는 어느 누구에게나 찾아오는 것으로 단지 그 시기가 상대적으로 다를 뿐이다. 어떤 사람은 좀 일찍 노년을 맞이하게 되고 다른 사람은 노년은 늦게 맞이하기도 한다. 하지만 어느 누구도 이 삶의 단계가 언제 시작하는지에 대해서는 명확히 말 할 수는 없다. 그러나 분명한 것은 모든 사람2)은 반드시 노년기에 들어가게 된다는 사실이다. 예를 들어 50대의 부모는 자신의 20대 자녀들의 결혼과 그로 인한 손자녀의 출산으로 인해 할머니, 할아버지라는 호칭으로 불리며 스스로가 노년에 들어섰다고 느끼게 된다. 그러나 일반적으로 노년의 시작에 대한 주장은 다양하다. 먼저 일반적인 연대기적 정의로는 오늘날 직업세계에 있어서 퇴직이나 연금으로 들어가는, 사실상 60세 내지 65세의 나이를 노년의 시작이라고 보고 있다.3) 이러한 노인에 대한 연대기적 정의는 Breloer와 Heid가 해당된다. 그러나 필자 외 Bollow, Bellak 등은 노인에 대한 개념의 정의를 연대기적 나이(사실상 60세 이상의 나이로 구분 짓고 있다)에 한정짓지 않고 정신적이고 사회적인 면에서의 나이도 영향을 미친다고 주장한다. 일반적으로 노년을 "troisième age", 즉 '세 번째 삶의 단계' 또는 '직업 이후의 단계'로 보고 있지만, 세부적으로 노년을 네 가지의 차원, 즉 생물학적, 연대기적, 사회적 그리고 주체적인 차원으로 구분하여 제시해야 한다는 것이다. 단지 눈으로 보이는 결과나 관찰되어지는 변화, 예를 들어 은퇴, 나이, 병, 주름살 그리고 희어진 머리카락 등이 늙었다는 하나

---

2) 물론 사고나 질병으로 인한 예외적인 상황이 있음은 미리 밝힌다.

3) I. Rubin은 자신의 책 "60세 이후 성 생활"에서 노인의 시작은 60세부터 시작된다고 보았다.

의 신호역할을 하는 것과 동시에 노화의 속도를 짐작할 수 있는 기준이 된다는 것은 사실이지만 어떤 환경과 사회적인 위치에서 살아왔는지 그리고 스스로에 대한 생각과 주변인과의 관계도 고려되어야 한다는 것이다. Bollow는 노화 안에서 마지막 삶의 단계를 다음과 같이 이해한다: 인간의 마지막 삶의 단계는 육체를 방해하는 다양한 '탈락증상들'과 육체적이고 정신적인 지배관리능력의 쇠퇴와 연결되어 있다. Bollow는 특별히 '고령의 나이'를 70-80세와 연관시킨다.

1.2. 노인에 대한 일반적인 경향

독일 노인의 전체 비율 중 많은 숫자가 자신의 삶을 설계함에 있어서 비의존적이고 책임성을 갖은 주체적인 삶을 살아가고 있는 상황이 두드러지게 보임에도 불구하고 사회는 여전히 노인에 대해 부정적이고 편협한 생각으로 일색하고 있는 것이 사실이다. 그리고 노인을 질 낮은 사회적 현상으로 서술하고 있다. 이러한 고정되고 편협한 견해 안에서 노인은 종종 다음과 같이 그려진다: 노인은 고집세고, 도움이 필요하며, 삶이 열악하고, 잘 잊어버리기 때문에 더 이상 배울 수도 없고, 무엇을 행할 능력이나 개체화 시킬 능력도 없다. Lehr는 노인에 대한 이러한 전형적인 개념이 병리학적으로서 특징지어진 것이라고 본다. 병리학적 변화[4])의 기준을 통해 나타나는 노인에 대한 상투적인 판단은 육체적, 정신적, 영적 그리고 사회적 영역 안에 부정적으로 영향을 미친다. 이러한 부정적이고 상투적인 판단은 육체적 결핍모델에서 그 방향을 찾을 수 있다. 왜냐하면 이와 같은 판단은 사회적 관계 안에서 나타나는 고립과 고독, 육체적이고 정신적인 능력의 쇠퇴(수동적–민감한 관계: 당신은 당신의 연령에 비례하여 스스로의 건강을 생각해야 한다), 무능력 그리고 궁핍(빈곤)으로 인한 타인에 대한 의존(당신이 이것을 더 이상 할 수 없을 정도로 나이가 들었기 때문에 내가 당신을 위해 이 일을 한다)과 관련되어 나타나기 때문이다. 이는 숙명적인 인간발달의 진행 과정의 한 단계로서 노년의 삶을 자명하게 특징지음으로써 평가되는 것이라고 이해할 수 있다.

노인에 대한 우세한 상투적 판단에 반하여 이제 노인학 안에서 서술되고 있는 노인의 다양한 개념을 살펴보고자 한다. 먼저 노인학은 앞에서 언급되어진 노인에 대한 부정적인 상(像)으로 인해 나타나는 견해를 거부한다. 왜냐하면 이러한 견해는 노인 사이에 상응하는 태도를 축소시킬 위험성을 야기할 수 있기 때문이다. 또한 노인에 대한 상투적인 판단은 비단 노인들 스스로에게 영향을 줄 뿐만 아니라 그 견해를 지속적으로 접하는 젊은 세대에게도 부정적으로 영향을 줄 수도 있다:

---

4) 그러나 Tagiuri는 노인의 상투적 판단(판에 박힌 생각)은 병리학적인 측면뿐만 아니라 사회학적인 측면에서 정의 내렸다.

"내가 스스로 늙었다고 느끼지 않더라도 저 밖, 거리에 있는 젊은이들은 나를 볼 때 늙은 사람이라고 간주한다. 어떻게 하면 '내 스스로가 젊다'라고 느끼는 것을 그들에게도 인식시킬 수 있을까? 그 방법은 어디에 있을까? 하지만 젊은이들은 단지 나를 볼 때 늙은 노새라고 볼 뿐이다. 그리고 그것이 전부이다."

노인에 대한 판에 박힌 부정적인 판단에 대해 Bandura도 역시 노인의 자아실현에 있어서 하나의 위협으로 보고 있다. 왜냐하면 노인이 스스로 그렇지 않음을 느낌에도 불구하고, 그리고 자신의 잠재된 능력에 대한 신뢰가 있음에도 불구하고, 부정적인 견해로 둘러싸인 사회 구조 아래 살게 되면, 노인은 개인적인 자아실현의 감정을 잃어버리는 사태를 종종 마주하게 되기 때문이다.

1.3. 노화의 개념

노인연구의 다양한 이론을 볼 때 노화는 인간의 발달단계에 있어 하나의 진행으로 보아야 하고 경험되어져야 한다. 노화는 육체적이고 정신적이며 영적인 힘으로서 인간을 멈추지 않는 장소로 이끈다. 독일의 노인연구의 아버지라 불리는 M. Bürger는 노화를 '생물학적 형태의 형성'[5]이라고 정의 내린다: 노화[6]는 한 개인의 삶 가운데

---

5) 인간유기체의 '생물학적 변형'은 육체적으로 나타나는 기능적이고 구조적인 변화들의 총체로서 인간의 전체적인 삶의 진행 안에서 나타난다.

계속적으로 진행되는 생물학적 변화로 이해해야 한다. 이는 인간이 노화를 받아들임과 함께 시작된다. 그러므로 노화는 삶의 주체의 '돌이킬 수 없는 불가역적 변화로서 시간과 환경 안에서 나타나는 기능'이라고 볼 수 있다. 노화는 하나의 육체적인 진행과정, 더 좋게 말해서 육체적인 발달의 한 단계이다. 이때 발달이란 출생부터 죽음까지 진행되는 모든 전 과정 즉, 생물학적-육체적 영역뿐만 아니라 정신적이고 사회적인 영역 안에서도 일어나는 것을 의미한다. 그렇기 때문에 노화의 개념은 노인에게만 연관된 것이라 볼 수 없다. 인간의 삶의 모든 변화와 관계의 경험에 근거하여 설명되어져야 한다. 그리고 생물학적-육체적 그리고 영적-정신적 영역뿐만 아니라 세계, 환경과 관련해서도 보아야 한다. 이제 노인학적 연구는 단순히 노인에게만 한정시키는 것이 아니라 이미 지나버린 삶의 과정을 깨닫고 뒤돌아보는 모습에서부터 시작되어야 한다. 이는 기본적으로 노인과 함께 하는 사역에 커다란 의미를 주게 될 것이다.

모든 인간은 출생부터 시작해서 삶의 계속되는 변화의 진행과정을 달려가게 된다. 그리고 이것은 죽음을 통해 끝나게 된다. 이는 인간의 생물학적 노화의 진행과정을 가지고 이해하는 관점이다. 예를 들어 뼈의 나이를 들 수 있다. 하지만 육체의 노화를 연대기적 나이에 무조건 연관 지어서 보아서는 안 된다. 왜냐하면 육체적인 변화는 연대기적 나이에 의존되어 변하는 것이 아니라 전체적인 삶의 진행 과

---

6) 인생의 마지막 단계에 진행되는 노화는 백발이 되고, 노쇠하고 연로하게 되는 것을 의미한다.

정 안에 나타나는 것이며 여기에 있어 타인으로부터의 돌봄, 양육 또는 부양, 육체적이고 정신적인 훈련 등 또한 영향을 주기 때문이다. '연대기적인' 또는 '숫자적인' 노년은 일반적인 타당성과 영향으로 인해 개인의 연령과 관련된 특징으로 말하기 위해 사용된다. 그로부터 확정적인 삶의 단계가 결정된다. 예를 들어 BRD7)은 1973년에 남성의 사회적 직업으로부터의 은퇴의 나이를 65세로 보았다. 그러나 당시 인간이 실제로 원했던 은퇴의 나이는 약 59세였다. 여성의 경우는 58세 내지 60세였다. 여기에 있어 적용되는 은퇴의 규정은 바로 생물학적 나이이다. 은퇴 나이를 규정함에 있어서는 언제까지 인간이 육체적으로, 정신적으로 여전히 활동할 수 있는가에 대한 질문이 고려되어져야 하고 이를 통해 주체적인 노년의 삶, 즉 각 사람이 자신의 상황을 어떻게 느끼고 있는가와 자신의 직업을 계속적으로 수행할 수 있는가에 의존되어야 한다. 이러한 연대기적 나이제한의 문서상의 확정은 노인 스스로에 대한 평가에 대해 영향을 준다. 누군가 자신이 스스로 늙었다고 설명을 하게 된다면 이것은 스스로가 그런 느낌을 가지고 있을 때 분명해진다. 이에 영향을 주는 것은 다른 이가 연대기적인 나이를 각자의 지표로 삼았을 때 나타난다. "내가 만일 60세가 된다면, 그때의 나는 늙은 자가 된다." 사실 노인학적 연구는 노화현상의 생물학적 지속성을 계산했었다. 그러나 고려되어야 할 것은 '은퇴의 시점을 통해 노인의 연령이 결정되어야 하는가'에 있다. 연대기적 연령과 함께 사회적, 정신적 연령이 함께 연관되어져

---

7) Bundesrepublik Deutschland: 독일연방공화국

야 한다. 즉 노화는 생물학적 변화를 통해 결정되어지는 것이 아니라 육체적, 정신적 변화와 함께 사회적, 경제적 영향도 고려되어져야 한다는 것을 잊어서는 안 된다는 것이다.

노인학의 연구는 어떤 생물학자 또는 의학자가 생물학적으로 기본적인 정신 상태로부터 매우 쉽게 얘기하지 못한 것을 계속적으로 발전시켰다. 노화의 원인에 대한 개별결과와 이론의 다양함과 노화 과정에 대한 연구는 다음과 같은 결과에 도달한다: 인간은 개인적·사회적 상이점을 배열하여 공통적으로 적용되는 생물학적 지표에 더 이상 영향을 받아서는 안 된다. 그보다는 개체적, 사회적 구별과 차이가 영향을 준다는 것을 알아야 한다. 다시 말하자면 인간은 생물학적인 가변성뿐 아니라 사회적으로 정해진 가변성도 고려해야 한다. "각 사람은 자신이 어떻게 느끼느냐에 따라 늙는다." 이 말은 인간의 노화에 있어서 중요한 것은 주체적인 노화에 있다는 사실을 강조한다. Lehr와 Puschner는 이를 수십 년간 쌓여왔던 소위 '인생경험'과 연관시킨다. 이는 시간적 삶, 각 개성과 파트너 관계 안에서의 변화, 다른 사람과의 비교를 통한 지적 활동의 하위체제를 의미한다("이제 나는 결혼할 나이가 되었다"; "내 아이의 성장은 내가 늙어가고 있다는 증거가 된다"). 만일 인간이 노화(늙음)를 최고의 주관적인 경험으로 이해한다면 이는 항상 많은 문제에 부딪치게 될 것이다. 정해진 시간과 상황 안에서 인생의 경험은 같은 연령대의 사람이라 하더라도 상이하게 나타난다는 것은 다 알고 있는 사실이다. 그러므로 주체적인 노화란 외부적으로 동등한 연령 안에서 서로 다른 인지와 경험을 통해 나타나는 것을 의미한다.

노화에 대한 다양한 이해로 인해 노인 스스로 노화에 대한 개념 그리고 그 원인에 대해 정확히 알아야 할 필요가 있다. 이를 통해 자신의 한계와 가능성을 인식하고 자신의 앞으로의 삶을 계획하고 스스로를 보살필 수 있도록 해야 한다. 이는 또한 젊은이에게 있어서는 노년의 삶이 먼 미래이기도 하지만 다가오고 있는 미래임을 감안하여 볼 때 노년에 들어갈 시 기대되는 것들을 미리 그려보도록 하는 데에 도움을 줄 것이다. 이제 노화는 인간적인 변화뿐만 아니라 인간적인 발전으로 볼 수 있다. 왜냐하면 노화의 진행과정은 인생의 역사적인 경험과 결과를 통해 나타나는 것이기 때문이다.

기독교 노인교육은 노화에 대한 위와 같은 관점에서 출발해야 한다. 먼저 육체적인 쇠약과 기능적 상실은 하나님으로부터 주어진 임무로서 인지하고 받아들이도록 해야 한다. 그리고 더 나아가 그들의 고유의 삶을 새로운 관점에서 볼 수 있도록 해야 한다.

1.4. 소모이론

노인학에 있어서 육체적인 연구는 대표적으로 '소모이론'을 통해 설명될 수 있다. 이 이론은 상이한 노화 현상에 대한 설명에 있어 가장 중요하고 근본적인 이론이다. 노인의 신체기관은 성분, 분자 그리고 세포가 더 이상 새롭게 형성되지 못한다는 특징을 가진다고 볼 수 있다. 신체기관에 있어서 중요한 구조는 바로 콜라겐과 DNA이다. 피부, 뼈 그리고 근육의 연결 조직 안의 단백질과 전체 몸의 단백질의 30%를 차지하는 콜라겐은 아미노산의 시술로부터 나온 것이다. 그런데 여기에서 주목해야 할 사실은, 콜라겐은 파괴되거나 재생산되는 것이 아니라 노화되는 것이라는 사실이다. 콜라겐의 노화로 인해 나타나는 증상으로는 류머티즘, 혈관의 수축 그리고 관절통 등을 예로 들 수 있다. 이 외에도 디옥시리보스 핵산(DNS)은 세포핵의 염색체 안에 존재하는 단백질의 주요 구성분으로서 세포의 단백질 형성을 주관한다. 만일 세포가 노화되면 단백질 형성이 더 이상 이루어지지 않게 되고 단백질의 통합의 장애를 일으키거나 단백질 형성의 지연 내지 종결로 인해 죽게 된다. 이러한 세포들은 신경매듭 안에서 발견되는데, 이 신경매듭은 두뇌와 사고조직의 연결선이 되는 것이다. 그러므로 DNS가 파괴되면 다음과 같은 결과들을 가져오게 된다. 미각, 시각, 청각이 약화되었고, 덥고 추움을 느끼고 적응할 수 있는 능력이 떨어진다. 이 외에도 육체적 균형이 불안정하게 변하기 쉽게 된다. 그러나 우리가 기억해야 할 것은 노화진행이 생명의 하나의 전현상이라는 사실이다. 그렇기 때문에 일반적으로 알려진 노화의 징후들에 직면하여 이를 죽음의 특징을 위한 하나의 최종적인 징후라고 말해서는 안 된다.

1.5. 생물학적인 면에서 본 노화의 증상

1.5.1. 육체적 변화

생물학적인 노화과정은 이를 맞이하는 노인에게 있어 눈에 띠게 나타나는 구체적인 현상이다. 육체적인 변화는 노인으로 하여금 각 신체에 있어서 하나의 새로운 환경뿐만 아니라 제약되는 심리적·사회적 영향도 가져오게 한다. 그러므로 육체적 노화의 결정적인 결과는 '신체기관의 축소로 인한 환경적 적응능력'과 관련시킬 수 있다. 육체적으로 나타나는 노화는 다음과 같다. 기관 또는 기관의 일부분의 크기가 감소(축소)되고 그 기능이 질적으로나 양적으로 변하게 된다. 뼈는 경화되고 대부분 구멍이 생기며 연골은 얇아진다. 이러한 변화는 노인의 육체적 고통의 주요 원인이 된다. 또한 움직임에 있어서 힘들고 고되고 어렵게 된다. 이와 더불어 피부에 주름이 생기고 그 탄력이 떨어진다(이것은 콜라겐이 떨어짐과 관계있다). 이러한 외적인 변화는 심리적인 문제를 가져온다. 왜냐하면 이렇게 눈에 보이는 현상이 사람으로 하여금 늙어간다는 증거가 되기 때문이다. 이 외에도 시각과 청각의 지속적인 상실을 들 수 있는데 주의할 것은 이것이 노년에만 일어나는 것이 아니라는 데에 있다. 왜냐하면 시각과 청각 기능의 최고점은 이미 사춘기를 정점으로 하여 이후 서서히 감소되기 때문이다. 그럼에도 불구하고 시각과 청각의 퇴화를 노년의 변화하는 육체적 현상에 포함시킨 이유는 시각과 청각의 퇴화가 특별히 노년의 고독과 사회적 고립에 많은 영향을 주기 때문이다.

그렇다면 이러한 육체적인 변화에 대해 인간은 속수무책인걸까? 그것이 아니라면 이러한 현상에 대해 어디까지 준비할 수 있을까? 분명한 사실은 확실히 목적을 가지고 지속적인 훈련이 이루어진다면 육체적인 변화는 지연될 수 있다는 것이다. 또한 육체적으로 준비된 이성적인 환경이 이루어진다면, 즉 인간이 자신의 노년을 미리 자각하고 있다면 이는 육체적인 현상에도 영향을 줄 수 있다. 그러므로 교육을 통해 노년의 육체적인 어려움을 미리 알려주고 이를 준비하게 도와주어 노년의 삶을 새롭고 의미 있게 세우도록 해야 한다. 그런데 노화의 시간적 시작은 각 사람마다 다르다. "인간은 자신이 어떻게 느끼느냐에 따라 늙는다." 이 말은 각 사람에게 노화진행은 상이하게 나타난다는 것을 의미한다. 이로부터 나타나는 결과는 다음과 같다: 연대기적 나이의 의미는 개인 스스로와 개인 간의 육체적·정신적·사회적 변화의 상이함으로 인해 노화에 있어서 매우 한정적인 의미만을 가진다. 각 사람은 자신만의 인생사를 가지고 있다. 그리고 인간의 생물학적 노화는 일반적인 연대기적 나이의 규정과 다르게 흐른다. 여기에는 인간의 개인적·사회적 운명도 영향을 미친다. 경제적 궁핍, 어려운 인생 역정, 불균형적 영양 섭취 그리고 불결한 위생 등은 노화를 빠르게 진행시키는 데 영향을 준다. 하지만 만족할만한 존재적 인식, 만족할 만한 직업, 확실한 사회적 관계 그리고 삶을 긍정적으로 보는 눈은 노화의 진행을 더디게 한다. 정리해서 말하자면, 노화의 진행에는 유전학적 기반 (고령의 나이의 부모 유무), 좋은 영양상태 그리고 의학의 질 높은 공급과 함께 삶의 만족, 세상에 대한 적합한 적응 그리고 견고한 사회적 관계(우선 가족 안에서), 지능, 좋은 학교교육, 만족할 만한 직업 그리고 높은 사회적 지위가 대부분 영향을 주고 있다. 여기에서 우리가 주목해야 할 것은 생물학적인 능력은 노화의 진행에 적게 영향을 미치며, 인간의 실제적인 노력에 의해 변화될 수 있는 환경적 조건이 더 많은 영향을 미친다는 사실이다.

그렇기 때문에 생물학적 나이와 주체적 경험은 노화에 있어서 중요한 연관성을 가진다: 이제 노화는 수많은 상이한 변화로부터 나타나는 하나의 진행과정으로 보아야 한다. 신체의 나이는 육체적, 심리적, 사회적, 문화적, 경제적 변화를 감안해야 한다. 우리가 기억해야 할 것은 다음과 같다: "각 사람은 고유의 개인적 방법에서 늙어간다. 왜냐하면 개개인의 삶을 다른 사람의 삶과 비교해 볼 때 개인적인 전기(傳記)적 진행 과정에서 공통된 현상을 찾을 수 없기 때문이다."

특별히 육체적 노화진행을 지적인 면과 연관시켜서 생각해야 한다는 사실에 주목해야 한다. 왜냐하면 증가하는 육체적 쇠약은 정신적 행위를 통해 지배할 수 있으며 심지어는 이를 통해 육체적 건강이 증가되기도 하기 때문이다. 이것은 우리가 명확하게 논의해야 할 노화의 현상에 대한 하나의 힌트라고 볼 수 있다. 이제 노화 진행의 극복은 온전히 본질적으로 선행되는 교육의 발전에 의존되고 있다. 왜냐하면 교육을 통해 노화에 대해 올바르게 이해하게 하고, 이를 통해 노년의 삶을 새롭게 바라본다면 그 자체만으로도 노인에게는 매우 유익할 수 있기 때문이다.

노화는 이제 더 이상 자연적인 현상이 아니다. 삶의 단계의 한 부분으로, 사회 속에서 보아야 한다. 여기에서 다음과 같은 질문을 할 수 있다: "어떻게 하면/어떤 조건들 아래서 행복하고 의미 있는 노년의 삶을 살 수 있게 될까?" "사회는 노인의 상황의 개선을 위해 무엇을 할 수 있을까?" 그리고 "여기에 있어서 기독교 공동체는 무엇을 할 수 있을까?" 기억해야 할 것은 '노인이 되어가는 것'에 대한 준비는 평생에 걸친 개인적인 학습과정이라는 사실이다. 여기서 노인교육의 새로운 사명이 불가피하게 나타난다: 노인교육을 통해 한편으로는 '나이 듦'의 의미를 가르쳐야 하고 다른 한편으로는 활동성을 여전히 간직하고 있는 노인에게 사회적 관계의 변화에 대한 정보와 기회를 제공해야 한다.

1.5.2. 노화와 질병과의 관계

나이가 듦에 따라 질병에도 속수무책인 것이 사실이다. 노인의 삶에 있어서 건강상태가 나빠진다는 의미는 가장 심각한 문제일 수도 있다. 왜냐하면 이는 본인뿐만 아니라 종종 타인과의 관계 형성과 삶의 형성에 대해서도 영향을 주기 때문이다. 이제 사회의 관심은 어떻게 하면 노인이 되어서도 건강을 유지할 수 있는가 또는 건강을 되찾을 수 있을까에 초점이 맞춰지고 있다. 그러나 여기에서 주의해야 할 점은 노화와 질병을 동일화시켜서는 안 된다는 사실이다. 왜냐하면 노화 과정 안에서 질병의 증세가 더 많이 눈에 띄게 나타난다고 해도 노화 그 자체가 질병의 원인이 되지는 않기 때문이다. 인간은 순수한 의미의 노화로 인해 죽지 않는다. 인간은 노화를 통해 나타나는 육체적 쇠약으로 죽는 것이 아니라 그 쇠약을 통해 나타나는 육체적 변화로 인해 질병에 걸리게 되고 그로 인해 죽게 된다. 특별히 나이가 많아지면 많아질수록 육체적인 쇠약이 더 두드러지게 나타나면서 그로 인한 질병의 숫자가 증가한다. Schubert의 연구에 의하면 70세 이상 노인의 75%가 다른 연령에 비해 네 배 또는 더 많은 배수의 질병을 가지고 있다. 나머지 25%에게서도 적어도 세 가지 질병을 발견할 수 있다.

노인의학은 노년에 들어가게 되면 통합적인 질병이 나타나게 된다고 말한다. 노년에 들어서면서 눈에 띄게 발생하는 질병은 다음과 같다: 첫 번째 질병으로는 심장과 순환에 관계되어 나타나는 질병이다. 예를 들어 심장질환과 동맥경화증(순환질환과 함께 혈관경화) 등이 그것이다. 이 외에도 관절증(연대기적 관절류머티즘), 간질환(폐포(肺胞)의 과대한 확장), 당뇨병, 노인성 기억력 감퇴, 전립선 비대증, 백내장 그리고 노인성 난청 등이 그 뒤를 잇는다. 두 번째 질병으로는 악성종양 또는 암이 있다. 남성에게 있어서는 기관지의 악성종양 그리고 전립선의 악성종양이, 여성에게 있어서는 유방암이 우세하게 나타난다. 세 번째 질병으로는 소화 장애와 관련된 질병

(위 및 장과 관련)이 있다. 이 외에도 남성에게는 비뇨기·생식기와 관련되어 나타나는 질병이, 여성에게는 다뇨증 등과 같은 질병이 발생한다. 이러한 질병은 85세 이상의 사람에게 더 잘 나타나는 것이 사실이다. 또한 노년에 나타나는 질병은 다른 세대들과는 달리 그 증상이 오랫동안 지속된다. 그리고 질병으로부터 완전하게 회복되는 것 역시 거의 불가능하다. 질병에 대한 저항력의 약화는 늙어가는 유기체의 결핍된 적응능력과 관계되어 있다.

"어떻게 하면 노년기에 나타나는 이와 같은 질병들을 최소화시킬 수 있을까?" "어떤 방법으로 노년과 관계되어 나타나는 질병과 싸울 수 있을까?" 먼저 적합한 환경의 준비와 충분한 대화 가능성을 모색해야 한다. 노년의 건강의 중요성을 강조하고 나타나는 문제 상황을 명료화시킬 필요가 있다. 이때 중요한 것은 노인 본인뿐만 그의 가족구성원의 이해가 필요하다. 왜냐하면 노인에게 나타나는 질병은 그 자신뿐만 아니라 가족구성원에게도 영향을 미치며 영향을 받기도 하기 때문이다.

1.6. 노화 증상의 심리적인 면

1.6.1. 심리적인 노화에 대한 전제

Wechsler는 노화를 하나의 상실의 과정이라 본다. 이를 인식적인 노화이론이라 부른다. 특별히 지식의 능력의 해체와 관련시켜서 보는데 이에 대한 근거로는 노인에 대한 무작위 추출조사로부터 나타난 결과에 있다. 일반적으로 노화를 육체적 감퇴, 즉 힘, 반응속도, 사고능력 그리고 유기체의 예비수용능력 등과 관련시켜 생각한다. 예를 들어 노인은 젊은이와 비교했을 때 활동성, 능동성, 적극성과 충동성 그리고 표현능력이 떨어진다. 이 외에도 노인은 기존의 것을 새로운 것으로 전환시키는 데에도 많은 시간을 소요하거나 내지는 전환시키는 것이 아예 불가능하기도 한다. 그러나 인식적인 노화이론은 이와 같은 생각에 반대하여 노화에 대해 주관적인 경험의 의미를 강조한다. 여기에서 다음과 같은 질문을 할 수 있다: "어떻게 하면 육체적이고 정신적인 작업능률을 재발견할 수 있을까? 또는 하거나 이를 유지할 수 있을까? 그리고 그것을 어떻게 설명할 수 있을까?" 우선 우리는 각 대상이 주관적으로 경험하는 건강상태가 대상에 대한 집단의 객관성에 의존한 건강상태에 온전히 영향받지 않는다는 사실을 상기해야 한다. 그러므로 육체적 노화에 대한 자각과 더불어 개인적인 현상과 함께 사회적인 통합과 노인에게 있어서 고립의 크기 및 존재의 마지막에 대한 의미에 대해 지속적인 토론을 해야 할 필요가 있다.

일반적으로 지적 능력은 27세까지 증가하여 30세 전·후반을 기점으로 최고점에 이르고 그 이후 40세부터는 그 증가추세가 점차 감소된다. 그 감소속도는 천천히 그러나 지속적으로 이루어진다. 그리고 60세에 이르러서는 감소속도가 굉장히 빨라진다. 그러나 Thurston의

"초기 정신적 능력들(Primary Mental Abilities)"이라는 연구 보고서의 다음과 같은 내용에 주목할 필요가 있다: 이 보고서는 지능구조에 있어서 비강제적인 변화로 나타나는 것을 받아들이는 것에서 출발한다. 연령이 많아질수록 인식력 있는 기능의 비세분화를 주시해야 한다. 청소년기의 많은 각 기관은 재의존적으로 서로를 변화시킬 수 있다(예, 사람은 어떤 면에서는 좋고, 다른 면에서는 나쁘다). 늘어나는 연령과 함께 두 개의 분리된 기능의 영역에 대한 방향 안에서 이 비세분화는 드러난다. 즉 지식에는 나이와 관계된 지적 능력과 나이와 적게 관계된 지적 능력으로 나뉜다. 전자를 결정(crystallized) 지능, 그리고 후자를 유동(fluid)지능이라고 부른다. 결정지능은 연습과 교육의 과정에서 얻어지는 지능을 말한다. 예를 들어 언어학, 문화적 그리고 사회적 지식, 이성적 사고능력, 계산능력, 일반적 지식, 시 암기 등이 이에 속한다.

이와는 반대로 유동지능은 내용을 결정하고 인식하는 기본적인 기능, 정보의 유동적인 받아들임과 가공을 가능하게 한다. 이러한 수행은 환경과 교육에 의존되어 나타나는 것이다. 예를 들어 기초적 기능으로는 '언어의 능률적 구사', '의견결정의 속도', '공간설정의 능력', '집중능력의 가공' 등이 있다. 특별히 유동지능과 결정지능은 나이와의 관계하여 전혀 상반된 모습을 보여준다. 먼저 노화가 진행되면 진행될수록 유동지능은 감퇴된다. 그러나 결정지능은 오히려 일생을 통해 축적된 지식으로 형성되는 것이기 때문에 높은 연령에 이르기까지 그 지능이 간직되기도 하고 더 나아가 훈련을 통해 지능이 높아지기도 한다. 예를 들어 시를 외우는 등의 암기 능력은 고령에 이르기까지 가능하다. 그리고 훈련을 통해 더 잘하게 되기도 한다. 그러므로 우리는 이 말을 명심해야 할 필요가 있다. "사용할 수 있을 때까지 사용하라. 그렇지 않는다면 그것을 잃어버릴 것이다."

1.6.2. 지적 능력

일반적으로 노인은 '퇴물, 상실, 환경적 활동 영역의 축소를 감수해야만 하는 존재 그리고 능력적 결핍을 지닌 존재' 등으로 부정적으로 표현되어 온 것이 사실이다. 노인에 대한 이러한 이미지는 각 사회적 관계 안에서 그들에게 불쾌한 결과를 가져오게 된다. 개인적 관계의 영역 안에서도, 사회적 배경 안에서도 그리고 노인과 함께 일을 할 때에도 그들에 대한 태도는 무의식적으로 표출된다. 확실히 노인의 학습능력은—지식 테스트와 관계해서 볼 때—다른 세대와 비교했을 때 감퇴되었다는 것은 사실이다. 하지만 그 감퇴의 크기가 어느 정도인지는 아무도 알 수 없다. 예를 들어 Pawlow의 동물실험을 보면 늙은 개는 아예 배우지 못하는 것이 아니라 단지 천천히 배운다는 사실이 밝혀졌다. 그러나 이러한 사실에 그동안 크게 관심을 갖지 못해 온 것이 사실이다. 다른 예로는 감각 기관의 반응과 연령과의 관계와 관련하여 나타나는 수행능력의 감소를 들 수 있다. 이러한 결과들은 노인에 대한 이해에 있어 일반화로 이끌고 그와 함께 잘못된 결론에 도달하게 만든다. 그렇기 때문에 노인교육은 이를 비판적으로 바라보고 그 배경을 물어야 한다.

여기서 다음과 같은 질문을 던질 수 있다: "실제적으로 살펴보았을 때 지능은 적절하게 감소되고 있는가?" 노인학적 기초연구로부터 나오는 결과들은 다음과 같은 사실을 보여준다. 먼저 기능의 영역 안, 배움의 영역 안, 기억력의 영역 안에서 공통적으로 발견되지 않고 일반화시킬 수 없는 노인의 경미한 수행능력을 출발점으로 삼아야 한다. Lehr에 의하면 지금은 노인과 관련하여 명백하고 통일적이며 조화로운 관점에서 이해하는 것뿐만 아니라, 상대적으로 독자적인 '초기기능'의 기능적인 단일성으로부터도 이해해야 한다. 이말은 늙어감과 함께 발생되어진 변화가 간단하게 연령에 제약되어 있다는 사실로 판단되어서는 안 된다는 것을 의미한다.

학문적인 노화 연구는 영적인 지배관리능력의 변화에 대한 물음과 함께 시작되었다. 예를 들어 경제의 한 부분으로 노인을 볼 때 노인에게 있어서 여전히 사회 안에서 수행할 수 있는 능력이 있는지에 대한 실제적인 관심이 나타나고 인지되어졌다. 이러한 연구의 결과로서 노인을 사회 안에서 활동적으로 만들기 위해 시민학교에서는 노인과 관련된 교육커리큘럼이 만들게 되었고, 이 외에도 다양한 커리큘럼에 노인이 참여할 수 있도록 그 문을 열게 되었다. 그결과 시민학교에 다니는 노인 연령을 살펴보면, 대부분 70세 이하의 사람으로서 양로원이나 기타 요양원이 아닌 사적인 집에 살고 있는 사람이 대다수임을 알 수 있다. 그들은 대단히 활동적이고 능동적인 사람들이 대부분이다. 그러므로 노인의 자기개발, 자아실현 그리고 교회와 사회에의 참여를 위한 고유의 실행 능력은 개인의 개성과 인품의 특징 또는 견해를 통해 나타나는 것으로 특징지어질 수도 있다. 이와 함께 주관적인 건강상태와 성별도 능동적인 활동에 영향을 미친다. 더 나아가 노년의 활동을 위해 재정적인 면에 있어서도 스스로 만족을 얻을 수 있을 정도의 넉넉함이 있을 때 가능하다. 그러므로 노년은 일반적으로 개인 간의 환경이 함께 고려되어져야 한다. 왜냐하면 이 원인은 마지막 생물학적 진행을 통해 (예를 들어 사고기관의 약화, 짧은 기억력의 방해, 훼방 등) 학습능력의 저하에 기여하기 때문이다. 그러나 여기에서 노인 각각의 발달은 매우 상이하게 나타난다.

Willoughby, Miles, Conrad, Jones, Wechsler 등의 연구에 대한 평가와 1927년에서 1944년 사이에 실시되었던 지능테스트를 살펴보면, 노년에도 지적인 능력이 여전히 남아있다는 사실을 발견할 수 있다. 이 연구에 의하면 20-30세 사이에는 지적 수행능력이 최고치에 도달한다. 그리고 이 이후로는 지적인 능력이 천천히 그리고 지속적으로 감퇴되기 시작한다. 여기에서 지적인 능력이란 '연령에 제약된' 능력이다. 우선 일반적인 지식(앎)과 이해(지식의 크기)는 연령에 제약된 능력과 관련되어 나타난다. 문제 상황이 주어졌을 때 판단능력, 언어상의 앎과 노련함(세련됨), 집중력 및 상상(력) 그리고 구분하는 능력, 연령 제약적으로 나타나는 기억력과 인지능력, 정신적 사고의 유연성과 적응성과 탄력성, 추상적이고-논리적인 생각과 종합판단 능력이 나이가 들면서 서서히 감소된다. 특별히 회상실행능력은 살아오면서 얼마나 훈련을 많이 했느냐와 관련이 깊다. 이러한 지적 능력들은—건강하고 심리적인 상태에 있는 노인이라면—각 사람의 정신적인 적응력이 어떤 상태를 유지하고 있느냐에 따라 결정된다.

연구에 따르면 노인은 그들의 기억력이 점차 쇠퇴해져도 주체적인 의미에서 젊은이처럼 좋은 기억력을 가지고 있다고 말한다. 경험을 토대로 한 상황 안에서 그리고 상이한 영역 안에서 노인의 수행능력은 젊은이와 비교되어진다. '수행'과 '지능'은 포괄적인 상태에 있어서 명확하게 나타난다. 노년에 들어서면서 각 개인적인 구성요소가 상이하게 바뀌게 되는데, 이로부터 다음의 여섯 가지 결과가 나타난다: 첫째, 노인에게 있어서 지식의 발전진행과정은 환경조건과 구조에 의존되어있다. 그 아래에서 이들은 지금까지 살았다. 정신적이고 감정적 재능, 가정과 직장 내의 상황 그리고 생동하는 자유 시간에 대한 관심은 종종 지적 창조능력을 고령의 나이에 이르기까지 가능하게 만든다. 삶의 관점 또한 여기에서 매우 중요한 작용을 한다. 이는 때때로 사람들에게 학습을 하도록 강하게 자극하기도 한다. 이를 통해 그들의 삶 안에서 다양한 가치를 발견하게 된다. 그러나 노인은 종종 지금까지의 살았던 삶의 관록과 관련된 호소력을 잃어버리곤 한다. 왜냐하면 직장생활로부터의 은퇴와 가족 간의 교제 등이 약화되면서 마주친 그들의 현재의 환경은 그들이 살아왔던 환경과 전혀 다른 모습을 띠게 되기 때문이다. 그러므로 교육을 통해 그들을 자극시키고 촉진시키지 않는다면 이와 같은 결핍현상은 실로 지능적인 감퇴 현상으로 이끌게 된다. 교육을 통해 그동안 노인에게 인간 상호 간의 격려와 고무 그리고 외적인 자극과 격려가 부족했다는 사실을 알게 해주어야 한다. 그리고 이를 통해 왜 많은 노인들이 자신의 노년의 삶 속에서 육체적으로나 정신적으로나 그 어느 것에 대해서도 흥미를 잃어버리게 되는지를 이해할 수 있게 만들어야 한다.

둘째, 노인은 종종 학습기술의 습득에 대해 부족함을 보여주기도 한다. 인간은 일반적으로 정보를 습득함에 있어서 이를 하나의 부호로 만들어 뇌에 저장을 하는 과정을 거치게 되는데 노인은 이러한 부호화 과정에 있어서 많은 어려움을 겪게 된다. 노인은 대부분 학습의 진행과정 안에서 하나를 배우면 또 다른 하나를 잊어버리는 과정을 겪는다. 특히 자신에게 익숙하지 않는 새로운 지식은 빠르게 잊어버린다. 다시 말하자면 '이해력보조'에 있어서 노인은 젊은이보다 부족한 면을 보인다.

셋째, 노인은 새롭게 쏟아져 나오는 주제나 정보, 새로운 생활환경의 대두에 대해 적응하는 속도가 느리거나 거의 적응하지 못하기도 한다. 그러므로 새로운 것을 받아들임에 있어서 버거워하는 노인에게 적합한 교육방법은 다음과 같다. 1. 학습을 진행시킬 때에는 시각적 조건들을 사용해야 한다. 왜냐하면 노인은 듣고 읽는 것보다는 보는 것을 통해 더 많은 것을 받아들일 수 있고 쉽게 이해할 수 있기 때문이다. 2. 학습내용을 너무 빠르게 진행시켜서는 안 된다. 노인은 청각적으로 젊은이보다 열세하기 때문에 이를 고려한 학습속도가 이루어져야 한다. 만일 노인을 학습함에 있어서 그의 개인적인 주기적 변화를 감안한 학습과정과 활동을 설계한다면, 결과적으로 볼 때, 젊은이가 할 때와 마찬가지로 좋은 결과를 얻을 수 있다. 3. 학습 활동을 함에 있어서 시간적 제약이 없어야 한다. 시간적인 제약이 주어질 때 노인은 평소 자신이 가진 능력을 제대로 발휘하지 못하는 경우가 젊은이보다 상대적으로 많다. 4. 학습의 결과에 대한 제출을 강요해서도 안 된다. 학습 결과물에 대한 강제적 요청은 노인에게 심리적 압박으로 다가 올 수 있다. 이로 인해 학습에 대한 저하가 야기되기도 한다. 노인을 가르치는 가장 기본적인 이유는 노인을 사회인으로 양성하기 위해서가 아닌 노년의 삶의 만족을 위해서임을 인지해야 한다. 5. 경우에 따라서는 그들의 경험과 일에 대한 신뢰와 신용을 가지는 것도 유익할 수 있다.

넷째, 노인은 개인 고유의 경험과 기대를 가지고 타인과의 관계를 인식하게 된다. 전체적으로 요구되는 학습실행을 위한 전망과 함께 노인을 위한 개인 고유의 학습조치를 손쉽게 할 수 있도록 만드는 것이 중요하다.

다섯째, 노인도 학습자로서 젊은이와 마찬가지로 학습 자료를 유용하게 사용할 수 있는 능력이 있다. 그렇지만 그동안 노인에 대한 부정적인 선입견으로 인해 그들 스스로도 자신의 고유의 능력에 대해 의심을 가지고 있는 것이 사실이다. 또한 노인의 수행능력에 대한 사회적 기대도 적었다. 그러나 노인의 작업능력의 수행을 살펴볼 때 그들의 수행능력의 불확실함의 원인은 적응학습능력이 부족해서가 아니라 단지 정확하고 신중한 작업수행을 위해 젊은이보다 더 많이 소요되는 '시간'에 있다. 또한 학습능력은 연습을 통해 향상될 수 있음도 명심해야 할 것이다.

여섯째, 미국의 Birren과 그의 동료들의 연구를 보면 지적 실행능력은 건강상태와 연관성을 가지고 있다는 사실을 발견할 수 있다. 노인은 젊은이보다 건강상 많은 문제들을 가지기 때문에 지적인 실행능력에 있어서 오류가 더 자주 발생한다.

결론적으로 정리해보자면, 노인에게 나타나는 것은 학습능력의 감소에 있지 않다. 노인은 학습함에 있어 젊은이와 비교했을 때 전혀 뒤처지지 않는 능력을 간직하고 있다. 단지 배우는 방법이 다를 뿐이다. Löwe에 의하면 성인의 학습함에 있어서 대부분 기대했던 것보다 적은 학습결과를 가져옴을 발견할 수 있다. 왜냐하면 성인은 자신이 할 수 있는 잠재능력과 비교했을 때 아주 적은 양만 학습하고 있기 때문이다. 이를 통해 알 수 있는 사실은, 만일 질 높은 학교교육, 유연하고 자율적인 직업 능력 그리고 지속적인 정신적 건강이 삶 속에 유지되고 제공된다면, 노인이 되어서도 젊은이와 비교했을 때 결코 나쁘지 않은 학습의 행위를 가져올 수 있게 된다는 것이다. 단지 학습함에 있어서 노인과 젊은이의 차이점은 노인이 주어진 과제를 행함에 있어 젊은이보다 더 많은 시간이 필요하다는 것뿐이다. 시간의 압박은 노인으로 하여금 불안하게 만든다. 만일 시간적 요인을 매우 중요시한다면 나이가 많은 사람일수록 활동의 성과는 나빠진다. 이제 과제를 해결하는 능력은 아무 상관이 없다. 시간적 요인을 제거하고 나타나는 작업수행은 젊은이와 비교했을 때

좋게 나타나는 것이 사실이다. 이는 Lorge가 Miles로부터 얻은 자료들을 통해 증명된 사실이다. 더 나아가 부분적으로는 노인이 젊은 이보다 더 나은 수행 결과들을 보여주기도 한다(Brown, Goldfarb, Lorge, Eisdorfer 등).

노인은 원칙적으로 젊은이와 동일한 학습 과정을 완수할 수 있으며, 긍정적인 결과를 기대할 수 있다. 단지 노인은 사고를 함에 있어서 민첩하게 결정하고 연결하는 과정 또는 리드미컬한 활동을 수행함에 있어서 젊은이를 따라가지 못할 뿐이다. 예를 들어 작문을 할 때에도 쓰는 글의 내용(정신적인 면)에 있어서는 젊은이와 별 차이점이 없지만 그 쓰는 과정(육체적인 면)에 있어서는 노인이 젊은 이보다 어려움을 느끼게 되기 때문에 넉넉한 시간이 필요하다. "노인은 학습속도는 느리지만 굉장히 정확하게 일을 수행하며, 젊은이는 빠르게 일하지만 일을 수행함에 있어서 종종 많은 실수들이 발생한다."

1.6.3. 반응속도

일찍이 '반응속도'는 30세 이후 전체적으로 감소한다. 반응속도가 단지 부차적이고 생리적적인 메커니즘의 조건부에 속하는지 아니면 중심적인 기능으로서의 역할을 하는지, 반응 경과의 복잡성에 대한 이해로 이끌 필요가 있는지는 생각해 볼 문제이다. 먼저 반응속도는 '운동 이전' 구성요소와 '운동적' 구성요소로 구분된다. '운동성 이전의 시간'이란 운동을 시작하기 전까지의 몸의 자각과 준비 속도를 말하는 것이며, '운동성 시간'이란 어떤 신호의 현상으로부터 불러일으켜지는 운동의 시작으로부터 운동의 끝까지의 시간을 말한다. 운동성 이전의 시간과 운동성 시간은 연령과 관련되어 서로 상이한 차이점을 보인다. 이에 대한 올바른 이해를 위해 도표 3을 보도록 하겠다. 도표 3을 보면, '운동 이전의 시간'은 증가하는 연령과 함께 매우 정확하고 뚜렷하게 증가하고 있음을 알 수 있다. 즉, 어떤 신호를 감지하고 그에 대한 반응을 준비하는 속도는 나이가 들면 들수록 점차 늦어진다는 것이다. 이와는 다르게 '운동적 시간'은 나이와 상관없이 비슷한 반응속도를 나타내고 있다.

도표 3: 상이한 연령그룹의 운동성 이전과 운동성의 반응시간의 구별(초당)

시 간 (초당)	연 령			
	30세	40세	50세	60세
운동성이전의	0, 86	0, 99	1, 29	1, 37
운동성의	1, 18	1, 20	1, 14	1, 22

도표를 통해 알 수 있는 사실은 노인이 노년에도 여전히 활동적으로 생활할 수 있으려면 그들의 환경과 여건에 대한 적절한 지원을 해야 하며, 특별히 그들의 생각을 상세하게 표현하도록 하기 위해서는[8] 더 많은 시간을 주어야 한다는 것이다. 하지만 흥미로운 것은 노인도

---

8) 노인이 자신의 사고를 논리적으로 표현하려면 '운동이전의 시간'이 충분히 주어져야 한다.

무엇인가를 결정을 하기 전에는 이를 고려하는 시간이 조금 많이 필요하기는 하지만 한번 결정을 한 후에는 빠르게 행동한다는 사실이다. 그렇기 때문에 Lehr, Dreher 그리고 Schmitz-Scherzer는 다음과 같이 강조한다: 노인에게 있어서 실행속도를 증가시키면 시킬수록 일의 정확성은 높아지게 된다.

Welford와 Speakman의 연구에 의하면 일에 대한 신뢰성은 속도와 관련시켜야 한다: 20-30대 사이에는 일의 수행 속도가 거의 변함없이 이루어지고 있지만 일과 관련되어 나타나는 실수의 숫자는 명확하게 증가한다. 40세부터는 일을 수행함에 있어서 근본적으로 준비시간이 필요하게 된다. 하지만 그에 비해 실수의 숫자는 감소하게 된다. Olechowski에 의하면 이와 같은 결과는 성인의 과업실행 능력에 대한 구조개편 안에서 설명되어져야 한다. 여기에서 중요한 것은 다음의 요소, 즉 유전적 재능, 학교교육, 훈련, 환경, 건강, 인생행로와 자극과 동기가 되는 조건들이 고려되어야 한다는 것을 의미한다. 왜냐하면 이는 연대기적 나이에서 오는 부족함을 보충해주는 데에 큰 역할을 하기 때문이다.

2.

노인의 사회적 성찰

노화의 사회적인 변화는 대부분 노인과 노년 이전에 있는 사람에게 많거나 적거나 위기를 초래한다. 왜냐하면 사회는 한 인간의 가치를 직업 활동과 관련해서 이해하기 때문이다. 그렇기 때문에 삶의 대부분의 시간을 직장에서 보냈음에도 불구하고 은퇴한 노인은 스스로를 가치가 없다고 느끼게 된다. "어떻게 하면 은퇴 이후의 시간을 긍정적으로 볼 수 있게 될까?"

2.1. 은 퇴

인간은 종종 다음과 같은 물음을 제기한다. "은퇴 이후의 시간 속에서도 질 높은 삶의 만족을 가질 수 있는가?" "은퇴 이후의 시간은 삶의 질의 저하의 결과를 양산하는가?" "은퇴는 인간의 주체적인 행복을 느끼는 것에 대해 그 어떤 변화도 가져오지 않는가?" 직업으로부터의 갑작스러운 분리는 노인에게 있어서는 가장 중요하고 심각한 문제가 되기도 하고, 노년에 있어서 가장 결정적인 영향을 미치기도 한다. 왜냐하면 인간은 대부분 은퇴를 미리 준비하지 못하고 맞이하는 경우가 많기 때문이다. 특별히 정상적으로 이루어지는 은퇴의 모습을 보면9) 육체적으로, 영적으로 힘이 쇠약하게 되는 때에 맞이하게 되는 것이 대부분이다. 중요한 것은 은퇴의 시기를 본인 스스로 결정하기보다는 기업구조의 엄격한 계급조직 안에

---

9) 조기은퇴는 언급하지 않았다.

서 타인에 의한 결정을 통해 이루어지는 것이 대부분이라는 사실에 있다. 그렇기 때문에 은퇴는 노동으로부터 소외를 느끼게 만들어 정신적으로 매우 혹사시키는 일련의 사태로 특징지어진다.

특별히 준비하지 못하고 맞이하게 되는 은퇴는 세 가지 부정적인 현상을 야기한다: 첫 번째 현상은 삶의 시간의 대부분을 직장에서 보냈던 사람에게서 발견할 수 있는 것이다. 이들은 자기 가치의식과 존재의 정당성을 직업과 관련시켜 찾는다. 직업과 자신의 삶을 동일화시키는 작업을 통해 가지는 만족은 이들이 가지는 모든 생명력에 영향을 미치게 되었다. 그러므로 여가시간을 바라봄에 있어서도 자신의 또 다른 삶을 위해 주어지는 시간이 아니라 일하지 않는 시간, 즉 일할 능력의 회복을 위한 시간이라고 보게 되었다. 이러한 사고를 가진 사람이 직업 활동으로부터의 은퇴를 하게 되었을 때에는 그동안 지키고 있었던 일 중심적인 삶에 대한 상실을 겪게 된다. 그 때문에 은퇴와 함께 부정적으로는 자신의 삶을 보게 되고 삶 속에서 적극적으로 활동하는 것이 아닌 삶의 변두리에 서서 수동적으로 머무르게 된다. 그들에게는 직장생활을 하던 때보다 은퇴 이후의 삶 속에서 삶의 만족을 찾는 데에 큰 어려움을 느낀다.

두 번째 현상은 나이의 한계를 넘어 일하기를 원하지만 불리한 직장의 상황이나 질병으로 인해 일찍 은퇴에 들어간 사람이 해당된다. 이들은 마음은 그렇지 않으나 육체적인 원인으로 또는 직업 선택에 있어서 지속적으로 경험되는 좌절로 인해 삶에 대해 체념하며 살아가게 된다. 이와 더불어 줄어든 은퇴 연금으로 인해 생활고를 견디고 있다.

세 번째 현상은 은퇴가 가져오는 인간관계의 변화를 충격으로 받아들이는 사람에게 나타나는 것이다. 직장 생활을 통해 가져왔던 동료들과의 관계는 은퇴를 통해 자의든 타의든 끊어지게 된다. 여기에서 관찰되어지는 현상은 '은퇴쇼크' 내지는 '은퇴 파산'이라는 모토로 서술된다. 이는 허용되지 않은 일반화의 현상으로서 은퇴 이후 주어질 생활에 대해 기대하는 자세에 대해 좋지 못한 효과를 유발하는 것을 말한다.

어떻게 하면 은퇴에 있어서 이러한 부정적인 현상을 피할 수 있을까? 첫째, 은퇴 이후의 자신의 변화되는 삶의 상황을 사실 그대로 받아들여야 한다. 사람은 영원히 육체적으로 젊지도 못하며, 직업에 종사할 수도 없다. 어느 누구도 은퇴라는 단계로부터 예외가 되지 못한다. 그러나 그것은 자신의 은퇴 이후의 삶을 체념으로 받아들이고 견디라는 것을 의미하지는 않는다. 오히려 변화된 삶의 상황을 하나의 새로 시작된 삶의 단계로써 받아들이고 자기 자신에 대해 자부심을 가지고 자신의 삶과 사회 안에서 새로운 흥미와 새로운 기회를 찾도록 노력해야 한다. 은퇴를 통해 재정적인 면에 있어서—과거와 비교했을 때—더 이상 풍족함을 누릴 수는 없겠지만 그럼에도 불구하고 자신의 노년 속에 삶의 만족을 느낄 수 있는 긍정적인 생각을 가져야 한다. 이와 함께 매우 중요한 것은 은퇴 이전 직장 생활에서부터 은퇴의 의미를 이미 자각하고 있어야 하며 은퇴 이후의 시간에 대한 삶의 계획이 이미 세워져 있어야 한다는 것이다.

2.2. 사회 안에서의 노인의 역할

만일 역할이 구성원에 대한 공동체의 함축적이거나 상세한 요구의 총괄로서 이해되어진다면 그로 인해 공동체 구성원은 정해진 태도를 이행하거나 중단해야만 한다. 모든 사회구성원에게는 동일한 역할 수행이 요구되어지지만 이것은 사회 안에서 개인을 실현시키는 수행 기능에 의존되어 있는 것으로서, 어떤 예상과 기대가 존재하는지는 개인에 따라 고려된다. 또한 성별이나 직업과 관련되어 구별되어지는 상황도 불가피하다. 예를 들어 성별, 한 기업 내 서열관계, 직업군의 다양성, 연령 등이 그것이다. 사회 안에서 이와 같은 다양한 특징을 통해 인간은 고정된 지위를 얻는다. 이 지위는 사회적 평가로서 자신의 위치와 연결된다. 그리고 이를 직위라 부른다.

그렇다면 노인은 사회 속에서 어떤 역할을 가질 수 있을까? Cumming 과 Henry의 연구(1961)에 의하면, 50 - 75세 사이의 연령에서 발견할 수 있는 사회적인 역할(예를 들어 직업, 이웃, 친구)을 살펴보면 역할의 활동성이 다른 세대와 비교했을 때 쇠퇴하고 있는데 이는 강제적으로 나타나는 것이 아니라 인생에 있어서 일반적인 진행으로 나타나는 것으로서 노인 스스로가 원하는 진행과정이다. 왜냐하면 사회 구조적으로 보았을 때 직업은 순환적 구조를 가지고 있기 때문이다. 즉 일정한 나이가 되면 사회적 자리로부터 나와야 한다. 왜냐하면 노년에 들어서도 인간이 자신의 직업을 손에 쥐고 있게 되면 다음 세대가 일을 할 수 있는 영역이 줄어들게 되기 때문이다. 그러므로 직업의 원활한 순환을 위해서는 일정한 나이가 되면 자신의 직업적 자리를 털고 나와야 한다. 이러한 주장을 철수이론이라 부른다. 그러나 우리가 여기에서 생각해 보아야 할 문제는 다음과 같다. "노인은 사회 속에서 자신의 삶의 반경이 축소되는 것을 진정 원하고 있을까?" 그리고 "그 삶은 스스로가 원해서 그렇게 만들어 왔던 삶일까?" "사회적 역할의 만족과 반비례하여 증가되는 나이와 관련하여 어떤 변화를 가져와야 할까?" 이는 당사자의 직업, 연구되어지는 문화, 매번 분석되어지는 각각의 삶의 영역 등에 의존되어 있다.

그러나 이에 반대하여 Havighurst는 노인을 사회구조적 측면과 연관시켜 볼 때, 노년에 들어서면 단지 사회적 활동성만이 조금 줄어들게 될 뿐이라고 말한다. Renner 역시 Havighurst와 비슷한 견해를 가진다. 독일의 Bonn에서 보고한 자신의 논문 "Longitudinal Study of Aging"에서 다음과 같이 말한다. 59-77세 사이의 노인들을 대상으로 10가지의 다양한 역할(파트너, 부모, 조부모, 지인, 동료 등)과 관련하여 5년 동안 관찰한 결과 거의 어떤 변화도 관찰되지 않았다. 변화는 단지 개별적인 경우 안에서 나타나는 것인데, 예를 들어 자신과 관계된 사람의 죽음, 집으로부터 자녀의 독립 그리고 생활환경에 있어서 다른 어떤 변화 등을 들 수 있다. 좀 더 자세하게 말하자면, 은퇴는 사회적 역할의 적극성과 활동성 안에서 주목할 만한 변화들과 함께 결부되어 있지 않다. 왜냐하면 노인은 과거의 동료에게만 묶여 있어서도 안 되고 현재에 묶여서도 안 되기 때문이다. 노인은 과거와 현재 그리고 미래를 한 맥으로 보고 사회적 관계를 형성함과 동시에 친밀한 교제를 나누어야 한다.

Havighurst에 의하면 위와 같은 노인의 역할에 대한 연구의 결과는 가족(부부, 조부모, 손님, 전업주부, 친척, 장성한 자녀) 내에서의 역할에 대한 설명의 도움으로, 직업세계(고용인, 고용주) 내에서의 역할에 대한 설명의 도움으로, 사회적인 삶(협회회원, 교회구성원, 시민, 친구, 이웃) 내에서의 역할에 대한 설명의 도움으로 인지된다. 그리고 노년의 역할에 대해 서술된 전형(典型)의 변화가 이를 뒤따른다.

이와 함께 변화를 위한 원인에 대한 두 가지 경합하는 가설이 고려되어져야 한다: 첫째, 각 개인의 역할의 활동성과 관련하여 나타나는 변화는 개별적인 역할-만족을 위한 변화된 시간의 소비에 대한 변화이다. 각 사람이 매 번 그와 같은 한계가 있는 시간을 사용할 수 있게 된다면, 개별적인 역할을 위해 변화된 소비는 역할구조에 대해 주체적으로 영향을 미치게 된다. 둘째, 여러 가지의 역할의 활동성은 인간의 다양하고 특별한 징후, 즉 건강, 동기, 관심 그리고 생명력의 결과와 연관된다. 그런데 몇몇 사람들은 거의 모든 역할에 대해 시간적인 여유를 가지지 못하는 경우에 처하기도 한다. 그래서 시간에 대한 압박으로 인해 다른 새로운 것을 시도하거나 기존의 것을 실행하려는 의지를 가지지 못하기도 한다.

이에 대해 Havighurst는 그의 연구를 통해 다음과 같이 말한다. 개인이 지니는 개성의 특징은 역할 속에서 의미를 지닐 때 나오게 된다. 건강한 정신과 육체를 가진 노인은 그들의 역할의 활동성이

다른 이들로부터 한정되어졌다고 보고 이에 대해 불만을 느낀다. 그들은 역할의 활동성과 기회에 대해 폭넓은 다양성을 인지한다. 왜냐하면 역할의 만족은 폭넓은 역할의 만족의 가능성을 가져오기 때문이다. 이미 1954년에 Havighurst는 다음과 같이 언명했다. 다양한 삶의 영역(직업, 자유 시간, 가족, 정치적 삶 등) 안에서 나타나는 다양한 역할의 적극성에 대한 인지는 노년 안에 역할에 대한 유연성과 적응성 그리고 삶의 만족을 선물한다. 그 안에서 직업적인 성공을 통한 만족감을 느끼는 것에서 벗어나 취미를 통해 또는 직업 안에서 실현할 수 없었던 사회적 능동성을 통해 내적 만족을 찾게 되고 충족하게 된다. 이 이론은 철수이론과는 반대되는 이론으로서 '적극성이론'이라고 말한다. 이 이론은 사회적 역할을 함에 있어서 나이 때문에 느끼는 한계는 고령 안 삶의 만족과의 관계에 있어서 부정적인 영향을 미친다고 본다. 즉 주체적이고 적극적으로 살 수 있는 관계를 형성하는 것과 사회적 적극성을 감소시킨다는 것이다.

삶의 만족과 역할에 대한 적극성 사이의 관계를 위한 자리를 받아들임에 있어서 가장 먼저 해야 할 것은 구별된 상황을 받아들이는 시도를 해야 한다는 데에 있다. Rosenmayr(1978)는 일반화와 보편화를 거절한다. 인간의 활동성(능동성)의 범위는 노인의 만족 또는 불만족에 의해 결정되는 것이 아니다. 인간은 자신의 환경 안에서 가능성과 불가능함, 적극성을 자유롭게 선택하게 된다. 예를 들어 어떤 사람은 배우자를 통해 이루어지던 환경과의 상호작용이 배우자의 죽음으로 인해 축소되어지는 것에 대해 불만을 가지기도 한다. 사회적 영역에 있어서 어느 정도까지 역할의 활동성(능동성)을 원하느냐라는 질문은 개성의 특징—이는 경험과 행동에 대한 사회적 구조의 조건범위(주거형태, 직업형태, 종교 등과 관련하여)—에 대한 하나의 물음이다.

구체적으로 인간은 개인적인 전기(傳記)의 독특성과 인격의 독특성을 발전시킨 존경, 견해와 신념을 고려해야 한다. 전기(傳記)적인 시각은 역할의 활동성의 범위와 함께 삶의 만족과도 연관되어야한다. 이는 Lehr와 Rudinger의 연구 "Longitudinal Study of Aging"를 보면 더욱 분명하게 나타난다: 가족적인 보살핌은 역할 형성에 있어서 중요한 역할을 한다. 대가족 시절에서는 다양한 부모 역할뿐만 아니라 조부모 역할 역시 활발한 적극성을 가지고 있었다. 각 노인의 삶의 상황을 결정하기 위해 중요한 것은 노인 자신이 지닌 능력이다. 이 능력은 개인적이고, 전기(傳記)적이고 신체적이고 사회적인 변화들을 조화시켰을 때 나타나는 것이다. 노인 스스로 가르침과 변화된 삶의 조건에 대해 적극적으로 받아들이고 변화되어야 한다. 노화는 개인과 사회를 위해 주어진 하나의 사명이다. 사회학적 면에서 노인을 만족시키기 위해서는 사회적 삶에의 참여를 위해 조직적이고 제도적인 연구가 있어야 한다. 예를 들어 경제적 도움을 주기 위한 직업의 문을 열어둔다거나, 노화로 인해 나타나는 신체적인 어려움을 감안하여 주택단지의 구조부터 의사소통의 기구와 매체투입까지 노인을 배려하는 자세를 보여주어야 한다. 이것은 노인의 사회적 면뿐만이 아니라 생태학적인 면과 심리학적인 면에서 개인적인 충만함을 가지게 한다. 이를 위해서는 먼저 교육이 중요한 역할을 해야 한다. 고령의 나이에도 여전히 남아있는 가능성을 발견하고 적극적으로 만들어 철저하게 이용할 수 있는 방향을 제시해야 한다. 그리고 이것을 통해 얻게 되는 것이 바로 현실적인 어려움을 극복하게 되는 것이라는 사실을 인지시켜야 한다.

2.3. 사회 안 노인 숫자의 증가

현재 인구분포도는 매우 빠르게 변하고 있다. 현 인구분포도를 살펴보면, 이전에 보여주었던 모델은 이미 오래전에 무너졌으며 이러한 변화는 미래로 갈수록 점점 더 심해질 것이 예상된다. 산업혁명 이전의 인구 그래프를 보면 고령의 노인 비율은 거의 없었다. 고령은 하나의 '희소가치'였다. 그러나 산업사회로 들어오면서 노인의 숫자는 전체 인구와 비교했을 때 크게 증가되었다. 나이가 든다는 것은 이제 독일사회에 있어 당연하고 일반적인 현상으로서 받아들여지게 되었다. 1919 – 2050년까지의 인구통계표를 보면, 피라미드에서 통모양으로 점차 변하고 있는 것을 알 수 있다. 이러한 현상은 독일뿐만 아니라 전 세계적으로 대부분의 국가 안에 적용되어지고 있는 것이다. 이러한 변화의 원인은 두 가지로 나누어 찾아 볼 수 있다. 첫째, 전체 인구수 가운데 노인 숫자의 증가와 함께 출산율의 저하(그림 1 참고)에 있다. 의학의 발달로 인해 신생아 사망률이 현격하게 줄어들었음

에도 불구하고 태어나는 신생아의 비율은 가정당 평균적으로 1.5명 보다 적게 나타나고 있다. 이러한 인구통계표의 변화는 1900, 1941, 1965 그리고 1977년의 연령구성의 비교를 해보면 좀 더 명확히 찾을 수 있다. 65세 이상의 인구들은 20세기에 굉장히 빠르게 증가되었다. 이는 21세기에 들어와서도 지속적으로 증가되고 있으며 앞으로도 계속 증가될 것이다. 특별히 눈에 띄는 사실은 노인 중에서도 특히 고령자의 숫자가 증가하고 있다는 것이다.

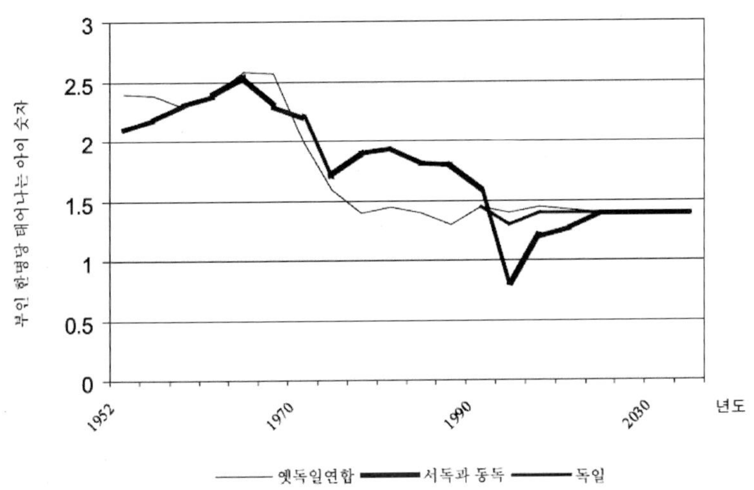

그림1. 1952년 이후 연간 출생률

50년대 중반부터 BRD (독일연방공화국)10)과 DDR(독일민주공화

---

10) Bundesrepublik Deutschland : 독일 연방 공화국으로 구서독의 국명이다.

국)[11]의 출생률의 변화를 살펴보면 대체적으로 비슷한 양상을 보였다. 연간 출생률은 높았으며, 60년대 시작부터 전쟁 이후까지 가정 당 2.5명의 아이가 출산되었다. 당시에 태어난 아이들은 오늘날 독일의 인구분포도 가운데 가장 많은 부분을 차지하는 약 40 중반에서 후반 사이의 구성원들이다. 그러나 이후 1964년 동독에서는 출생률의 하락이 시작되었다. 또한 1967년 이후로 옛 독일연방국 영토 안에서도 연간 출생률이 지속적으로 감소되었다. 이러한 감소현상은 70년대가 시작되면서 가속화되었다. 1975년부터는 옛 독일연방국가들 안에서 나타나는 평균 출생률이 1.45명으로 감소되었고, DDR에서는 1.54명으로 감소되었다. 80년대 중반의 출생률을 살펴보면 한 여성당 1.3명의 아이를 낳게 되었다. 그런데 1990년대 와서 출생률이 1.45명으로 미미하게 증가하게 된다(1994년과 1995년은 예외—한 부인당 약 1.4명 정도). 출생률이 증가현상을 보이게 된 이유는 독일 내 사회복지 차원에서 여성을 위한 정책이 활발하게 이루어지고 있는 것을 들 수 있다. 직업을 가진 여성의 자녀양육을 위한 복지 차원의 배려와 함께 각 자녀 당 지급되는 육아수당이 그것이다. 이러한 현상은 2010년까지 계속될 것으로 예상된다. 하지만 2011년부터는 출생률의 지속성이 전체 독일에 있어서 한 여성 당 1.4명 정도로 감소하게 되어 2050년까지 지속될 것이다. 왜냐하면 2011년에 출산을 하게 될 연령이 이전 세대에 비해 숫자 면

---

11) Deutschland Demokratische Republik : 독일 민주 공화국으로 구동독의 국명이다.

에 있어서 많지 않은 것이 한 원인이 되기 때문이다. 이와 함께 전체인구에 있어서 20세 미만의 젊은이들의 숫자는 이러한 출생률의 저하로 인해 2001년에 약 1/5 그리고 2050년에는 1/4 정도가 감소될 것이다.

둘째 원인으로는 의학의 발달과 개선된 삶의 조건을 들 수 있다. 과거와 비교했을 때 현재 고령에 이르기까지 인간은 다양한 의료적 혜택을 누릴 수 있으며, 삶의 환경의 질이 높아짐에 따라 미리 자신의 노년을 준비하고 훈련할 수 있는 시간과 여유가 더 많아졌다.

독일은 오늘날 대표적인 장수국가중 하나로서, 특별히 60세 이상의 노인인구의 숫자가 높은 나라이다. 현재 평균수명은 여성이 약 80.8세, 남성이 74.8세로 추정되고 있다.[12] 2050년도에 이르러서는 여성이 약 85.7 – 88.1세, 남자는 약 78.9 – 82.6세가 될 것으로 예상된다. 60세 이상의 노인의 숫자는 최근 40 – 50년부터 현재에 이르기까지 약 190만에서 250만 명으로 증가되었다. 그리고 이러한 발전은 전체 인구수의 감소와 반비례한다. 2001년에는 노인의 숫자가 24.1%, 2010년에는 약 25.6%, 2030년에는 약 34.4% 그리고 2050년에는 전체인구 중 두 번째로 많은 연령세대가 될 것이다. 현재 국민 10명 중 3.5명이 노인이다. 이 말은 앞으로 노인 인구에 대해 좀 더 각별한 관심을 가져야 된다는 것을 직접적으로 보여주는 사실이다.

---

12) 20세기 초반의 평균예측수명은 약 46세였다.

도 표 4.

	연말의 총계	연령별			
		20세 이하	20 – 59	60세 이상	
				총 계	80세 이상
	백 만	%			
1950…	69,3	30,4	55,0	14,6	1,0
1970…	78,1	30,0	50,1	19,9	2,0
1990…	79,8	21,7	57,9	20,4	3,8
2001…	82,4	20,9	55,0	24,1	3,9
2010…	83,1	18,7	55,7	25,6	5,0
2030…	81,2	17,1	48,5	34,4	7,3
2050…	75,1	16,1	47,2	36,7	12,1

노인 인구의 숫자를 비교했을 때 주의 깊게 살펴보아야 할 세대
가 있다. 바로 고령 세대이다. 20세기 초반만 해도 80세 이상의 노
인들이 거의 관심을 받지 못했다. 그러나 2001년에는 이미 320만
명, 즉 인구의 3.9%가 80세 이상의 고령의 노인이다. 그리고 2050
년에는 그 숫자가 910만 명, 즉 인구의 12%를 차지하게 될 것으로
예상된다. 이러한 현상을 추측하건대 100년 안에 그 숫자가 6배 이
상 증가될 것이다.

2.3.2. 사회 내 남·여 상황의 차이점

인구분포도를 살펴보면 눈에 띄는 사실이 있다. 바로 노인인구에 있어 여자의 숫자가 대단히 우세하게 나타나고 있다는 것이다. 60 - 70세 노인을 비교해 볼 때 여성노인의 비율은 54%로 증가한다; 70 - 80세 사이는 이미 그 숫자가 거의 같은 연령의 노인숫자와 비교해 볼 때 2/3 정도에 도달한다. 80세 그 이상의 고령을 볼 때는 마침내 3/4을 차지하게 된다.

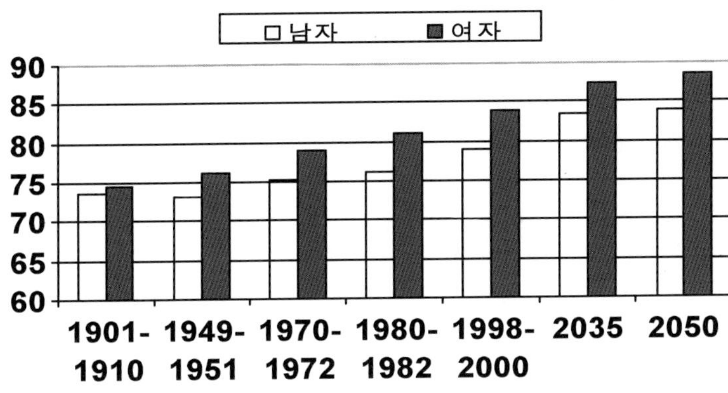

그림2. 60세 이상 인구의 평균수명

이러한 현상은 결과적으로 '노년의 여성화'로 표현되어진다. 그 이유는 남성과 여성의 평균수명을 비교해 볼 때 평균적으로 여성이 남성보다 5 - 6년 더 오래 사는 것과 관련된다. 이러한 불평등한 성비의 분배는 노인의 혼인관계에 있어서도 영향을 미칠 수 있다.

도 표 5.

기본연도	소 년	소 녀
1901/1910	44,8	48,3
1924/1926	56,0	58,3
1932/1934	59,9	62,8
1949/1951	64,6	68,5
1960/1962	66,9	72,4
1965/1968	67,6	73,6
1970/1972	67,4	73,8
1975/1977	68,6	75,2
1980/1982	70,2	76,9
1985/1987	71,8	78,4
1991/1993	72,5	79,0
1996/1998	74,0	80,3
1998/2000	74,8	80,8
2020*	78,1	83,8
2035*	79,7	85,4
2050*	81,1	86,6

특별히 가족관계 안에서 노인의 과부(배우자 사별) 경험이 다른 연령집단과 비교해 빈번히 나타난다.

도 표 6.

| BRD 안 65세 이상의 성별과 혼인관계 | | | | | | | | |
| 연 령 | | | 남 성 | | | 여 성 | | |
년	미 혼	기 혼	배우자상실	이 혼	독 거	결 혼	배우자상실	이 혼
65 - 70	4,4%	85,3%	11,3%	1,8%	10,6%	46,0%	45,3%	2,9%
70 - 75	3,8%	78,9%			11,4%	34,1%		
75와 그 이상	3,2%	61,2%	34,6%	1,0%	11,3%	16,8%	70,0%	1,9%

　노년의 가족관계를 살펴보면, 근본적으로 여성 구성원이 책임을 지고 있다. Pfeil은 이에 대해 다음과 같이 말한다: 친척관계를 살펴보면 여성이 남성보다 중요한 역할을 수행한다. 그리고 그 역할은 기혼남성의 그것보다 훨씬 강하고 끈끈하다. 우선 친척그룹 간의 교제관계를 살펴보면, 여성들은 서로 간에 좀 더 친밀한 관계를 유지하고 있음을 발견할 수 있다. 이는 Rosenmayr와 Köckreis도 동의하는 사실이다. 여성(어머니, 딸, 며느리)은 남성과 비교해서 볼 때 보편적으로 가족관계의 유지에 있어서 많은 역할을 가진다. 예를 들어 젊은 부부의 경우 어머니 가까이에 사는 것이 아버지 가까이에 사는 것보다 더 빈번하다. 왜냐하면 늙은 어머니는 손자의 양육과 가사활동에 도움을 주기 때문이다. 그렇기 때문에 젊은 여성의 직업활동에 대한 결정도 자신의 (시)어머니가 부모의 역할의 위임을 받을 준비가 되어 있는지 아닌지에 의존되어 있다. Blume, Guth와 Vischer의 연구에 의하면 사별 후 혼자 사는 여성은 자녀와의 관계

에 있어 같은 상황에 있는 혼자 사는 남자의 그것과 비교했을 때 좀 더 빈번하고 활발한 교제를 가진다. 더 나아가 Blume는 같은 연령층의 남성과 비교했을 때 많은 숫자의 여성들이 친구 방문, 친척 방문 그리고 취미활동 등을 함에 있어서 3배 이상 활발히 활동하고 있다고 말한다.

이러한 연구를 통해 알 수 있는 것은 여성이 남성보다 자녀와 친척 구성원을 돌보는 데에 더 많은 에너지를 소비하고 있다는 사실이다. 그리고 빈번한 자녀와 친척과의 교제를 통해 삶의 즐거움을 찾고 있다. 이러한 현상은 역할이론을 통해 해석할 수 있다: 여성은 가정 내 아내와 어머니로서 정서적인 역할을 하는 존재로, 가족을 통합하는 역할을 가지고 있다. 그러나 남성은 가정 내 직업의 도구적인 역할을 하고 있기 때문에 가족에 적응하는 역할을 가지고 있다. 그렇기 때문에 친구 같고 정겨운 교제의 범위와 효율에 있어서 여성이 남성보다 더 크게 영향을 미치고 있다. 더 나아가서 이웃관계에 있어서도 이는 상당히 큰 역할을 하고 있다.

2.4. 가족구조

가족구조에 대해 말함에 있어서, 먼저 가족상태의 변화에 대해 주시해야 할 필요가 있다. 산업혁명 이전의 대가족 형태가 산업혁명 이후로 소가족 형태로 변화하였음을 관찰해야 한다는 것이다. 왜냐하면 과거의 세대 간의 공동생활이 오늘날 더 이상 빈번한 생활 모습이 아니기 때문이다.[13] 이것은 노인의 실제적인 생활 형태에 대한 자료들(도표 7: 노인의 생활 형태를 보시오[14])을 통해 증명될 뿐만 아니라, 오늘날 대부분의 세대가 선호하는 생활 형태에 대한 설명에서도 찾을 수 있다.

도 표 7.

노인의 거주형태	빈 (5)%	쾰른 (6)%	BRD (7)%	USA (8)%
결 혼:				
배우자와 같이 삶	33	32	35	37
배우자, 자녀와 같이 삶	9	11	12	12
배우자와 다른 이와 같이 삶(예를 들어 친척)	2	–	–	
독 신:				
혼자 삶	32	29	23	21
자녀와 같이 삶	14	23	20	16
다른 이와 같이 삶	10	5	10	11
	100	100	100	100
	(N=2784)	(–)	(N=821)	(N=1734)

---

13) 1957년 독일은 3세대 가족의 몫이 모든 가정의 전체 숫자(총계)의 6.9%, 1961년에는 9.14%였다. 그리고 1972년에는 대부분의 65세 이상의 노인이 그들의 자녀와 더 이상 같이 살지 않게 되었다. 1990년에는 3세대가족의 숫자가 약 5.3%에 이른다.

14) 설문자는 65세의 국민으로서 기관시설에 살고 있지 않는 자들이다.

　　이러한 가족구조의 변화에 커다란 영향을 준 것은 바로 산업혁명이라고 말할 수 있다. Parsons는 이러한 변화를 지배사회의 구조적인 조건들과 연관시켜 설명한다. 산업혁명을 통해 나타나는 커다란 사회적 유동성, 삶의 가능성의 증가와 자라나는 세대의 이른 독립(자립) 등은 가족 간의 교제에 있어서 하나의 '기능성 장애'를 지니는 모습을 보여준다. 장성한 자녀와 늙은 부모간의 공간적인 분리는 새로운 공간의 형성을 이루었지만, 이를 통해 가족 내 노인의 위치가 부정적인 의미에서 많이 변화되었다. 대가족과 소가족 사이의 차이점은 다음과 같다: 대가족 안에는 다양한 세대가 산다. 공동가정 또는 공동가정살림 안에서 이루어지는 삶의 형태를 가지고 있다. 특히 아버지의 가부장적 지배 권력 아래에서 가족 구성원의 삶이 이루어지고 있다. 이 외에도 가족 구성원에는 가족 외에 고용인도 속하는 것이 눈에 띤다. 또한 산업혁명 이전 사회에서 나타나는 대가족은 생산과 소비를 가족 공동체 안에서 이루고 있다. 그 외에도 대가족은 자라나는 세대들에 대한 훈육(교육)과 사회화의 가르침도 가족 내에서 소화하고 있다. 대가족 내의 권위, 안정성과 견고성 그리고 연대의식은 산업혁명 이전의 사회적 형태를 특징지었다. 그 안에서는 각 개인의 개성이나 우세함이 강조되지 않았다. 대가족의 기능 중 가장 눈에 띄는 것은 노년에 들어서는(또는 들어간) 가족 구성원에게는 존재의 의미와 보호 그리고 부양이 약속되었다는 사실이다. 또한 이들은 가족구성원으로부터 보호만 받는 존재로 머무른 것이 아니라 특별한 책임도 가졌다. 오랜 세월을 거쳐 가진 경험과 지식을 후대에 가르치는 일을 하였다. 이것은 노인에게 있어 하나의 커다란 기회였다. "달려가는 것을 유지하라"라는 표어를 보면 이러한 활동이 노년에 속한 사람에게 얼마나 중요한지를 알 수 있다. 우선 젊은이와 함께 하는 환경 안에서 노인은 변화되는 환경에 대한 적응력과 육체적이고 정신적인 활동성에 대한 새로운 자각이 이루어진다. 이 활동은 본질적으로 다음과 같은 전제를 완성시킨다: 노년에도 역시 학습능력은 남아있다. 이로부터 노인의 활동은 고무되어지고 격려되어져야 한다. 특별히 아동교육과 관련하여 예를 들어보자. 노인은 자신의 경험과 지혜를 사용하여 아이들에게 선생님으로서 역할을 하게 되기 때문에 자신이 여전히 존재적 가치를 지니고 있다는 긍정적인 사고를 가질 수 있으며, 아이들에게는 직업적 재교육과 함께 계속교육을 경험할 수 있는 시간이 될 수 있다.

그러나 18세기 후반 산업혁명으로 인해 변화된 가족형태를 통해 나타나는 부수현상은 대가족형태의 기초를 흔들어버렸다. 소가족은 개인주의적이고 개인적 욕구와 필요의 완성에 좀 더 많은 관심을 가진다. 대가족에서 소가족으로의 가족구조의 이동으로 인해 제일 많이 변화된 것은 바로 부모와 성인 자녀 사이의 삶의 공간적 분리이다. 이는 개인적이고 기능적이며 독립적이고 자율적인 기능(개인적 자유 개발 여지의 증가)을 추구하게 되면서 나타나게 된 현상이다. 특별히 소가족은 가족적 의무감의 부담이 경감되기는 했지만 구성원들을 종종 외롭게 하고 다른 이로부터 분리된 듯한 느낌을 가지게 만든다. 이를 통해 가족 내 노인의 고립과 분열의 문제에 직면하기도 한다.

노년 안에 나타나는 고립은 노인의 삶의 자리의 축소뿐만 아니라 노인과 젊은이 사이 내지는 노인을 위한 젊은이의 책임 사이에 나타나는 기능적 관계의 축소로부터 나타나게 된 것이다. 그 안에서 노인의 가족 내 지위와 역할 그리고 신망은 상실되었다. 그 한 예로 그동안 노인에 대한 가족적 부양의무가 국가적 기관으로 넘어간 것[15]을 들 수 있다. 그러나 가족구조의 변화로 인해 나타나는 위와 같은 현상들에도 불구하고 분명한 것은 소가족 내에도 조부모 역할에 대한 확장의 가능성이 있다는 사실이다. 이는 조부모와 자녀들 그리고 손자들 사이의 관계에 대한 내용과 기능의 변화 안에서 찾아볼 수 있다: 전통과 권위 아래 서 있는 조부모—손자녀의 관계 대신에 조부모—손자녀가 세대 간의 이해를 통해 논쟁적 마찰을 줄임과 동시에 세월을 통해 축적된 경험을 바탕으로 손자녀에게 전승하지만 그것이 억압이나 권위 안에서 이루어지지 않는다.

결론적으로 말하자면, 소가족 구조의 변화로 인해 나타나는 가족구성원 간의 공간적 거리와 경제적 독립(자유, 자주)은 분명히 공간적인 고립을 초래한다. 그러나 이는 완전한 고립으로 이끌지는 않는다. 분리된 가계운영에도 불구하고 애착으로 인한 내적인 결합이 유지될 수 있다. 즉 공간적 분리를 통해 감정적 결합이 이루어진다는 것이다.

---

15) 예를 들어 대가족이 가졌던 아동에 대한 양육적 기능이 사회적 기관(유치원, 학교)으로 옮겨감을 통해 가족구성원 사이에 자율성과 자주성을 잃어버렸다.

2.4.1. 주거지 변화와 생활의 변화

"노년의 삶"이라는 테마는 현재 노인에 대한 토론에 있어 중심적인 테마이다. 왜냐하면 노년의 삶은 사회적 역할로부터 나온 분리를 통해, 즉 직업 또는 부모로서의 신분 그리고 증가하는 나이와 함께 나타나는 건강적인 약화를 통해 제한되면서 나타나게 된 시간이기 때문이다. 특별히 대가족에서 소가족으로의 가족구조의 변화는 이에 커다란 영향을 미쳤다. 한 가지 예로서 독일의 65세 이상 노인의 거주조건을 살펴보면 약 4%가 양로원에 살고 있다는 사실을 들 수 있다.

도 표 8

거주형태	%
단지 동거자와 함께	35
결 혼	
배우자와 자녀와 함께	12
혼 자	23
독 신	
자녀와 함께	20
다른 사람과 함께	10

사회학적인 노인연구를 살펴보면 현재 독일 노인의 거주형태를 네 가지로 나누고 있다: 개인아파트 형태, 3세대가 한 지붕 아래 함께 사는 형태, 양로원(요양시설)과 돌보는 시설 내지 서비스와 함께 하는 거주형태가 그것이다. 이에 대해 좀 더 자세히 살펴보도록 하겠다.

(1) 개인아파트: 노인의 대부분은 자신의 건강 상태와 재정적인 여건이 허락하는 한 자신만의 고유의 집을 오랫동안 유지하려고 노력한다. 개인 고유의 가정 살림은 노인에게 있어 개인적인 자기가치의식의 상징으로 여겨진다. 독일 내 노인의 주거형태를 살펴보면 그 크기에 있어 일반 가정(부모와 자식이 함께 사는 형태)의 크기보다는 비교적 작다는 사실을 알 수 있다. 그러나 일인 가정의 주거 크기와 비교한다면 조금 큰 편에 속한다. 혼자 사는 성인의 주거 크기와 혼자 사는 노인의 주거 크기를 비교하면 다음과 같다. 먼저 혼자 사는 노인의 주거 크기는 평균 69.3m²이다. 그러나 혼자 사는 성인의 주거 크기는 단지 64.3m²이다. 그러나 혼자 사는 성인과 파트너와 함께 사는 성인의 13%는 이보다 더 작은 집에서 살고 있다. 그들은 40m² 내지 60m² 정도 크기의 집에서 산다. 이러한 주거 크기의 비교는 다음과 같은 결과를 가져온다: 노인은 자신의 삶을 되돌아 볼 때 대부분 자신의 가족과 함께 살았었다(비교. 그림 3과 4 참조: 인구통계학과 자본시장들). 이는 그림 3과 4로부터 발견할 수 있는 일반적인 사실이다. 이를 통해 알 수 있는 사실은 인구고령화와 관계되어 주거면적 소비는 감소되고 있다는 것이다. 이는 노인이 자신의 재정 상태를 고려하여 주거 면적에 많이 소비를 하지 않고 있음을 알려준다. 왜냐하면 그들은 젊은이와 비교했을 때, 더 이상 돌볼 자녀가 없기 때문에 커다란 집은 필요하지 않게 되었기 때문이다.[16)]

---

16) 90년대에는 64세 이상의 노인의 94%가 개인아파트에 살았다.

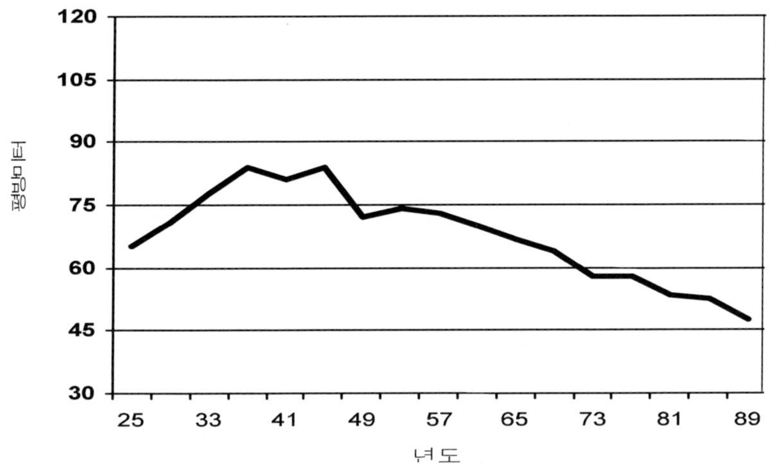

그림3. 동독의 연령에 따른 평균적인 주거면적의 크기

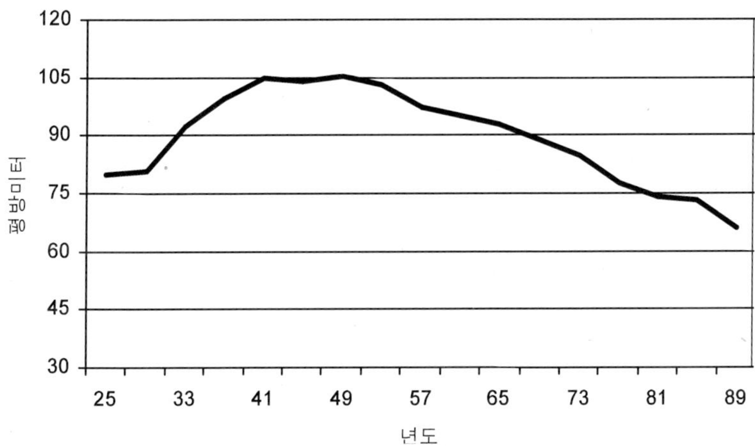

그림4. 서독의 연령에 따른 평균적인 주거면적의 크기

　그러나 노인은 종종 불리한 주거 형태를 가지고 있다. 왜냐하면 그들이 소유한 집은 대부분 현대적인 집의 구조를 갖추고 있지 않기 때문이다. 일반적인 사람이 느끼는 굉장히 사소한 구조도 이들에게는 커다란 불편함으로 다가오기도 한다. 예를 들어 노인은 승강기와 복도 내 충분한 조명 등이 부족한 거주구조에 종종 거주한다. 그동안 독일에 거주하는 노인의 가옥구조의 70%가 현대적으로 고쳐졌다. 중앙난방과 샤워시설과 현재적 화장실이 집 안으로 들어왔다. 그러나 22%는 중앙난방을 갖추지 못하였으며, 남은 8%는 어려운 재정 상태로 인해 샤워 시설이나 화장실 가운데 하나 또는 이 두 가지가 집 안에 존재하지 않는다. 중요한 것은 독일 같은 경우 가옥구조를 새롭게 리모델링하는 것이 거의 어렵다. 왜냐하면 전체적인 가옥구조의 개조에 앞서서 먼저 선행되어야 할 것이 집의 소유자가 누구인가를 판단해야 하기 때문이다. 독일의 주거형태를 살펴보면 많은 사람들이 임대주택을 이용하고 있기 때문에 사실상 집 안 구조를 개조하는 일이 어렵다.

　수도와 화장실이 없는 집은 노인의 삶을 현저히 힘들게 만든다. 이러한 집에 사는 사람에게는 도움과 함께 양육 또한 필요하다. 이것은 다른 거주상태에 속한 사람에게는 꼭 필요하지 않은 것일 수도 있다. 과거 동독의 노인은 이러한 문제에 종종 직면하였다. 그들이 거주하는 주거구조를 보면, 그중 26%가 수도와 화장실이 없는 가옥구조를 지니고 있다. 이뿐만이 아니다. 노인이 살고 있는 집을 살펴보면 현대적인 구조를 갖춘 집도 있지만 노인의 연령과 비례하여 같이 늙어 낡아진 집도 있다. 이 말은 인간과 집이 함께 늙어간다는 뜻이 된다. 서독의 경우에는 노인이 살고 있는 집의 구조가 대부분 복층의 일층 또는 단독주택으로 비슷하게 나눠지고 있다. 하지만 집의 구조가 대부분 노인에게 적합하게 건축된 것은 아니다. 그리고 특별히 도시의 중심부에 놓인 가옥인 경우를 제외하고는 대부분의 집의 위치가 도시의 외곽에 위치해 있다. 그런데 중요한 것은 그들의 이웃 역시 나이가 연로한 사람이 많이 살기 때문에 상호 간에 긴급한 도움을 받기에는 종종 어렵기도 하다. 또한 거주지역적 문제로 인해 물건을 구매함에 있어서도 많은 어려움을 겪기도 한다. 왜냐하면 대중 교통수단을 이용함에 있어서도 매우 불편하기 때문이다. 이는 부차적으로 경제 물가적인 면에 있어서 어려움을 겪게 만들기도 한다. 하지만 대부분의 노인은 이러한 상대적으로 불편한 주거지를 감수하고 있다. 왜냐하면 그들에게 있어서 집은 사람이 사는 공간적인 의미만을 가지고 있지 않기 때문이다. 집은 그들에게 있어서 주체적인 만족을 이루는 데 커다란 영향을 준다.

(2) 3세대 - 가계(家計): 독일의 90년대 가계 구조를 살펴보면 65세 이상의 노인이 속한 3세대 - 가계가 거의 5.3%를 차지하고 있었다. 노인은 배우자가 죽었을 때, 그들의 수입이 감소될 때, 만성적으로 아플 때 그리고 고령이 되었을 때 공동생활의 형태에 관심을 가진다. 이 외에도 마치 긍정적인 변이들이 공동생활의 거주상황으로 노인과 성인자녀의 가정을 이끈다. 예를 들어 손자녀에 대한 부

양과 양육을 통한 젊은 세대의 직업 활동을 돕거나, 가계의 재정 상황에 대한 경제적 원조 등을 하는 것이다.

(3) 양로원: 오늘날 양로원은 노인 가족의 거주 형태에 있어 새로운 의미를 부여하고 있는 것이 사실이다. 그러나 노인은 양로원에 대해 대부분 부정적으로 생각하고 있다. 그들은 양로원을 '삶의 마지막 정거장'이라고 표현한다. 개인의 노화의 진행과정과 관련하여 간과할 수 없는 일들이 생겼을 때 가게 되는 곳이라는 생각을 한다. 예를 들어 개인적으로 타인의 도움이 없이는 삶을 유지할 수 없게 되거나 가정의 불화의 결과 등을 들 수 있다. 이와 더불어 양로원에서 산다는 것은 가족, 친구 그리고 지인 및 이웃으로부터 분리되는 것이라고 여긴다. 양로원을 관계의 단절과 동일하게 여기기 때문에 그들은 거주지 변경을 환영하지 않는다. 대부분의 노인은 자신의 고유의 집에 사는 것을 더 선호한다. 그들은 양로원으로 자신의 삶의 공간을 옮기고 싶어 하지 않는다. 그러나 고령화가 될수록(80세 또는 그 이상) 양로원 거주는 피할 수 없게 된다. 그러므로 양로원에 오는 사람들은 대부분 고령으로 인해 장애가 있는 사람이 오게 되며 나이는 평균적으로 75세에서 85세 사이가 대부분이다. 양로원에 사는 노인의 성별의 비율을 살펴본다면 여기서도 여성의 숫자가 우세한 것을 알 수 있다. 즉 양로원에 사는 사람들의 약 4/5(78%)가 여성이다.

제도화된 거주형태는 세 가지 다양한 형태로 나눠진다: 노인기숙

사, 양로원 그리고 구호시설[17])이 그것이다. 이 세 가지 기본 형태는 거주자의 필요욕구에 따라 대체적으로 구분된다. 그리고 증가하는 자율성에 대한 축소 내지는 증가하는 부양의 필요성을 통해 특징지어진다. 이것은 부양에 대한 보증, 비상호출장치 설치 그리고 간호장소에 대한 요구를 전제로 하여 제공된다. 그러나 양로원에서 사는 것도 단점은 있다. 첫째, 대부분의 사람은 양로원을 여전히 부정적인 시선으로 바라보고 있다. 그리고 이러한 시선은 그 안에 사는 사람의 자의식에 부정적인 영향을 준다. 둘째, 양로원에 사는 사람은 대부분 육체적 또는 정신적 장애로 인해 사회로부터 고립되어 사는 것이 보통이기 때문에 적응력이 많이 감소된다. 그로 인해 부분적으로는 역할상실과 기능상실이 나타난다. 셋째, 사회적 교제의 범위가 현저하게 줄어든다. 넷째, 양로원에 살게 되면서 주체적으로 움직이기보다는 짜인 시간에 따라 움직이는 것이 대부분이기 때문에 적극성과 능동성이 많이 감소된다. 양로원의 이와 같은 단점을 보완하기 위해 근래에는 양로원 내 개인 가구를 이용할 수 있는 독방 또는 작은 아파트를 제공하고 있다.[18]) 이는 노인이 자신의 개인적인 환경에 의존하여 살고자 하는 습성을 가지고 있다는 사실을

---

17) 자율성과 개인적 생활(사생활)은 구호시설 안에서 거의 허용되지 못한다. 왜냐하면 구호시설은 포괄적으로 간호하는 치료와 가계의 부양의 형태를 제공하기 때문이다. 그러나 오늘날에는 구호시설 안에 원룸의 거주형태가 제공되면서 구호시설이 지니는 단점을 보완하고 있다.

18) 동독과 서독 내 양로원의 비율을 살펴보면, 서독은 국민의 57%가 독방에서 살고 있으며, 동독은 단지 36%가 독방에서 살고 있다.

배려하여 나타난 주거형태이다. 왜냐하면 그들의 정신적인 유연성과 사회적인 유동성의 행동반경은 증가되는 나이와 함께 가까운 환경으로 한정되기 때문이다. 그것 중의 하나가 바로 집이다.

이제 양로원에 대한 사고의 전환이 필요하다. 양로원을 간호를 받기 위해 어쩔 수 없이 오게 된 곳 또는 양로원은 좁은 대인관계만을 제공하는 곳으로 여겨서는 안 된다. 양로원 또한 새로운 사람들과의 교제를 나눌 수 있는 긍정적인 장(Feld)이 될 수 있다는 사실을 깨달아야 한다. 이를 위해 Beck은 노인의 삶에 있어서 하나의 중요한 역할을 차지하는 양로원을 긍정적인 견해에서 바라보고, 친구와 지인과 함께 하는 만남(해후)의 장소로써 여겨야 한다고 강조한다.

(4) 돌보는 집 또는 서비스와 함께 하는 집: 본 주거형태의 근본적인 아이디어는 간호제공이 주거와 연결되어 탄생하게 된 것이다. 이는 앞에서 언급한 세 개의 주거형태가 긍정적으로 혼합되어 나타난 것이다. 직무수행에 있어서 대부분의 서비스 제공은 노인에게 적합한 것으로서, 노인의 수요에 따라 구성된다. 여기에서는 부차적인 간호계약이 이루어지는데, 간호계약은 일반적으로 기본서비스와 상이한 부가적 서비스로 나뉜다. 기본 서비스의 한 예로는 비상시 구조를 요청하는 경보시설이나 서비스 업종의 중개 그리고 거주자간 교제의 장려와 상담이 있다. 부가적 서비스로는 집안 청소, 음식 제공, 집안 경제적 도움과 돌봄 그리고 선거 시 선거 서비스가 있다.

서비스를 제공하는 집에 거주하는 사람에 대해 통계적으로 보았을 때 60세 이상 70세 미만의 노인들이 대부분이다. 그리고 대부분 홀로 사는 여성들이다. 서비스 제공하는 집은 노인으로 하여금 오랫동안 독립이 가능하게 하게하고 심지어 이를 증가시키는 장점을 가지고 있다.

Paillat는 증가하는 나이와 함께 나타나는 유동성의 감소로 인해 노인은 집에 대해 전보다 감정적으로 의미를 가지게 바라보게 된다고 말한다. 노인에게 있어 집은 시간이 지나면 지날수록 거의 전적인 생활공간으로 되어간다. 집을 중심으로 자신의 환경을 구분하고 인간적인 관계 역시 구분하게 된다. Riley와 Foner는 노인의 집에 대한 이러한 생각의 변화에 대해 매우 명확하게 표현한다: "늙어가는 사람은 어디에서 살아가는가?" 이는 솔직하게 자신의 육체적인 환경에 대한 물음이라고 말할 수 있다. 그러므로 돌보는 집 또는 서비스와 함께 하는 집의 주거형태는 노인 자신의 활동성을 고취시킴과 더불어 공개적인 지원과 서비스가 조화를 이루는 특성을 가진다.

2.4.2. 노인과 새로운 가족관계

현 사회에서 3세대가 같이 사는 가족형태의 모습은 점차 보기가 어려워졌다. 그리고 노인의 대부분이 스스로 이를 원하지 않는 경우도 있다. 이러한 상황에서 3세대가 같이 사는 가족형태로의 복귀가 아닌 소가족이 중심을 이루고 있는 상황을 받아들이고 소가족의 형태에서 새로운 의미를 발견해야 한다. 소가족의 발전이 늙은 부모와 그들의 자녀 그리고 손자들 사이에 있어서 관계의 중단이 의미하지 않는다는 사실을 인지해야 한다. 물론 공간적인 분리는 가족 구성원 사이의 거리감을 가져올 수 있다. 그러나 노년 안 가족 간의 교제를 위한 조건이 변화되는 것이 가족관계의 단절로 이어지는 것은 아니다. 오히려 거리를 두는 공동생활에 대해 새로운 이해를 가져야 한다. 주거공간의 비분리는 세대 간의 마찰을 종종 일으키기도 한다. 그러므로 일반적으로 주거공간의 분리는 본인뿐만 아니라 성인이 된 자녀로부터뿐만 아니라 그들의 나이든 손자녀가 원하고 받아들이는 삶의 형태일 수 있다.

오늘날 노인은 그들의 자녀, 가족에게 의존하지 않으려는 모습을 보이고 있다. 이와 함께 자신만의 공간을 가지고자 노력한다. 이러한 현상은 이미 1954년 Albrecht의 연구에서 찾을 수 있다. 그녀는 연구를 위한 설문을 통해 노인집단의 다수가 그들의 가족에 대해 비의존적이고 주체적이며 자율적으로 살기를 원한다고 말한다. 이러한 생각은 특별히 젊은 노인에게 있어서 자주 보인다. 그들은 자식와의 공간적인 분리를 환영한다. 그리고 자식과의 삶의 공간적 분리를 통해 마찰을 피하려고 한다. 그럼에도 불구하고 자식과의 사회적이고 감정적인 접촉이 지속적으로 이루어지기를 원하는 것이 사실이다.

이러한 모습이 바로 소가족이 지녀야 할 모습이다. 소가족은 3세대 - 가계가 아님에도 불구하고. 가족 간의 긴밀한 관계, 상호간의 지원과 원조, 특별히 위급한 경우에 상호간의 방문과 서로가 공유하는 계획들을 통해 잦은 교제를 가져야 한다. Tartler는 다음과 같이 말한다: 현대 가족관계를 살펴보면, 가족관계 안에 거리를 두는 새로운 화해 협정이 나타나고 있다. 이것을 근거로 가족구성원의 관계는 매우 긍정적으로 형성되고 있다. 이는 곧 "외적인 거리를 통해 내적으로 가까워진다"라는 말로 표현할 수 있다. 바꾸어서 말하자면, '외적인 가까움'(공동생활)은 종종 '내적인 거리'를 가져온다고 해석할 수 있다.

Rosenmyer와 Köckeis는 '거리를 둠을 통해 나타나는 친밀함(친숙함)'을 강조한다. 이를 근거로 Townsend는 '가족 시스템 안의 돌봄'에 대해 다음과 같이 말한다. 그동안 사회 안에는 매우 잘못된 표상이 많이 나타났다. 그동안 노인이 되면 무조건 자신의 자식과 함께 살아야 하고, 그러한 삶이 보통 사람이 추구하는 일상적인 삶의 형태라는 생각이 강요되어왔던 것이 사실이다. 왜냐하면 가족연합으로부터 '분리'는 종종 '인간의 고립'으로서 해석되었기 때문이다. 그러나 사회구조가 변했고 그와 함께 인간의 사고도 역시 변했다. 과거의 것을 붙잡고 살아가기에는 현대 사회구조가 그렇지 못하다. 그러므로 좋은 가족 간 교제의 유지를 위해 산업사회 이전 3세대-가족 형태로 회귀하자고 말하는 것은 결코 옳지 못하다. 비록 소가족이 가족 간의 분리에 기초를 이루고 나타났기는 하지만, 소가족이 스스로 생동성이 있고 살아있는 형태로서 그 모습을 가지게 된다면, 그 안에서 노부모와 자식 간 그리고 친척간의 활발한 교제 관계를 통해 새로운 관계가 형성될 것이다.

일반적으로 오늘날 가족에 대한 관계를 언급할 때 노인의 일반적인 고립은 거의 언급되지 못하고 있는 상황이다. 물론 노인의 고립에 대한 문제의 심각성을 인지하고는 있지만 그 해결책이 구체적으로 나온 상태는 아니다. 먼저 세대 간의 상이한 성질의 상호작용에 대한 이해가 우선 있어야 할 것이다. '가족으로부터의 분리'는 달라진 환경 조건에 대해 무조건적으로 체념하라는 말이 결코 아니다. 이는 노인을 고립된 상황으로 몰고 가지도 않는다. 노인에게 주체적으로 살아갈 수 있는 가능성을 제공한다. 세대들 간의 의식적인 관계들 또한 확실히 그들의 삶 안에서 그리고 경제적인 관계들 안에서 개인적 전통에 관련하여 독립과 자립을 위한 전제를 가져온다.

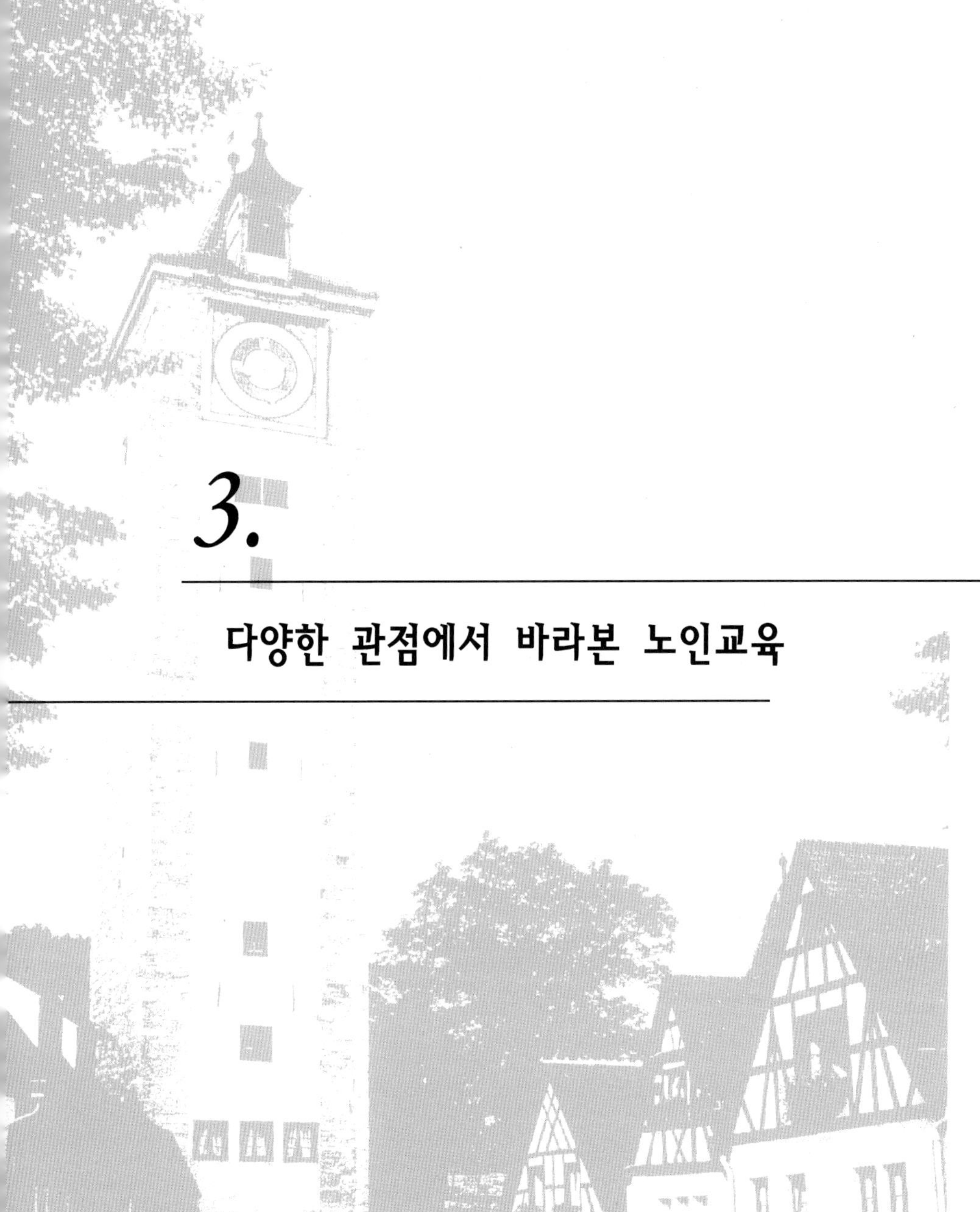

3.

다양한 관점에서 바라본 노인교육

3.1. 역사적 관점 안에서

노인교육에 대한 질문이 여전히 새로운 것이라는 사실은 의심할 수 없다. 특별히 기독교 노인교육의 영역에서는 더욱 그러하다. 기독교 안에서 노인에 대한 관심을 거슬러 올라가보면, Comenius의 '노인학교'를 말할 수 있다. 그는 중세기 정통 'ars moriendi'[19]를 받아들였다. 하지만 총체적으로 새 시대 전 사회 안 노인교육에 대한 질문은 없었다. 이외에도 성서적으로 노인과 관련된 내용을 찾아볼 수 있다. 구약성서에서는 대표적으로 십계명을 들 수 있으며 신약성서에서는 초기 기독교 공동체의 과부에 대한 관심을 들 수 있다. 구약성서와 신약성서에서는 노인에 대해 긍정적으로 바라보고 사회와 공동체 안에서 그들이 제자리를 찾도록 하는 데에 관심을 많이 기울였다. 예외적으로 쿰란 공동체 같은 경우는 노인을 연약하고 쇠약하고 노쇠한 자로 여겨졌으며, 그의 육체적인 노쇠로 인해 공동체 내에서 차별대우를 했었다. 이는 공동체의 규칙 안에서도 나타난다(1Q Sa II, 5 - 9): "[…] 각 사람은 자신의 육체를 괴롭히는 자로서 발가락들 또는 손들이 마비되거나 절뚝거리거나 눈이 멀거나 귀가 들리지 않거나 말을 하지 못하거나 내지는 눈에 보이는 자신의 육체에 대해 흠을 가진다. 또는 몸을 떠는 노인은 공동체 가운데에 자신을 지탱하지 못한다: 이 때문에 공동체 구성원은 노인이 자신의 공동체 안에 서 어느 한 자리를 차지하는 것을 허락하지

---

19) '죽는 방법'이라는 뜻이다.

않는다. 왜냐하면 신성함을 나타내는 천사가 공동체 안에 존재하기에 육체적으로 약한 노인은 속할 수 없기 때문이다.”

이렇듯 오랫동안 노인에 대해 특별한 관심을 가져왔음에도 불구하고 '기독교 노인교육'이라는 학문 아래 이론과 실제를 발전시키는 노력은 20세기 이전까지 거의 전무했다.[20] 노인교육에 대한 발전이 본격적으로 이루어진 곳은 안타깝게도 기독교 노인교육이 아닌 인문학적 노인교육에서였다.

지금까지 인문학적 노인교육은 대부분 노인의 증가하는 숫자를 통해 나타나는 문제를 정리하는 데에 노력했었다. 의학적 입장에서 나타난 노인연구의 결과는 노인교육의 정해진 활동영역 안[21]에서 서론으로서의 역할을 한 것이 사실이다. 그렇다면 기독교 노인교육은 어떨까? 근본적으로 인문학적 노인학의 지식은 기독교적 노인교육의 기초가 되었다. 왜냐하면 기독교교육에서 노인교육에 대한 관심과 체계적인 교육의 역사가 본격적으로 시작된 때는 약 70년대로 추정되기 때문이다.[22][23] 그러므로 기본적으로 인문학에서 말하는

---

20) 본 내용은 독일의 기독교 노인교육으로 국한한 것이다.

21) 인문학에서 노인학은 하나의 새로운 분야이다. Nascher는 1908년에 의학에서 처음으로 '노인의학(노인병학)'을 사용했다. 그리고 30년이 지나서 1938년 Bürger가 담당했던 첫 번째 전문잡지 '노인연구를 위한 신문'이 창간되었다. 비교: Lehr는 노인학의 연구는 고령의 노인만 전념하는 것이 아니라 노화되는(노인이 되어감)의 전 과정에 전념하는 것이라고 말한다.

22) 기독교교육적 전망 안에서 노인교육은 문학적이었다. 그리고 공동체 안에서 적게 다루어졌다. 그리고 노인학적인 관심사는 195 RGG(Religion in Geschichte und Gegenwart)의 Hampe의 논설의 '노인학'에 게시되었다.

노인교육의 서론과 기독교교육에서 말하는 그것과는 다른 점이 거의 없다: 때문에 필자는 먼저 인문학 안에서 말하고 있는 노인교육의 변천사에 대해 말하고자 한다. 20세기 초반 이후 몇몇 나라들은 노인학에 관심을 가지고 연구를 시작하였다. 서로 다른 전공 분야의 학자들이 노화의 문제를 토의하기 위해 모이기도 했다. 이때의 연구는 의학과 생물학의 영향 아래 서 있었다. 초기 기능검사는 연령간의 학습능력의 자연적인 쇠퇴를 전제로 시작되었다. 1917년에 이미 미국에서는 성인의 지능측정결과를 위한 그룹시험절차를 발전시켰다. 이는 1차 세계대전 동안 그것의 유용성에 대해 인지유무를 테스트하기 위해 나타난 것이다. Army – Alpha와 Army – Beta – Test를 통해 알려진 연구의 평가는 연령과 관련하여 지능적인 쇠퇴가 이미 30세부터 나타난다고 말하고 있다. 이러한 결과는 지속적인 노화가 일반적인 지능감퇴로 인도한다는 이론을 전개시켰다.

"It ist a matter of common knowledge that at very late ages, say from seventy on, many persons show a notable decline in the amount of learning per year, so that they do not learn as much as they forget and fall back in the amount of knowledge or skill."

Throndike 역시 1928년 자신의 책 "배우는 성인"에서 다음과 같이 말한다: 학업능력은 단지 어린이, 청소년 그리고 성인만이 가질 수 있다. 그리고 높은 연령 (약 70세부터)에 도달하게 되면 학업 능

---

23) 여기에서 언급되고 있는 기독교교육은 독일의 기독교교육을 가리킨다.

력이 감소하게 된다. 그러나 7년 후 노인에 대한 새로운 견해가 대두하게 되었다. Hall은 노인을 쇠퇴이론에서 벗어나 개인의 육체적·정신적·사회적 시각 하에서 노인을 새롭게 바라보아야 한다고 주장한다. 각 개인은 각기 다른 가정과 사회의 환경에서 자라났고 살아왔기 때문에 다른 사람과 구별되는 모습을 가지고 있다. 이 이론은 1928년 뉴욕에서 있었던 의학회의에서 더욱 발전되었다. 뉴욕의 의학회의에서는 각 개인의 노화형태나 속도는―구체적으로 보았을 때―자신의 유전인자, 환경, 병 그리고 영적인 경험의 결과에 따라 달라질 수 있다고 발표했다. 이를 통해 노인연구는 노년에 나타나는 질병뿐만 아니라 실제적인 노화 자체를 연구하기 시작했다. 1939년 Lawton은 이미 미국의 '인간적인 가치구조 안에서 시작된 변혁'에 근거하여 연대기적 나이는 인간에게 있어서 어떤 장애도 주지 않는다고 말한다.

위의 이론은 20년대 말에 발전하기 시작하여 30년대에 더욱 발전하게 되었다. 여기에서 눈에 띄는 표어가 하나있다: "만일 당신이 정신적인 면에서 성장을 멈춘다면 당신의 노화는 시작될 것이다." 이 말은 인간의 노화를 계속되는 정신적인 성장과 학습(배움)과 연관 지어 생각하고 있다는 사실을 분명하게 나타낸다. "나이는 항상 젊음과 경쟁하기를 희망한다." 이러한 노인에 대한 이론은 Wechsler의 40년대 중반에 이루어진 지능실험의 연구를 통해 더욱 견고하게 되었다. 20세기 말 Milles에 의해 증가하는 나이는 심리적 영역의 제약된 변화를 함께 현저하게 두드러진다는 사실이 밝혀졌다. 이는 지능에 있어서는 사람마다 상이한 출발점을 가지고 있다는 이론을 뒷받침해 주었다. 이제 노인은 보호받을 존재라기보다는 강하게 격려되어야 하며 자극해야 하는 존재로 바라보기 시작하였다. 더 나아가서 노인을 변화되는 사회적인 조건에 적합하게 만들어 사회와 공동체 안에서 다시 '사용 가능하게' 만들어야 한다고 보았다. 이를 통해 과거에는 은퇴 이후 사회로부터 소외되고 버려졌던 것이 노인의 일상적인 모습이었다면 현재는 은퇴 이전에 미리 은퇴 이후의 삶을 계획하여 노년을 만족하게 지내는 것이 노인의 일상이 되어야 한다고 보고 있으며, 더 나아가 능동적으로 삶의 자리에서 활동할 수 있도록 북돋아 주고 있다.

독일은 이와 같은 노인에 대한 국제적인 경향의 변화를 뒤늦게 받아들이게 되었다.[24] 독일에서 노인연구를 위해 학문 간의 첫 번째 공식적인 공동 작업이 시작된 시기는 1967년이었다. 여기에서는 이미 독일에 앞서 이루어졌던 다른 나라의 이론을 공동 작업을 통해 관찰하는 것부터 시작하였다. 그리고 이를 통해 독일 노인학을 위한 새로운 학문적인 구성이 확립되었다. 독일 안에서 나타났던 노인연구의 발전의 역사를 살펴보면 다음과 같다. 1950 – 1970년 사이에는 노인학에 대한 교육적인 견해가 약하게 나타났었다. 노인교육은 사회교육학과 성인교육과의 관계 안에서 이해되었다. 1980년 – 1990년 사이에는 상이한 노인을 위한 프로그램이 제공되었다. 그 한 일례로서 성인

---

24) 이미 독일에서는 사회복지에 대해 상당히 관심을 가지고 있었기 때문에 노인이라는 계층을 따로 구분하여 생각할 필요성을 못 느껴 왔던 것이 사실이다.

학교와 대학이 있다. 이때에는 노인을 돌보아야 하는 존재라든지 단지 가르쳐야 하는 존재로서 본 것이 아니라 그들의 활동성과 능동성을 인정하고 이를 자극하고 격려하는 데에 주력하였다. 이 시기의 교육목표는 다름 아닌 노인 스스로가 자신감과 삶의 만족을 얻고 노년의 삶을 즐기도록 하는 것이었다. 위와 같은 노인연구의 발전역사를 좀 더 자세히 살펴보도록 하겠다.

3.1.1. 1950 - 1960년대:
사회적 - 공동체적 교육 안에서의 돌봄

1950년대 후반 그리고 1960년대는 산업혁명시대라 불리던 때로서 유럽에는 복지국가가 확대되었던 시기였다. 더불어 국가가 제도적으로 인간의 인생의 마지막 단계인 노년에 대해 책임을 지게 되었다. 1950년대에는 나이든 실업자와 가난한 노인의 숫자가 증가했는데, 대도시의 성인학교(시민대학)가 이들을 대상으로 프로그램을 진행하기도 하였다. Seidel은 성인학교 프로그램의 참가자를 다음과 같이 표현했다: "혼자 사는 고령의 여자는 낮은 학업 수준, 적은 수입뿐만 아니라 대부분 나쁜 건강상태를 가지고 있다"(Brunhilde, 2000). 프로그램의 대부분은 노인의 취미생활을 위한 내용들로 이루어졌거나 또는 그들의 이야기를 경청하는 등의 형태로 진행이 되었다. Eirmbter는 이에 대해 '기분 좋은 편안한 모임 안에서 이루어지는 오락과 휴식'이 함께하는 '노인교육의 캐릭터'로 해석하였다:

교육자는 대도시의 많은 노인들의 생계적인 위기에 직면하여 삶의 안도를 위한 박애주의적인 도움의 손길을 가지고 그들에게 다가가야 한다. 그리고 사회교육학적 노인교육의 사고 안에서 노인의 구체적인 삶의 상황에 있어서 도움을 줄 수 있는 부분은 어떤 것들이 있는지에 대해 고민해야 한다. 이 당시에는 '노인교육'을 '노인부조'로 이해하였다.

1957년에 Zarnke는 노인과 관계하여 하나의 교육적인 견해를 나타내었다. 노인이 자신의 노년을 긍정적으로 바라보게 하기 위해서는 우선, 노인 스스로가 자신의 노화를 받아들이고 그것에 만족하는 마음가짐을 가지는 것이 이루어져야 한다. 이러한 관점은 노인의 연약함을 주의하여 돌보고 그들의 잠재능력의 발견을 위해 돕는 하나의 치유적인 힘을 가진다. 이러한 생각은 오늘날에도 양로원과 노인클럽 안에서의 교육학적 작업 안에 영향을 주고 있다. 후에 Zaenke는 Petzold와 Bubolz, Zeman과 함께 실제적이고 이론적인 연구에 더욱 박차를 가했다. 1960년에 Rössner는 노인과 함께하는 그룹 교육과 그룹 활동에 대해 서술했다. 그에게 있어서 '성인부조' 그리고 '노인부조'는 특별한 의미를 가진다. "노인과 함께하는 '그룹 활동'은 노인의 특별한 삶의 상황을 극복하기 위한 '성인부조'로서의 의미를 가진다. 그러나 노인부조는 노인교육을 의미하는 것은 결코 아니다. 여기에서는 […] 노인을 더 이상 훈련할 수 없고 교육이 필요하지 않는 존재로서 이해하고 있을 뿐이다. 노인은 단지 자신에게 주어지는 것들을 완전히 받아들이는 일만을 할 뿐이다"(Ritter – Vosen, 1977). 이에 대해 Wedel은 '노인이 됨' 속에서 생활 구조의 필연성, 불가피성을 보고 있다. 그는 "노인을 위한 사회의 견해는 변화되고 있으며, 이를 통해 생물학적이고 경제적인 사회 안에서 노인을 더 이상 '고물'로서 보지 않게 되었다"라고 말한다. 그는 다음과 같이 강조한다: "노년에 대한 준비는 올바르고 적당한 시간에 이루어지는 것이 중요하다."

1962년 Bollnow는 적당한 노년에 있어서 도움의 자리의 불가피성을 강조한다. "이를 더 정확하게 말하면 다음과 같다. 노인 자신의 노화 진행 과정을 통해 나타나는 괴로움은 의사의 도움을 통해 덜어내야 하고 노인에 대한 적절한 부양을 통해 삶을 전환시키도록 해야 한다; 이는 노인에게 있어 하나의 도움이 되는 긍정적인 면을 가지게 된다. 왜냐하면 노인을 도와 그들의 노년과 함께 하는 적절하고 만족할 만한 방법 안에서 그들의 삶이 완성되어질 수 있도록 하기 때문이다. 이것은 노인학에 있어서 하나의 교육적인 과제이다"(Ritter – Vosen, 1977). 1964년에 Pöggler는 만일 성인교육이 노년에 나타나는 문제들에 대해 외면하지 않고 노인과 노인이 되어가는 사람들에 대한 교육제도를 성공적으로 만든다면, 이를 통해 노인 스스로 그들의 삶을 극복할 수 있게 된다고 말한다. Hügelmann은 1965년에 이러한 노인 돌봄이 성인학교에 있어서 하나의 과제라고 보았다. 왜냐하면 앞으로 노인의 욕구가 사회 안에서 커져갈 것이기 때문이다. 같은 해에 Grasmuck와 Coburger는 노인의 활동성과 능동성에 대한 서술을 통해 노인과 함께하는 일에 대한 예술적이고 사회적 돌봄의 견해를 강조한다. 이를 통해 노인에게서 나타나는 고독과 지루함의 문제를 줄일 수 있도록 돕는다.

Kallmayer에 의하면[25] 시립의 성인대학은 1960년 중반 이후 노인클럽을 준비하고 노인을 위한 학습제공을 하는 일에 노력했다. 여기에서 제공되는 프로그램은 담소와 즐거움을 목표로 지향하고 있으며, 그룹형태는 대 그룹 안에서 진행되었다. Gießen의 1950 – 1960년대의 성인학교의 커리큘럼에 대한 조사발표를 보면 학습자의 7.2%가 50대 이상이었다. 1961 – 1964년에는 노인학습자의 숫자가 눈에 띄게 증가되었다. 그 중기 때에 이미 노인 방문자가 전체 방문자 가운데 11%를 차지하였다. 이때 성인학교 프로그램 안에 치유력이 있는 노인교육이 추가되기도 하였다. 노인이 흥미를 가질 수 있는 프로그램, 즉 노인의 자유 시간을 적극적인 관점에서 바라보고, 특별히 취미 활동을 포함하는 프로그램이 제공되었다. 여기에서는 교육적 이론보다는 실천에 관심의 초점을 맞추고 프로그램의 유용성을 선호했다. 이 당시에 제공되었던 프로그램의 한 예로서 '노인교육', '노년에 대한 준비', '제3의 인생에 대한 교육', '50세부터 시작되는 학습', '노화교육' 등이 있다.

Tatler 등은 1960년대에 직업으로부터의 퇴출에 대해 논의했다. 그는 '은퇴파산' 안에서 나타나는 숙명적인 노화현상을 통해 노인의 삶을 정의 내리려 하지 않고 사회적 환경의 조건의 영향을 통해 정의 내리려 하였다. Thomae, Lehr 등은 노인의 심리적 문제를 토론

---

25) Kallmayer는 1976년에 독일 성인학교연합의 교육적인 협력자였다.

했다. 예를 들어 Havighurst의 초안 "과거와 현재를 통해 나타나는 성공적인 노년'을 통해 거론되어진 활동이론26), 그리고 Cumming과 Henry의 철수이론27) 등이 그것이다.28) Bollnow는 특별히 '영적인 힘의 상실' 안에서 노인의 문제를 보았다. 그는 "노인을 위한 위로와 오락(휴식)이 제공되어야 한다"라고 주장했다. "노인에게 필요한 교육은 바로 훈육이다. 그러므로 나는 노인학에 있어서 노인의 훈육의 가르침을 제안한다"(Brunhilde, 2000). 그는 일반적인 사고의 습관을 변형하여 성인교육도 역시 인간의 생애발달의 후기 단계에 대해 확장하여 생각해야 한다고 말한다. 여기에 있어서 중요한 것은 각 연령에 있어서 상호간의 근본적인 가치를 비교하고 동등하게 생각하는 것이다. Bollow는 고령의 노인의 실질적 가치(고유치)의 논제를 예술 활동(창작 활동) 등의 전형적인 만년(晚年)양식을 통해 이야기한다. 그는 만년작품을 통해 알 수 있는 것은 노년에도 무언가를 창작할 수 있는 능력이 존재하고 있다는 사실을 증명하는 것이라고 주장한다. 즉 장년기까지는 사회적 활동에 묶여 자신이 하고 싶었던 일을 할 수 있는 여건이 주어지지 않았었다면, 노년기는 이전에 성공하지 못했던 일들을 시도할 수 있는 기회의 시기가 될 수

---

26) 성공한 노인이란 노년기에 자신에 대한 긍정적인 견해와 그에 따른 능동적인 활동을 가능한 한 오랫동안 유지하는 사람을 뜻한다.
27) 사람은 때가 되면 자신의 위치를 떠날 준비가 되어 있어야 하며 이를 감수해야 한다.
28) 여기서 성공적인 노화는 적극적인 삶으로부터의 철수를 성공적으로 받아들임과 동일시된다.

있다는 것이다. Bollow와 Kruse는 비로서 노인과 관련하여 질적으로 새로운 특성을 자세히 관찰했다. Schultz는 Bollow와 비슷하게 '노인의 영적인 사고'를 보았고 고령의 사람의 업적에 대한 전망을 가졌다.

3.1.2. 1970년대: 확장

1970년대에는 노인이 학습능력을 간직하고 있다는 이론을 지지했다. 그렇기 때문에 Eirmbter에 의하면 노인교육은 노인을 하나의 특별한 목적 집단으로 보고, 다른 세대와 마찬가지로 기회 균등을 고려해야 한다고 말한다. 인간은 숙고함에 있어서도 다음과 같은 과정을 가진다. 한편으로는 실제적인 경험에 대해 근거를 둔다. 다른 한편으로는 일반적인 숙고를 끝내고 난 뒤 활동성과 능동성을 위한 확실한 자극을 준다. 그 외에 노인과 함께 하는 교육사업의 개별적 관점에 대한 하나의 커다란 양적인 범위와 조직적인 수용을 통해 특징지어야 한다. Tietgen은 1970년에 노인부조를 위한 독일 개신교 연합의 연방 회의의 한 강연에서 노인을 위한 교육이 이루어지기 위해서는 어떤 과제가 있는가에 대해 물었다. 그는 형식적인 것을 내용적인 관점보다 강하게 주장하고 사회적 유동성을 위한 능력 향상 지원, 과거에 대한 극복, 성취와 상응하는 교육행사를 통해 자신감의 강화를 완성하였다. Matthes는 사회 전반의 합의의 평가를 교회의 직무상의 행위와 관련하여 언급했다. 교회는 임박한 현실의 상실을 모면하는 데에 멈추어서는 안 되며, 국민교회적 구성원의 기대를 안정시키는 데에 영향을 주어야 한다. 이 기대는 그들의 객관적인 합법성을 통해 증명된다. 동시대인을 위해 과제를 세워 삶 속에 나타나는 상황의 변화를 능동적으로 극복하도록 만들어야 한다. 그와 함께 기독교교육에서는 노인에게 적합한 활동을 가르쳐주고, 학교화되는 배움과 교육개념의 위임을 하나의 과제로서 내세워야 한다. 이를 위해서는 사회적 노인학 내지 노인 교육적 연구를 수행하는 것에 대한 질문의 배경으로부터 그 근본을 만들어야 한다.

1970년대에 노년교육은 개념교육과 인문학적이고 조직적인 분류에 대한 설명으로부터 시작되었다. Mieskes는 연구, 교수와 교육학적 실천에 대해 얘기했다. 1971년에 그는 노인학의 필연성을 강조하였다. 이는 노인의 자리를 연령과 관련하여 교육적 측면에서 그리고 노인학적 측면에서 받아들이는 것으로부터 시작한다. Petzold와 Bubolz는 전문용어 '노년학'의 의미를 설명할 때 노인과 함께 하는 교육사업, 즉 노년학적 사업과 연관시킨다. Veelken은 그 후에 노년학의 개념을 '교육사업', '문화사업과 여가사업', '위생학', '복지사업과 노인과 함께 하는 위생학'으로 표명한다. Ruprecht는 1972년에 노인학 개념에 대해 패다고지와 안드라고지를 가지고 설명하면서, 기존의 노인학에 대해 다음과 같이 비판한다: 그동안 노인학은 중요한 연구 자료들을 생산하기는 했지만 이를 적극적으로 발전시키려는 데에는 관심을 거의 기울이지 않았었다.

Recktenwald는 1972년 고유의 생활환경의 지배 안에 평생교육 또는 평생을 통한 배움의 근본적인 목적—이는 전문지식이 있고 독립적인 관계를 통해 특징지어진다—을 삶의 계발을 위한 기본권 그리고 모든 사람을 위한 교육과 함께 연관되어있다고 본다. 이는 노인에게 있어서 왜 교육이 필요한지, 또는 왜 노인에게도 교육 프로그램이 제공되어야 하는지를 뒷받침하는 내용이다. 그러므로 Ruprecht는 노인학의 첫 발걸음은 '노인을 근본적으로 학습능력이 있고 배우려는 의지가 있는 자'로 보는 것에서 출발한다고 강조한다. 왜냐하면 노인에게 있어서 사회적이고 교육적인 관계들이 전적으로 표상을 가지기 때문이다. 이 이론들은 대학의 새로운 학업 커리큘럼을 구성하는 데에 기초가 되기도 하였다. Vellas는 1973년에 처음으로 "제 3의 연령을 위한 대학"을 언급했다. 대학의 목적은 다음과 같다: 대학 내 노인을 위한 학습의 제공이 이루어져 그들의 학습욕구를 만족시켜주어야 한다. 이후 1979년에 독일 내에서 이루어진 노인에 대한 대학 내의 교육 또는 학문적 계속교육은 노인을 위한 "대학의 개방"의 개념 아래 다시 관심을 가지게 되었다.

3.1.3. 1980년대: 교육 차원의 다양화

1980년대에는 학습능력이 나이에 의존되어 있다는 이론을 거부하게 된다. 인간의 학습능력은 연령에 의해서가 아닌 각자의 삶의 여정을 통해, 즉 학습범위—인간이 일찍이 배운 것이다—를 통해 영향을 받게 된다고 본다. Fülgraff는 사회적 발달과 개인적 발전의 관점을 고려한다. 그녀는 이론적인 내용뿐만 아니라 개인의 다양한 교육실천의 과제를 강조하여 다음과 같이 언급한다: 노인교육은 고유의 교수법을 가지고 있지 않다. 왜냐하면 노인은 원칙적으로 젊은 이와 똑같이 배울 수 있기 때문이다. 그렇기 때문에 노인교육 역시 다양한 프로그램을 통해 노인에게 적절한 훈육을 해야 하고, 그들의 삶의 성공적인 완성에 대한 요구를 충족시켜야 한다. 그러므로 Koch-Straube는 다음과 같이 언명한다. 노년은 외부적으로 구분되는 진행형과 함께 다양한 구조개편의 시간으로 이해되어야 한다. 이 시간 안에서 공공연한 노인사역의 사고 안에 수반되는 지원과 후원에 대한 질문이 던져져야 한다. 왜냐하면 이러한 구조개편은 하나의 중요한 학습능력을 요구하기 때문이다. 이제 노인은 자신 스스로를 통해 내지는 자신의 주변 환경을 통해 축적된 지금까지의 경험의 정도에 대해 각 개인의 책임을 감당하는 능력에 대해 고려를 하는 가운데 변화되어야 한다. Koch-Straube의 교회 내 조사에 의하면 노인에게 나타나는 결핍에 대한 충족은 이를 제거함으로부터 이루어져야 한다는 것을 알 수 있다. 이는 우선 참여자의 진지하고 솔직하게 받아들이는 배움의 자세를 통해 가능해진다. 한 예로서 모델—프로젝트—"60대의 부인들"을 들 수 있다: Fülgraff와 Caspers는 노인 가운데에서도 특별히 여성에게 관심을 가지고 연구를 진행하였다. 이 프로젝트는 세미나와 개별행사, 모임 등으로 구성된다. 이 프로젝트 안에서 여자 참가자들은 여성학자들과 함께 그들의 현재 삶의 상황을 논의하게 된다. 이러한 프로그램은 평가와 인터뷰를 마지막으로 상이한 여성 타입과 학습동기 그리고 학습능력의 성과를 통해 나타나는 새로운 해석과 결론을 내리면서 끝을 맺게 된다.

또 다른 예로서 "노인을 위한 대학의 개방"이 있다. 독일은 노인을 위해 정기적인 청강 프로그램을 대학 내에 마련하기 시작했다. 노년에 제공되는 교육은 노인에게 있어서 새로운 자극이 된다. 또한 제공되는 교육 프로그램에의 참여는 노인이 간직하고 있는 학습능력의 순수한 사용을 기대하게 만든다. 특별히 여기에서는 노인교육이라는 딱딱한 어감보다는 '어르신과 함께 하는 학업' 또는 '어르신교육'이라는 정감어린 문장을 사용하기도 한다. 이로부터 나타나게 된 사실은 '노인부조'와 '노인교육' 사이의 구별과 함께 노인에 대한 하나의 새로운 교육문화의 사고 안에서 노년을 준비할 수 있는 장(Feld)을 마련하게 되었다는 것에 있다.

노인은 위에 언급된 프로그램들을 통해 세대 상호간의 학업을 경험하게 되고 이와 함께 시대에 뒤떨어진 경험에 대해서는 내적으로 윤택하고 충만하게 만들게 된다. 특별히 노인의 장기간에 걸쳐 축적된 의미 있는 경험들이 젊은이에게 전해지기도 한다. "그로부터 우선 각 행사와 모임이 장려되어진다. 그 안에서 젊은이와 노인 사이에 능동적인 대화가 생기고 이를 통해 노인은 하나의 가능성을 가진다. 즉 젊은 세대에게 자신의 수많은 경험과 지식을 전달할 수 있는 기회를 가지게 된다는 것이다"(Kruse, Lehr, 1989)

1980년대에는 노인교육이 노인의 참여를 특별히 강조하게 된다. 즉 노인의 정보전달과 사회적이고 정치적인 면에서의 주도적인 자립을 위한 조직의 형성을 주장하였다. 이는 인구통계학적 원인을 통해 노인의 정치적 선거 참여를 위한 하나의 '잠재적인 노년의 힘'을 바라보게 되면서 나타난 현상이다. 그 안에는 '노인의 참여 가능성을 전폭적으로 지지하자'라는 의도가 담겨져 있다.[29] 복지기구의 도움과 함께 이러한 경향은 1990년대까지 계속되었다.

3.1.4. 1990년대: 생산성

1980년대 이론은 "노인 스스로 찾고 결정을 내릴 수 있다"라는 내용에 초점이 맞추어져 있었다. 1990년에 들어와서는 한걸음 더 나아가 '무엇을 그리고 어떻게 그들이 배우기를 원하는가?'에 교육의 초점을 맞추어야 한다고 본다. 노인이 간직하고 있는 생산성은 지성적이고 창의적이며 사회적이고 정치적인 능동성을 내포하고 있다. 이는 하나의 사회적 관계 안에서 나타나는 것으로서 국민경제적인 효과를 가진다. 이로부터 노인은 공공기관과의 적극적으로 상호작용과 함께 프로젝트를 수행할 수 있게 되었다. 그 한 예로, 1995년에 제3의 연령의 프랑크푸르트대학의 노인 학생들 중 39%가 무보수로 사회와 교회 안에서 적극적으로 활동을 하고 있다. 그러므로 Baltes와 Montada는 다음과 같이 강조한다. 인간의 업적을 평가할 때 그들의 생산성을 한정시켜서는 안 된다. 각 생산성을 능동화시켜야 한다. 이러한 생각은 노인 스스로를 유용하게 만들게 된다. 그러

---

29) Gronenmeyer 등은 노인의 상황을 참여와 결핍으로 특징짓는다.

므로 노인의 자아개발(자기발전)과 긍정적인 자화상의 형상화, 상실의 경험에 대한 극복과 아울러 개인적인 가치의 실현에 대한 특정한 목표를 향한 노력을 지원해야 한다.

이러한 사고의 결과 안에서 1990년대는 많은 이론들이 발전했다: 첫째, 삶에 있어서 세상과 관계된 교육이다. Kades에 의하면 노인교육에 대해 다음과 같이 말한다: 만일 교육이 노화 학습의 중심으로서의 역할을 할 때, 교육은 노인교육에 속하게 된다. 중요한 것은 노인이 '오늘날 무엇을 배워야 하는가'와 '무엇을 배우기를 원하고 또 무엇을 할 수 있는가'를 구분해야 하는 데에 있다. 특별히 노인이 오늘날 꼭 배워야만 하는 '필수과목'의 내용은 노인을 위해 매우 중요하다. 왜냐하면 그 안에는 사회적인 발전과 실재 사실에 대한 내용이 포함되어 있기 때문이다. 이와 함께 Kade는 세상과 관계된 노인교육 안에서 네 가지 학습의 장이 있다고 보았다. 즉 일생의 기록, 일상, 창의력과 생산성이 그것이다. 마침내 그는 다음으로부터 출발한다: 노인교육과 배움의 삶의 세계에 대한 가르침 사이의 관계는 교육에 대한 지각과 삶에 대한 지각 안에 놓인다. 이 때 교육에 대한 지각과 삶에 대한 지각은 노인 스스로로부터 정의되어지고 발견되어져야 하는 것이다.

둘째, 삶에 대한 실제적인 교육이다. Kruse는 노인이 간직하고 있는 능력 개발을 목적으로 한 교육을 강조한다. 그는 노인교육에 대한 발전적인 이론들 가운데 노인이 가지고 있는 교육의 전문지식을 목적으로 한 조망을 강조한다. 이는 본질적으로 잠재성의 유지와 훈련을 표준으로 삼는 것으로서, 일상생활 속에서 중요성을 가지는 것이다. 이로부터 그는 다음과 같이 말한다: "잠재력은 사회에 있어 지식과 경험을 사용되는 것을 허락하는가"라는 질문을 하게 된다면, 그 안에 잠재력은 이미 하나의 동기로서의 힘을 가지게 된다.

셋째, 삶에 있어서 창조적이고 문화적인 교육이다. Bollow는 이미 노년의 양식에 대한 질적인 면과 관련하여 예술적인 창조의 영역을 강조했다. 노인의 창조성에 관한 훈련은 1980년대 말과 1990년대 예술가와 연극관련자와 관련하여 나타난 훈련이다. 이 훈련은 노인에게 있어서 질적으로 의미 있는 하나의 도약으로 간주되었다. 이는 노인을 위한 대학 프로그램의 근본적 변형에 영향을 주게 되었다. 1990년에는 상부조직으로서 노인문화를 창설하게 되었다. Gregarek에 의하면 놀이는 노인에게 '인간으로서의 삶'에 대한 교제와 논의를 위한 기회를 열어주는 것이다. 더 나아가 Neumann은 이 외에도 창조적이고 문화적인 교육이 치료적인 행위보다 더 많은 의미를 가진다고 주장한다.

넷째, 삶에 대한 기술적인 교육이다. Rosenmayr와 Kolland는 다음과 같이 언급한다. 정보사회 안에서 평생교육은 매우 중요하다. 왜냐하면 기술과 정보의 발달로 인해 인간은 학교교육만으로는 자신의 직업적인 삶을 유지시킬 수 없기 때문이다. 늘 끊임없이 배워야만 직업적 경쟁력을 갖출 수 있게 되었다. 그런데 이러한 사회적 발달을 과거와 비교했을 때 눈에 띄게 나타난 변화는 바로 의사소통수단의 발달이다. 인터넷이 등장하게 된 이후 의사소통 수단도 변화하게 되었다. 어느 세대를 막론하고 인터넷은 매우 친숙한 존재이며, 없어서는 안 될 존재가 되었다. 이는 노인에게 있어서도 예외가 아니다. 인터넷은 오늘날 노인에게 있어서 하나의 매력적인 존재로 다가왔다. 그러므로 1990년대 말에는 '노인들을 위한 EDV[30](기초과정, —재교육과정, 온라인—의사소통, 인터넷 과정)'가 교육 커리큘럼으로 제공되었다. 이 후 성인학교 내에 보편적으로 존재하는 학습모형이 되었으며 여전히 많은 사람들이 참여하여 배우고 있다. 이러한 학습은 노인을 위한 인터넷과 유동적인 정보의 교환과 함께하는 교제(인간관계)에 대한 학습으로서, 노인에게 있어서 새로운 세계를 열어 줄 뿐만 아니라, 이를 통해 사회 안 고립에 대한 느낌에서 자유롭게 만든다.

다섯째, 삶에 대한 사회적인 교육이다. 이 교육은 이미 1970년대에 강조된 것으로서 사회의 근본적인 질문에 대한 고찰로부터 시작된다. 이를 통해 나타나는 것은 사회에 대한 지식과 책임적인 참여에 관한 것이다: "우리는 사회적인 가치에 대한 토론을 통해 사회적인 참여와 연대적인 행동을 장려한다"(Brunhilde, 2000).

여섯째, 삶에 대한 권한부여(이양)교육이다. 권한부여란 노인 상호간의 관계의 균형에 대한 관용어라고 할 수 있다. 이 교육은 참가자의 능력과 힘을 돕는 데에 그 목적이 있다. 즉 노인이 자신의 삶을 스스로 제어할 수 있도록 만든다는 것이다. 이러한 권한부여를 위해서는 사회 내 노인과 다른 사람과의 힘과 능력의 균형에 관심

---

30) Elektronische Datenverarbeitung = electronic data processing

을 가지고 고치려는 노력이 이루어져야 한다. 특별히 권한부여교육은 노인이 가지는 심리적 장애가 정치적이고 사회적인 관여와 참여를 없애는 것에서 나오는 것이라 본다. 그러므로 새로운 노년의 단계에서도 정치적 사건에 적극적으로 참가하여 자신의 요구를 표현하도록 장려한다. 그리고 노인의 삶의 변화에 따라 나타나는 상황에 대해 견뎌내도록 격려한다. 권한부여교육의 핵심내용은 노인이 정치에 있어서 능동적으로 활동하는 것에 있다. 그리고 이를 알고 깨닫게 하기 위해 준비된 훈련과 감독을 담당하는 조직을 통해 그들을 자유롭게 만들고자 한다. 권한부여교육은 한마디로 "모든 것이 우리를 위해 계획되어지고 실행되어지는 한, 우리는 스스로 실행할 수 없다"라는 사고에서 출발했다고 말할 수 있다.

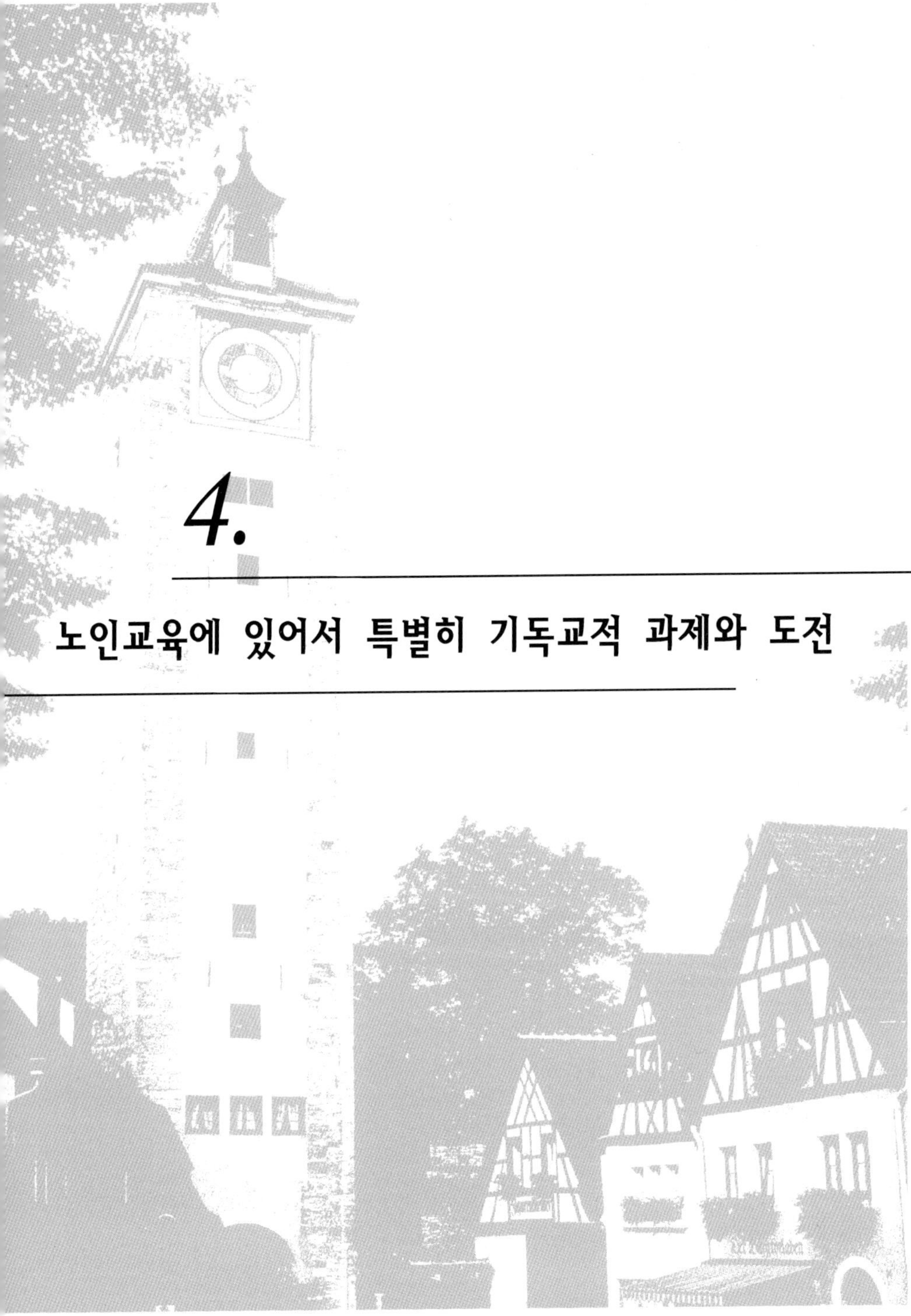

4.

노인교육에 있어서 특별히 기독교적 과제와 도전

교회 내 노인교육은 사회적으로 노인학에 대한 관심이 증가됨에
도 불구하고 70년대까지는 그다지 많은 관심을 받지 못했다(예를
들어 70년대에는 교회가 노인을 위한 구제 사업에 주력했다[31])): 노
년을 위한 준비(즉 은퇴에 들어가기 직전)에 있어서 기독교 노인교
육이 절대적인 역할을 하지 못했던 것이 사실이다. 그러나 80년대
부터 기독교교육이 노인교육에 관심을 가지고 새롭게 바라보게 되
었다. 여기에서 강조된 모토는 "돌봄 대신 교육"이었다.[32] 각 노인
은 자신을 주체적으로 보아야 한다고 주장한다. 이로 인해 교회 내
에서도 노인에 대한 돌봄 대신에 노인을 위한 교육에 대한 요구가
높아졌다. 학습에 대한 이론적 이해는 주체적 입장에서 더욱 더 몰
두하게 되었다. 그로부터 인간의 모든 삶의 차원을 포함하는 교육의
전체성이 결과적으로 나타났다. 이로부터 노인과 함께하는 교회교육
의 형태의 내용이 등장하게 되었다.

그동안 노인을 위해 따로 구별하지 않은 목회학적 기본 모델은

---

31) 그동안 교회는 노인에게 정신적인 돌봄만을 제공해 왔다. 왜냐하면 노
년은 지적인 측면을 성장시키기 위해 주어진 시간이 아니라 죽음을
준비할 수 있도록 선물된 남은 시간이기 때문이다.

32) 기독교교육의 삶의 주기(Erikson)와 인생행로(비교. Brim/Wheeler, Hurrel-
mann, Matthes, Kohli, Pieper)는 새로운 인문사회학적인 연구(Strommen,
Fowler, Levinson 등)를 받아들였다. 카톨릭적 기독교교육(Feifel, Hauser 등)
에서는 일찍이 독자적으로 논의된 주제를 통해 인생행로 안에서 기독교교
육의 토대를 성찰했다. 상이한 연령단계와 그들의 이해력과 관련하여 내용
중재의 타당성에 대한 질문은 방법과 적용의 방향을 알려준다. 기독교교육
학적인 사고구조는 노년의 특별한 믿음의 상황과 관련된 관계를 받아들임
을 통해 변화한다(Feifel).

실천신학 안(선포, 사제직 등)에서 지배하였다. 만일 기독교교육의 기본적인 과제가 연령단계에 대해 종교와 믿음과 관계하여 필요욕구와 관심에 대한 구별을 위한 이해에 있다면(Feifel), 노인과 관련하여 주의 깊고 신중한 해결이 필요로 한다. 그렇기 때문에 현재의 기독교교육이 경험과 함께하는 목적 지향적 환경으로써 이해된다.

그 뒤에 노인학과 그 연구결과는 노년을 우선 '사회적 운명'(Thomas, Rosenmayr)으로 보게 되었다. 이는 신체적 경험의 사슬을 통해 나타나는 것으로 노년의 때가 인생 최고의 진행 형태와 경험 형태를 가지게 된다고 보았다(Thomae, Becker 등). Lehr 등은 더 나아가 노년의 삶을 더 많은 발전 가능성을 지니고 받아들이는 단계라고 보았다. 이러한 이해들은 실천신학적 측면에서 Becker, Blasberg -Kuhnke, Faber에게 영향을 주었다. 이로부터 기독교교육학은 사회적 노인학 (Stenger, Veelcken, Weinbach, Bubolz -Lutz 등), 노인교육 (Schneider, Kallmayer, Schenda, Breloer, Petzold/Bubolz, Eirmbter, Ruprecht, Füllgraff)을 위한 새로운 구상과 새로운 계획의 중요성에 관심을 가지게 된다. 예를 들어 삶, 일상, 자립, 공공 단체적 사업과 관련된 내용 등이 그것이다.

Failing에 의하면 비의지적으로 낙인찍혀지는 부작용(예를 들어 학문적인 전문화, 세분화를 통해)에 대한 정당한 경고와 노인에 대한 기능주의적 입장, 학교화에 대한 배움의 개념과 교육 개념의 비실험적 위임에도 불구하고 기독교교육은 "사회적 노인학 또는 노인교육 실천학에 있어서 어떤 기여를 수행해야 하는가"에 대한 과제를 세워야 한다고 주장한다.

여기에서 교회는 교육의 존재와 발전에 함께 협력해야 한다. 왜냐하면 교회는 구성원의 삶과 더불어 공동체의 미래에 대해 책임을 가지기 때문이다. 또한 하나의 사회적 조직(세례, 혼례들의 임시직무 그리고 각 분야의 교육적 제공(예, 유치원, 유아그룹, 청소년 교육, 세례교육, 예배, 성인교육, 가정교육 등) 등을 다룬다)으로서 의미를 가지기 때문이다. 이런 견해 안에서 공동체는 노인교육을 사람에 대한 하나의 본질적인 도움이자 중요한 영역—그 안에서 정신적인 몰두와 상이함 안에서의 공동생활을 경험할 수 있다—으로서 실행되며 더욱 명확하게 된다. Lehr는 다음과 같이 주장한다: "다분히 내일의 교회의 노인에 대한 봉사는 오늘날 교회의 청소년 봉사 안에서 시작된다"(Hungs, 1978). 교회는 노인교육 안에서 구체적인 인생의 동반의 험난한 길에 관여해야 한다. 왜냐하면 젊은 세대가 노인과 그들을 위한 프로그램에 관심을 기울이고 그 사역에 참여하게 된다면, 이는 먼 미래에 있어서 그들에게 돌아오게 될 것이라는 사실을 의미하기 때문이다.

Hung은 많은 학습상황 안에 신학적 노인교육을 목회적 기여와 연결시킨다. 왜냐하면 노인으로 하여금 인간적인 가치부여 안에 깊은 견해를 열기를 원한다면, 그들을 도와 자신의 유한성 안에 통찰을 가지고 살도록 해야 하기 때문이다. Nastainczyk는 노인과 함께하는 공동체적 교리문답의 학습을 통해 삶의 완성, 이별과 죽음을 통한 성숙 안에서 노인을 위한 중심 과제가 무엇인지를 충분히 확인했다. Matthes에 의하면 교회의 사역 안에서 죽어감과 죽음이라는 일련의 테마에 대한 주제를 많이 다루는 것은 노인에게 긍정적으로 도움을 준다. 이와 함께 '노화와 죽음'이라는 두 가지의 주제에 대한 억압에 대해 새로운 형태를 비교할 수 있다. 이때 중요한 것은 노인의 문제점에 대한 고정적인 시각을 피해야 하며 죽음을 삶의 계획안에서 주체적으로 통합, 완성해야 한다는 것이다. 이는 마침내 죽어가는 자에게 자신의 존엄성을 인정하게 하고 사회적으로 자연적인 죽음을 가능한 한 긍정적으로 바라보게 만드는 모든 학습활동을 위한 하나의 과제이다. 그렇기 때문에 노인과 함께 하는 교회교육의 실천은 믿음에 대한 질문을 명상으로 한정시키는 것이 아니라 교리적 교육실천을 통해 믿음을 견고히 하고 구체적인 삶의 도움 내지 자립을 위한 도움에 더 많이 관심을 기울여야 한다.

기독교 노인교육은 특별히 노화를 역사적이고 경험적인 관계의 관점에서 보는 것뿐만 아니라, 각 개인의 영에 대한 돌봄과 열린 공동체적 믿음의 대화 속에서 다루고 있다. 이것은 교회를 통해 지속적인 지지 그리고 가르침을 필요로 한다. 또한 기독교 노인교육은 노인의 자율과 자주를 장려한다. 이를 통해 노인은 '나'를 말할 수 있는 용기를 얻는다. 그러므로 교회는 하나의 전체적이고 사회적인 위임을 완성해야 한다: 노인을 고무시키고 격려하여 그들의 힘이 충분한 한 자신의 삶을 스스로 세우고 책임지게 만들어야 한다.

5.

기독교 노인교육에 대한 현재적 구상

제3, 4단원에서 필자는 인문학과 기독교적 관점에서 바라보는 노인교육의 역사를 비교하였다. 제5단원에서는 기독교 노인교육을 현재적 상황에 적합하게 적용하기 위한 목적과 방법을 언급하고자 한다.

5.1. 목 적

기독교 노인교육은 노인이 믿음 안에서 자신의 변화된 삶의 상황을 긍정적으로 받아들이도록 하는 데에 중점을 둔다. 그러므로 노인의 삶 안에서 새로운 의미를 찾고 삶의 질을 높이는 데에 관심을 가진다. 그리고 각 상황에서 적합한 태도, 올바른 견해 그리고 환경을 통해 이루어지는 적당한 교제를 통해 삶을 뒤돌아 볼 수 있도록 만든다.[33] 이것은 인간적인 재능을 보여주고—신학적으로 말했을 때—이웃에 대한 섬김과 세상과 하나님의 왕국에 대해 자격을 주는 데에 기여한다. 기독교 노인교육은 노년에 나타나는 지적인 위축에 대해 도우미의 역할을 한다. 즉 새로운 지식을 받아들이게 할뿐만 아니라[34] 과거에 대한 기억과 회고 그리고 잘못된 지식을 올바르게 배우도록 도와준다. 기독교 노인교육의 학습목표는 다음과 같다: 각 개인으로 하여금 기독교적 세계관에 입각하여 자신의 특별한 상황

---

33) Petzold는 자신의 책 "노인과 함께 일한다"에서 인간은 교육을 새로운 경험에 대한 기획과 조성 그리고 자기이해의 심화와 세상을 향한 넓은 관점을 위한 새로운 지식으로 이해해야 한다고 말한다.

34) Klehm, Schünemann - Flake는 단지 재교육을 강조한다.

안에서 '노인이 되어감'과 이를 통해 나타나는 현상(예를 들어 은퇴, 성장한 자녀의 부모로부터의 독립, 거주지를 옮김, 질병, 배우자의 죽음, 그리고 자신의 개인적 죽음에 대한 두려움)을 극복을 하고 이에 상응하는 삶의 관계질서를 가져오는 것이다.

기독교 노인교육의 목표를 구체화함에 있어서 중요한 것은 학습의 다양성(스펙트럼)에 대한 결과를 미리 예측하는 것에 있다. 그러므로 다음과 같은 학습의 다양한 차원에 대해 미리 전제되어있어야 한다: 합리적이고 지적이고 인식력이 있는 차원, 행동(심리적이고 정서적)을 목적으로 하는 차원, 정보전달(사회적)에 대한 차원 그리고 믿음의 성장에 관한 목적으로서의 차원이 그것이다.[35] 이 차원들은 현재의 삶에 유쾌함을 줌과 동시에 삶의 의미에 있어서 개혁과 갱신을 장려한다. 이와 같은 차원들과 관계하여 네 가지 학습목적을 가지게 된다.

● 인식력 있는 목적에 대한 관점은 노인으로 하여금 어떻게 자신의 정체성을 다시금 내지는 새롭게 인지할 수 있는가를 내용으로 한다. 이는 노인의 자의식을 강하게 만들어준다. 노인으로 하여금 스스로 주체로서 인식하게 만들고, 감추어지고 억눌러 있던 능동성을 재확인시켜 교회와 사회로의 재편입을 위한 마음가

---

35) 그러나 Frehner, Kamer, Vogt는 노인교육의 목적을 세 가지 차원으로 구별한다. 지적인 목적, 감정과 관계된 목적 그리고 행동을 기준으로 한 목적이 그것이다: 그러나 필자는 감정적인 목적 외에 믿음에 관계된 목적을 다루고자 한다.

짐을 북돋는다. 결과적으로 교회와 사회 안에서 적극적으로 활동하는 노인으로 만든다. 이를 위해서는 교회와 사회 안에서 노인의 지위가 다른 연령계층과 비교했을 때 공평한 무게를 가질 수 있도록 하기 위한 방안이 마련되어야 한다.

● 심리적인 목적에 대한 관점은 그동안의 고정된 선입관을 변화시키고 변화된 환경을 받아들일 수 있도록 만드는 데에 주력한다. 기독교 노인교육은 노인으로 하여금 공동체 안에서 활동적으로 존재할 수 있도록 또는 그렇게 되도록 하는데 도움을 주고자 한다. 그리고 적극성을 통해 새로운 역할을 찾게 한다. 예를 들어 교회공동체 내 무보수 명예직적 사역이 그것이다.

● 사회적 목적에 대한 관점은 노인을 도와 노인 스스로 공동체 안에 편입하도록 하는 데에 관심을 가진다. 그동안 세대 간의 갈등과 의사소통의 공감대 형성이 되지 않았던 분위기로 인해 나타나는 외로움을 해소시켜주기 위해 교제 관계에 있어서 융통성의 방법을 가르쳐주며, 노인 스스로 자신에 대한 표현을 함에 있어서 적극성을 띨 수 있도록 도움을 준다. 그리고 다른 사람과의 공동 작업과 협력을 이룰 수 있는 장(Feld)을 많이 마련해 준다. 이를 통해 노인은 사회적 고립으로부터 자유로워지고 사회적 환경을 다른 사람과 함께 만들어 갈 수 있는 능력을 가지게 된다. 기독교 노인교육의 이러한 형태는 노인에게 사회적 삶

의 발전진행과정에 참여하게 할 수 있는 능력과 자격을 준다.

● 믿음의 성장을 위한 목적에 대한 관점은 기독교 노인교육에 있어서 가장 주춧돌의 역할을 하는 영역이다. 특히 노인의 믿음을 발전시킴에 있어서 필요한 교육적인 면에서 중요한 역할을 한다. 이를 통해 노인은 하나의 성숙된 믿음의 인격에 도달하고 실현하게 된다. 믿음의 성장과 관련하여 특별히 죽음에 대한 관점은 기독교적 노인교육에 있어서 하나의 긍정적인 구심점의 역할을 한다: 노인으로 하여금 자신의 유한함과 더불어 죽음을 기독교적 종교성의 관점에서 볼 수 있게 한다. 한편으로는 죽음에 대한 두려움을 약화시키고 다른 한편으로는 삶이 계속적으로 의미를 가지도록 한다. 부활에 대한 확고한 기대와 확신 속에서 노인은 교회 안에서 삶의 의미에 대한 새로운 관점과 기회를 재발견하게 된다.

그러나 앞에서 언급한 목적들을 기초로 하여 나오게 될 방법을 적용함에 있어서 주의할 점이 있다. 위의 목적들은 연대기적 연령뿐만 아니라 사회적 상황(일찍이 학교교육, 직업적인 교육의 발전) 그리고 다른 생물학적인 특징을 전제해야 한다. 그렇기 때문에 교육과정 안에서 교육의 각 상이한 의도들을 신중하고 명확히 해야 할 필요가 있으며, 이것이 여러 가지 다양한 방법 안에서 서술되도록 하는 것이 중요하다.

5.2. 방 법

　방법이란 교수(가르침)의 '기술적인' 면을 의미한다. 방법은 실제
적이고 현실적인 프로그램과 연관되는 것이기에, 자기만족, 요령을
위해 존재하는 것이 아니라 참조되어지는 것을 주로 한다. 교수(가
르침)는 교육 내용에 있어서 학습자로 하여금 활동적이고 능동적으
로 만들어주는 상호간의 관계에서 나타난다. 그리고 방법은 목적의
완수를 위한 수단일 뿐 목적 자체는 아니기 때문에 목표와 교육계
획, 의도에 맞추어서 교수방법이 나와야 함을 명심해야 한다. 기독
교 노인교육의 학습방법과 학습방식은 교수학상으로 보았을 때, 학
습자로 하여금 적극적인 행동으로 이끌어 그의 자결과 자주를 가능
하게 만들도록 하는 것을 주로 해야 한다. 그리고 노인 자신의 경
험과 지혜를 인정하는 것을 바탕으로 하여 노인 자신이 마음을 열
고 교육내용을 배우고 습득하게 해야 한다. 그렇기 때문에 특별히
집단 내 감정적 학습(예를 들어 감수성 훈련)은 매우 중요하다. 그
러나 교수과정과 학습과정 안에서 어떤 것이 노인을 교육함에 있어
서 적절하고 적합한 것인지를 선택하는 것은 쉽지 않다. 만일 교수
방법이 기독교 노인교육의 목적 안에서 적합한 것인지 아닌지 그리
고 교수 내용에 이것에 맞는지 아닌지를 결정하고자 할 때, 이 방
법은 학습그룹의 정확한 평가를 통해 기초가 세워져야 하고 평가되
어져야 한다. 즉 방법은 학습자의 동일성, 정체성, 욕망, 요구, 흥미
와 관심 그리고 특별히 참여자의 믿음의 상태에 맞추어서 이루어져

야 한다.

그렇기 때문에 기독교 노인교육을 위해 사용해야 할 방법은 매우 철저히 충분하게 고려되어져야 한다. 왜냐하면 이 방법은 노인으로 하여금 독립적으로 설 수 있게 만들고 또한 독립적으로 머무를 수 있도록 도와주기 때문이다. 그와 함께 기독교 노인교육은 노년에 있어서의 임무와 과제, 상황과의 관계를 정확히 이해하고 그에 대한 의식과 자세, 사회적 전문지식을 가져야 할 것이다. 이러한 내용을 전제로 할 때만이 노인을 자립과 자아실현으로 이끌 수 있게 된다. 이 외에도 노인에 대한 돌봄을 중재하고 타인과 이루어지는 상호감정을 이해하고 견디는 훈련도 함께 이루어져야 할 것이다. 예를 들어 '노년에 나타나는 우울증'에 대한 프로그램을 제공할 때에도 노인 자신의 경험을 다른 사람과 함께 나누고 그 안에서 해답을 서로 나눌 수 있는 소그룹의 형태로 제공되는 것이 유익하다. 그렇게 될 때 문제해결뿐만 아니라 타인과의 교제를 통해 삶의 기쁨도 찾을 수 있게 된다. 중요한 것은 일반적으로 학습을 통해 깨닫게 되는 자각은 어느 한 교사를 통해 나타나는 것이 아니라는 것이다. 이러한 자각은 학습참여자 각자가 자신의 개인적인 상황을 제대로 직시하고 그로부터 스스로를 위한 적합한 행동을 발견하는 것에서 나타나는 것이 중요하다. 더 정확하게 말하자면 방법을 사용하기 전에 먼저 문제를 생각하자는 것이다. 그렇기 때문에 교사를 중심으로 이루어지는 학습이 아니라 학습자 자신의 활동성 그리고 의사소통의 능력을 장려하는 측면에서 학습자 주도의 학습이 이루어지는 것이 좋다. 이를 위해서는 학습자로 하여금 학습을 짊어지는 진행과정을 감지할 수 있도록 만들고 기회를 주어야 한다. 이 외에도 뜻이 같은 사람들이 모여 토론이나 논쟁을 하는 등으로 훈련시키는 것도 도움이 된다. 일반적으로 알려진 집단 심리학적 상담치료의 방법의 많은 부분들이 노인교육에 있어서 매우 유용하게 사용될 수 있다. 그러므로 이를 노인교육 안에 사용하는 것에 대해 주저해서는 안된다. 그러나 특별히 주의해야 할 것은 학습경험이 참여자 그룹에 있어서 새로운 것들이어야 한다는 사실이다. 새로운 것을 통해 호기심을 자극하여 학습에 참여할 수 있는 동기를 주는 것 또한 중요하다. 그러므로 철저하고 꼼꼼하게 인내를 가지고 진행할 수 있는 방법들이 채택되어야 한다.

노인교육에 있어서 성공적인 교수 방법을 위한 전제는 다음과 같다: 첫째, 교수 방법은 '노인이 되어감'에 대한 준비에 대해 가르쳐야 한다. 노인교육은 노년기에 들어온 사람뿐만 아니라 다른 젊은 세대에게도 꼭 필요한 교육이 되어야 한다. 이와 함께 내용적으로 노년의 배움에 대한 질문을 제기해야 한다: "어떻게 하면 노인을 위한 학습이 가능하게 되며, 이를 통해 이성적으로 만족할 수 있게 되는가?" "어떤 목적들이 여기에서 유익한가?" 둘째, 노년에 나타나는 문제를 전면에 세우고 어떻게 하면 교육적 노력이 이에 대해 의미 있게 기여할 수 있는지에 대해 생각해야 한다. 그러므로 먼저 기독교 노인교육의 실제적인 측면을 늘 고려해야 한다. 노인교육에서 행해지는 모든 커리큘럼이 노인의 삶과 연관되어 이루어지고 영향을 미칠 때 그 삶은 지금보다 더 좋게 이루어질 것이다. 이렇게 된다면 은퇴 이후 주어지는 시간을 의미 깊고 만족할 만할 삶의 단계로 느끼게 될 것이다. 더불어 노년의 마지막에 맞이할 마지막 삶의 단계를 고려하는 것도 중요하다. 개인적 죽음과 함께 영향을 받는 환경과 관련하여 이루어지는 절박한 기도에도 귀를 기울일 수 있어야 한다.

Lenz는 교수방법에 있어서 다음과 같은 상황 역시 고려해야 한다고 주장한다. 교수방법은 중재의 도구로써만 이해될 뿐만 아니라 전체 수업의 해방을 추구하는 목표설정과 함께 일치해야 한다. 교수방법은 학습의 진행과정 안에서 각 개인의 자결(自決)과 자치(自治)를 장려해야 한다. 그리고 상이한 학습구조와 학습전제에 상응하여 나타나야 한다. 이를 통해 사회적 전제조건의 정확한 인지가 이루어져야 한다. 그리고 이에 대해 각각의 일반적인 목표 설정의 사고 안에서 하나의 특별한 방법을 조화시켜야 한다.

노인의 학습을 위한 몇 가지 근본적인 인식은 확실한 교수방법을 위해 또는 이에 반하여 나타나는 결정에 의해 몇 가지 근본적인 인지들이 고려되어야 한다:

● 학습에 있어서 고려해야 할 것은 바로 노인이 자신의 현실에서 나타나는 문제에 의존되어 있다는 사실을 자각하는 것이다. 그러므로 교육을 하기에 앞서 노인으로 하여금 왜 배워야 하는지에 대해 설득할 필요가 있다. 지금까지 노년에 있어 그려져 왔

던 견해와 상황에 대해 비판하고 학습자로 하여금 자신의 삶에 대해 스스로 눈을 뜰 수 있도록 도와야 한다. 학습자가 관심을 가질만한 실제적인 면에 중점을 두고 노인에게 도움이 될 내용을 전면에서 다룰 필요도 있다. 더 나아가 새로운 것을 시도할 필요가 있다. 왜냐하면 이를 통해 학습의 효율성을 자성(自省)할 수 있기 때문이다.

● 학습에 있어서 동기는 중요하다. 개인적인 관심사가 어떤 것이냐에 따라 학습의 효과가 달라진다. 왜냐하면 이러한 동기를 통해 인격적인 접근, 관심 그리고 활동성을 깨우게 되기 때문이다.

● 학습은 노인이 가지고 있는 경험을 유용하게 만드는 것을 가능하게 해야 한다. 이를 통해 그가 어떤 것이든 할 수 있도록 해야 한다. 학습 진행 안에서 자신의 지식과 경험이 보증되고 수용됨을 통해 실현될 수 있도록 해야 한다. 이를 위해서는 학습이 이루어지는 공간과 분위기가 솔직하고 편안해야 한다. 또한 학습을 함에 있어서 중요한 것은 개인뿐만 아니라 타인의 질문의 가치를 중요하게 여기는 것이다. 그리고 그에 대한 해답은 학습전문가가 단독으로 내놓는 것이 아니라 학습자와 함께 상호작용을 통해 해답을 찾아내는 노력이 이루어져야 한다. 그러므로 학습전문가와 학습자가 어떻게 이 학습을 받아들였는지 그리고 자기가치평가는 학습의 관점에서 얼마만큼 더 확고해졌는지

에 대한 해답은 하나가 아닐 수 있다.

● 학습은 공동의 문제이다. 그렇기 때문에 학습자 모두가 모든 것을 함께해야 한다. 그 안에서 끊임없는 진행과정의 분석이 이루어져야 한다. 예를 들어 학습 집단의 공동 작업을 들 수 있다. 여기에서 이루어져야 할 것은 학습 집단의 목적을 위한 질문, 내용을 위한 질문, 학습참가자 간의 관계를 위한 질문, 학습참가자와 강좌 과정담당자(강사) 사이의 관계에 대한 질문, 일에 대한 동기 그리고 학습동기에 대한 질문, 공동체 분위기와 역할분배를 위한 질문이 던져지고 이에 대한 해답을 찾기 위해 교수자와 학습자가 함께 공동으로 노력해야 한다.

● 집단학습은 학습자 상호간의 교제를 통해 즐겁게 이루어져야 한다. 사교적이고 친교적이며 공동체적인 학습은 개인적으로 학습을 하는 것보다 도달하는 속도와 만족에 있어서 더 뛰어나다. 이는 집단학습이 가진 긍정적인 측면이라고 볼 수 있다. 그러나 한 가지 주의해야 할 것은 여기에서 이루어지는 학습은 '학교'의 학습과는 전혀 다른 모습을 지닌다는 사실이다. 왜냐하면 학습참가자는 이미 성인이며, 오랜 생활을 통해 축적된 경험과 지혜를 가진 자들이기 때문에 교수자는 이를 존중하는 자세를 가져야 한다.

● 학습 진행을 원활하게 하고 큰 효과를 기대하기 위해서는 강좌
   가 이루어지기 전에 강좌과정을 형식적·내용적인 면뿐만 아니
   라 관계분야에 있어서도 미리 적용시켜보고 평가를 내리고 다시
   보완하는 등의 교수설계의 과정이 이루어져야 한다.

  학습 내용과 학습 방법과의 관계는 현실과 함께 고려되어져야 한
다. 먼저 학습 그룹은 각 학습자의 개인적인 특별한 삶의 상황에
대해 관심을 가져야 한다. 그리고 현실에 대한 실존 의식과 통찰에
대한 요구를 이행해야 한다. 이를 위해서는 학습 진행자의 역할이
중요하다. Freire는 다음과 같이 말한다: 학습자의 삶의 상황 안에서
이루어지는 교육 사업은 다음과 같은 내용을 포함해야 한다. 학습자
는 일찍이 자신의 경험과 관련되어 이루어지는 연구내용과 방법을
선호한다. 또한 학습자는 학습 과정과 학습 효과에 대해 많은 기대
를 가지고 있다. 하지만 종종 학습에 있어서 새롭게 응용되는 방법,
예를 들어 소그룹 활동(연구모임, 그룹토론, 역할활동) 등에 대해
거부감을 일으키기도 한다. 그러므로 학습을 진행함에 있어서 학습
자로 하여금 이를 수월하게 받아들이고 익숙해질 수 있도록 만들어
야 한다. 이것이 바로 학습 진행자에게 주어진 사명이다. 학습 진행
자는 학습을 진행함에 있어서 너무 설득적인 모습을 가져서도 안
되고, 권위에 기인하는 모습을 가져서도 안 된다. 그는 신뢰를 바탕
으로 학습자에게 다가가야 한다. 또한 학습자에게 '할 수 있다'는
자신감을 회복할 수 있도록 도와주어야 한다.

또한 Staiger는 이에 대해 다음과 같이 말한다: 학습 진행자는 과거의 교육방법에 머무르는 것이 아니라 새로운 교육 형태에도 관심을 가지고 학습에 적용시켜야 한다. 학습그룹 안에서 참가자의 경험, 인식, 지각에 대해 미리 인지하고 학습방법의 행동 단계 안에서 별도의 평가시기를 통해 심사숙고하는 과정도 가져야 한다. 학습 진행에 있어서도 학습 진행자는 자신의 개인적인 내용과 행동이 참가자에게 영향을 미치며, 학습자가 자신을 불안하게 만드는 것들에 대해 허심탄회하게 얘기할 때 학습이 매우 쉬워진다는 사실을 기억해야 한다.

성서 안에서 노화에 대한 언급은 매우 적게 나타나고 있다. 그 이유는 매우 간단하다. 그 당시에는 노인이 되는 사람이 극히 적었기 때문이다. 그럼에도 불구하고 Hennig는 다음과 같이 본다. 노인은 성서 안에서 확실한 사회적 위치를 가진다. 왜냐하면 그는 종교적 지식과 인간적 경험의 전승가로서 커다란 의미를 가지기 때문이다. 그러므로 Blasberg - Kuhnke는 다음과 같이 말한다: 성서에서 노인에 대해 서술한 진술은 인류학적이고 사회적인 관점에서 주시해야 한다. 이는 노인에 대한 오늘날의 인문학적인 견해와 극히 유사하다. 왜냐하면 구약성서와 신약성서의 복음은 시대에 맞는 현실성을 담보로 한 교육적으로 유익한 관점 안에서 오늘날 지긋한 나이의 노인의 삶을 보여주고 있기 때문이다.

노인에 대한 성경적인 견해와 함께 하는 타당한 몰두는 그들의 개인적, 인문학적, 신학적, 역사학적, 그리고 사회적인 전제들 아래에서 구약과 신약의 텍스트를 묻는다. 그러나 그 전에 노인에 대한 테마 선택을 위한 성서신학적 관련성에 대해 주의를 기울여야 한다. 그러므로 가장 먼저 관심을 가져야 할 것은 노인이 구약과 신약에서 어떻게 묘사되는가 하는 것이다. 이를 통해 성서 안에 나타나는 노인에 대한 견해를 배워야 한다. 그리고 노인의 특성과 능력을 위한 새로운 인지를 발달시켜야 한다. 그런데 여기에 있어서 잊지 말아야 할 것이 있다. 성서에 나오는 노인에 대한 상(像)을 현대 사회의 노인에 대한 부정적인 상과 대조하면서 성경적 시각 안에서 노인에 대한 긍정적인 상을 찾아내야 한다는 것이다. 구약성서는 "오늘날 노인이 어떤 의미를 가지는가?"에 대해 여러 가지 다양한 답을 준다. 구약성서에서 나타나는 노인은 가부장적 씨족사회의 제도와 사회적 규칙 안에서 존재했다. 그 당시 고령의 노인은 굉장히 드문 존재로서 삶에 필요한 지식과 경험을 전달하고 사회적 사업에 있어서 중재의 임무를 가지고 있었다.

구약과 신약에 나타나는 노인에 대한 견해는 개인 각자의 노인상을 위한 양자택일을 위해, 그리고 더 나아가 오늘날의 노인에 대한 특성을 인식할 수 있는 데에 도움을 준다. 성서적이고 신학적인 견해로부터 오늘날 노인에 대해 어떤 견해를 가지고 받아들어야 하는지를 알게 된다. 그 한 예로 사회복지, 간병, 상담 등은 이미 성서에서 나타나는 내용이다.

1.1. 노인에 대한 구약 성서적 견해

노인에 대한 히브리적 묘사는 다음과 같다. 구약 안에 zāqen은 60세 이상의 늙은 노인 또는 어르신을 의미한다(창 18:11 – 13, 37:3, 욥 12:20, 시 71:9). 특별히 흰 수염을 가리킨다. 명사로서 zāqun은 구약성서 안에 178번 나온다. 그러므로 zāqen은 노인에 대해 설명할 때 굉장히 자주 사용되는 일반적인 표현이라고 할 수 있다. sebah는 회색머리를 의미하는 일반적으로 70세 넘은 노인을 가리킨다. 이들은 세월의 숫자와 관계하여 다가오는 죽음의 임박 앞에서 스스로의 삶을 눈여겨 돌아본다. yasis는 일반적으로 80세 넘는 높은 고령의 노인을 의미한다. 그와 함께 노인의 고통을 현실적으로 표현한다(전 12:1f, 락 30:26). 욥기를 보면 노년의 삶을 더 잘 이해할 수 있다. "한 사람이 고령의 나이에 들어서게 되면 내적으로, 외적으로 위기 가운데로 떨어지게 된다. 그에게 있어 하나님의 말씀은 굉장히 큰 힘이 되었다: 너희가 노년에 이르기까지 내가 그리하겠고 백발이 되기까지 내가 너희를 품을 것이라 내가 지었은즉 내가 업을 것이요 내가 품고 구하여 내리라(사 46:4). 그리고 그가 모든 것을 받아들이고 하나님 앞에 온전히 서게 되었을 때 그는 모든 것을 가지게 되었다."

먼저 구약성서에서 나타나는 노인에 대한 표현을 찾아보면 다음과 같다. 구약성서에서 나타나는 노인은 흰 수염과 흰머리뿐 아니라 삶의 완성과 인간의 쇠약함(허약함)을 통해 그려지고 있다. 특별히 Hennig는 구약성서에서 노인들의 쇠약함이 사실적으로 서술되어지고 있다고 본다. 예를 들어 이삭은 죽음에 가까워졌을 때 소경이 되었다. 또 다른 예로는 야곱(창 27:1)과 엘리(삼상 3:2), 아히야(왕상 14:4) 등을 들 수 있다. 특별히 다윗은 노후에 육체적으로 추움을 견뎌야 했다. 그는 육체적 따스함을 얻기 위해 한 젊은 여인을 가까이 하기도 했다(왕상 1:1 – 4). 그 외에도 바르실래는 노년에 미각과 청각을 잃어버리기도 하였다(삼하 19:35). 이와 같은 전형적인 이스라엘적인 표현들은 '노인이 되어감'에 명백한 서술이라고 할 수 있다. '노인이 되어감'은 인간의 삶에 있어서 마지막을 의미한다. 즉 인간적 생명의 한계로 여겨진다는 말이다.

이에 대해 구약성서는 인간의 시간과 현세에 대한 논쟁을 위한 좋은 예와 노화와 죽음을 받아들임에 대한 좋은 예를 든다. "죽음을 받아들인다는 말은 인간 자신의 개인적 삶을 받아들이고 기뻐하게 만드는 것을 의미한다." 인간이 인생의 완성에 대한 값을 치룬 후 갖게 되는 "늙어 삶의 완성을 이루고 죽기를 원한다"라는 소원은 구약에 있어서는 하나의 신학적인 모티브로서 나타난다. 구약성서에서 그려지는 노인은 하나님 앞에서 특별한 사랑을 받는 자이며 축복받은 자로서 나타난다. "오래 사는 것은 하나님 가운에 나타나는 정의에 대한 열매이자 보수이다." 그와 함께 성서적 전통은 노년 안에 나타나는 노력과 속수무책을 현실적으로 고려해야 한다. 성서적 전통은 노인이 되는 것에 대한 두려움을 알고 자신의 생각에 대해 질문한다.

구약성서 안에서 노인에 대한 견해를 좀 더 구체적으로 살펴보도록 하겠다. 먼저 구약성서에서는 노인을 긍정적으로 바라본다. 구약성서에서 '노인이 됨'은 하나님의 명예와 보상과 보답이다. "노인은 하나님의 말씀 가운데 삶이 성장되어지고 성숙되어지는 단계를 걸어가 완전한 성숙을 이룬 사람이다." 그 예로써 다음과 같은 성서

구절을 들 수 있다: "너는 장수하다가 평안히 조상에게로 돌아가 장사될 것이요"(창 15:15). "그의 나이가 높고 늙어서 기운이 다하여 죽어 자기 열조에게로 돌아가매"(창 25:8). "네 부모를 공경하라 그리하면 네 하나님 여호와가 네게 준 땅에서 네 생명이 길리라"(출 20:12). 그로부터 노인의 경외는 소급된다(비교. 레 19:32, 전 23:22, 락 3:14, 8:7). 거기에서는 노인의 경험, 사고 그리고 지혜가 서술되어진다(락 25:8, 욥 12:12). 구약성서는 노인을 지혜의 모범으로 여겼다. 왜냐하면 그는 가정과 사회 안에서 정의를 세우고 옳지 못한 일에 대해서는 판결을 내리고 정치적 군사적 상황 안에서 지도자로서의 역할을 했기 때문이다(잠 15:5, 삼상 8:4, 삼하 5:3).

노인의 지식과 경험에 대한 예속과 관련된 노인의 사회적 위치는 노인의 종교적, 비종교적(세속적) 지식의 포괄적인 동일한 사용을 결과로 가진다. 성서적 사고 안에서 지혜란—지식의 소유와 관련하여—우선 오랜 삶 동안 성숙되어진 경험을 의미한다. 이때 경험은 노인이 자신의 다음 세대에 전달하는 경험을 말한다. 이것과 관련하여 가족 내 노인의 위치에 대해 그리고 그들의 공동체적 사회적 역할에 대해 주의를 기울일 필요가 있다. 노인의 사회적 위치에 대한 적절한 예로서 장로관청을 들 수 있다. 구약성서에서 나타나는 노인은 가족 관계 안에서뿐만 아니라 사회 안에서도 탁월한 권력을 누렸으며, 그들의 위치에 대한 인정은 공동체의 존속과 번창과 관련하여 중요한 의미를 가졌다. Blasberg-Kuhnke에 의하면 구약성서에서 나타나는 노인의 경험에 대한 연구는 이러한 내용을 뒷받침한다.

주로 시편의 본문들에서 발견할 수 있는데 시편을 보면, 야훼와 그들의 자라나는 희망에 대해 노인들의 신뢰를 표현하고 있다.

구약의 역사적인 면과 관련하여 늙어감과 늙음에 대한 진술에 대해 살펴보도록 하겠다. 삶의 진행에 대해 역사적으로 확실한 진술은 유대 왕의 역사로부터 찾을 수 있다. 이를 통해 알 수 있는 사실은 구약성서에서 노인에 대해 경외심에 대한 근거가 어디에서 왔는가에 대한 것이다. Wolff는 다윗 왕가의 열네 명의 왕 (B.C. 926 – 597)을 연구했다. 왕들의 나이는 21 – 66세까지 두루 나타나는데, 평균적으로 44세를 살았다. 다윗왕가의 낮은 평균수명에는 왕들 가운데 5명이 조기에 죽음을 겪었다는 것이 큰 영향을 미쳤다. 이를 통해 먼저 고려해야 할 것은 다음과 같다. 왕가의 구성원을 위한 삶의 조건은 질 높은 물품의 공급과 낮은 영아 사망과 관련해서 볼 때 대부분의 국민구성원보다 좋은 조건을 가졌던 것이 사실이다. 국민의 평균수명연령은 왕가의 평균수명보다 더 낮았을 것이다. 그럼에도 불구하고 어떤 왕도 70세 이상 살지 못했다. 이를 통해 알 수 있는 사실은 다음과 같다: 수명에 대한 구약성서의 이해는 짧은 생존수명에 대한 통곡과 탄식으로부터 나온 것이다.

구약성서에 나타나는 나이에 대한 이해는 두 가지이다. 첫째는 족장시대나 모세시대에 서술되었던 나이에 대한 이해이다. 창세기 11장 10 – 27절. 31절 이하의 셈은 600살까지 살았다. 그의 후손들 역시 평균 200세 이상의 세월을 살았다. 인류 최초의 아버지인 아담은 창세기 5장에서 심지어 930년을 살았다. 이외에도 족장시대에는 147 – 180세를 살았고 모세는 신명기 34장 7절에 의하면 120살을 살았다. 모세 이후의 시대를 보면 욥, 요시아가 100세를 넘게 살았다. 하지만 당시의 300년, 400년, 600년 등의 생(生)의 수명을 살았다는 등에 대한 서술은 역사적이지 못하다. 이는 신학적인 잣대로 보아야 한다. 왜냐하면 태고 때의 삶은 상상할 수 없이 길게 표현되었기 때문이다. 그런데 점차 높은 수명을 가지고 하나님의 역사의 흐름 안에서 순수하게 하나님과 가까이 있었던 삶은 더 이상 존재하지 않게 되었다. 왜냐하면 성서는 인류의 죄가 많아지면서 평균수명도 점차 줄어들었다고 서술하고 있기 때문이다. 인간수명의 한계는 신적인 회의로 설명되어진다. 이 회의는 인간의 죄와 관련되어 있다. 그러므로 만일 성서 내 높은 수명을 가졌던 자(아담, 아브라함, 모세 등)를 역사적으로 이해하려고 한다면, 이는 다만 신학적인 화법으로 귀속될 가능성이 있다. 그러므로 족장시대나 모세시대의 나이의 언급은 신학적 진술로 이해하는 것이 옳다.

둘째는 예언서에서 이해하는 나이에 대한 이해이다. 레위기 27장 1절-8절을 보면 보통의 사람은 60년을 사는 것을 알 수 있다; 70살은 시편 90장 10절에서 삶의 지속을 의미한다. 역대상 29장 28절을 보면 70세의 나이를 '아름다운 나이'로 본다. 80세는 '희귀(드묾)'으로 인간이 살 수 있는 삶의 최고점이다.

실제적으로 기대되는 노화는 삶의 단계와 노화발달의 확실한 평가 안에서 늙어감의 정리를 마무리하고 있다. Wolff는 언급되는 노화단계를 조직화시켜 인간의 인생을 3단계 또는 5단계로 나누어야 한다고 주장했다. 즉 어린이, 성인 그리고 노인 또는 어린이, 청소년, 청·장년, 노년 내지는 어린 소년, 청소년, 성인 남자와 여자, 노인 그리고 고령자로 나누는 것이다. 특별히 여기에서 주목해야 할 것은 노인 그룹이 한 번 더 세분화되어 구분되고 있다는 사실이다. 이러한 인간의 발달단계의 구분은 성서에서도 직업적 활동과 결부시켜서 이야기 되고 있다. 그 한 예로 Wolff가 지적하는 레위인의 봉사 나이를 들 수 있다. 민수기 4장 3절, 23절에서는 레위인의 사역은 30세에 시작하여 50세에 끝난다. 그 이후로는 인간의 능력의 가치가 현저하게 떨어진다고 본다. 이것은 그 당시의 일반적인 인간의 노동능력의 가치의 기준이 되는 나이가 몇 세인지를 보여주는 것이라 할 수 있다. 이러한 생각은 사회가 성장하고 성숙하여 완전히 책임적인 사랑을 원하지만 아직은 늙지 않은 관리자를 기대하는 것을 의미한다. 레위기 27장 1절-8절을 보면 서원예물의 값에 대해 서술하고 있는데 드리는 예물도 나이에 따라 차등을 두고 있다. 특별히 노동이 활발하게 이루어지는 시기와 그렇지 못한 시기에 드리는 예물의 값이 다르다. 노인의 노동능력에 대한 평가는 그들의 금전적 가치를 통해 나타난다. 이러한 사실은 인간에 대한 평가가 연령과 관계되어 나타나는 노동능력에 의존한다는 것을 알려준다. 그러므로 각 삶의 단계의 시간은 자신의 한계를 가진다. "각 사람은 살로 만들어졌으며 그와 함께 덧없다." "여호와께서 이르시되 나의 영이 영원히 사람과 함께 하지 아니하리니 이는 그들이 육신이 됨이라 그러나 그들의 날은 백이십 년이 되리라 하시니라"(창 6:3). 하지만 중요한 것은 당시 평균수명을 전제로 했을 때 은퇴가

50세라는 사실은 상당히 고무적인 일이다.

삶의 지속과 한계에 대해 설명함에 있어서 Blasberg-Kuhnke는 다음과 같은 질문을 던진다: "구약성서에서는 죽음의 실재를 어떻게 논의하고 있는가?" "구약성서는 '죽음 앞에 서 있는 노인'을 객관적이고 실재적으로 보았을 때 어떻게 표현하고 있는가?" 이 질문은 오늘날에도 여전히 유효한 질문이다. 늙어감은 미래에 있을 죽음을 기다리고 있는 본질적이고 일반적인 시간의 흐름이다. 그러므로 죽음을 미화하지도 억압하지도, 고통이 가득한 두려움의 기회로도 보지 않는다. 하지만 만일 죽음이 매우 확실히 그리고 매우 빈번하게 이루어진다면, 또는 인간의 평균 수명보다 일찍 죽음을 맞이하게 된다면, 이는 사람으로 하여금 두려움을 갖게 한다. 구약성서에서는 삶의 한계를 한탄하는 인간의 한 예로 늙은 야곱을 말한다. "야곱이 바로에게 아뢰되 내 나그네 길의 세월이 백삼십 년이나이다 내 나이가 얼마 못 되니 우리 조상의 나그네 길의 연조에 미치지 못하나 험악한 세월을 보내었나이다"(창 47:9). 그러나 노년에 가득히 채워진 삶으로 종결되는 죽음에서는 두려움의 의미를 전혀 찾을 수 없다.

성서적으로 죽음의 실재에 대한 논쟁은 다음과 같은 내용을 가진다. Füglister는 성서적인 죽음의 이해에 있어서 구약시대의 인간은 자신의 고유의 죽음의 받아들임을 가볍게 받아들이지 않았다고 강조한다. 개개인의 한정된 삶의 결과로서 나타나는 것이 아닌 한정되어 있지 않은 삶 가운데 나타나는 마지막을 의미하는 것이라고 본다. 즉 죽음이란 어느 날 갑자기 나타나는 것이 아닌 인생에 있어서 하나의 진행이다. 다른 말로 설명하자면, 삶 안에서 가장 최고봉에 우뚝 솟아있는 것이 바로 죽음이다. 인간의 노화현상은 죽음과 삶이 얽혀 있는 정거장이다. 죽음은 'brutum factum', 즉 '마지막을 의미하지만 그 마지막은 완성이 아닌 죽어감이다'로 이해된다. 이에 대해 Füglister는 좀 더 자세히 말한다. 죽어감은 구약성서적 견해 안에서 무관계와 외로움을 의미한다. 이것은 육체적인 죽음의 결과와 함께 나타나는 것일 뿐 아니라 노화 가운데 시작되는 것이다. 노화 안에서 나타나는 고독은 이스라엘의 기초를 형성하는 믿음에 있어서 위기를 가져온다: "하나님은 산 자와 살아 있는 자의 하나님이신데, 어떻게 늙은 자—죽어가는 자로서 죽음에 떨어질 자—와 함께 존재할 수 있는가?"

죽은 자는 기쁨 없는 어둠을 의미하며, 야훼로부터 그리고 다른 모든 관계로부터 멀어진 자이다. Scheol에 대한 표상은 인간으로 하여금 죽음을 하나의 불행으로 탄식하게 되는 귀결로 인도한다. 이로부터 해결 방안은 지혜로운 생각을 가지고 사람을 변화시키는데서 시작되어야 한다는 데에 있다. 인간은 죽지만 그의 후손들의 기억 속에 남아 계속적으로 산다는 생각의 전환을 가져야 한다. 그렇기 때문에 고령은 특별한 축복이다. 왜냐하면 후손이 추억할 수 있는 양이 많기 때문이다. 모든 고대 동양적 사상 안에 나타나는 견해를 살펴보면, 삶의 변화와 지속은 인과적인 관계 안에 서 있음을 알 수 있다. 그리고 이러한 견해는 신학적 모티브 안에서도 발견된다: 하나님 앞에 두려움을 가진 존재에게 고령의 삶은 두려움과 정의에 대한 보수이다.

"만수를 누렸으며 그 마지막은 충만하게 삶을 살다 죽었다." 이는 인간이 추구할 만한 가치가 있는 이상적인 모범이 된다. 아브라함(창 25:8), 이삭(창 35:29), 다윗(왕상 1 - 2, 대상 23:1)과 욥(욥 42:16f)에 대한 내용들을 살펴보면, 그들이 죽었을 때 '늙었고 그들의 삶을 충분히 누리다 죽었다'라는 말로서 그들의 죽음을 축복하고 있는 사실이 눈에 띈다.

Blasberg - Kuhnke의 견해에 의하면 구역성서에서 고령의 나이는 하나님 앞 두려움과 장수의 축복으로서 긍정적인 의미를 가지고 있다. 고령에 대한 긍정적인 인식은 후기 구약시대에서 점점 더 명확히 나타났다. 이는 인생의 완성이 필연적으로 수명의 숫자와 관계되어 있다는 것을 의미한다. 인생의 시간을 나타내는 숫자는 자신이 얼마만큼 하나님 앞에서 온전하게 살아왔는지를 알 수 있게 하는 하나의 징표가 된다. 이러한 이유로 노인에 대한 일반적인 존경은 어떤 것도 변하게 하지 않는다. 정의와 장수(長壽) 사이의 인과적인 관계에 대한 확신은 바빌론 포로기 이후의 내용에서 더욱 명확하게 찾을 수 있다. 여기에서는 이스라엘 공동체를 위한 가르침의 문이 열렸다. 하나님의 법에 대해 어떻게 순응해야 축복의 약속을 받을 수 있을 것인지 그리고 무엇이 하나님 앞에 불복종으로 나타나 저주, 협박을 받게 되는지를 알게 해 준다. 특별히 인간은 이러한 관계 안에서 다음과 같은 질문을 던질 수 있다: "개인의 죽음에 대한 이해가 삶과 노화에 대한 견해에 어떤 영향을 주는가?"

그러므로 노인과 관련된 윤리적인 지령은 개인적인 동시에 매우 공동체적인 자명함을 가진다. 노인에 대한 배려심과 경외심이 없거나 이를 경시하는 행동은 비인간적인 행위로서 사회를 무질서와 혼란으로 빠뜨릴 위험성이 있다고 보았다. 이사야 3장 5절을 보면, 야훼의 예루살렘과 유대에게 다가오는 심판을 예고함에 있어서 심판의 원인 중 하나가 노인에 대한 불공경이다: 나라가 힘이 없고 타국에게 자주권을 빼앗긴 이유 가운데 노인과의 관계를 연관시킨다. 그러므로 노인에 대한 존경과 경외의 미덕은 윤리적인 태도를 긍정적으로 분명하게 제시할 뿐만 아니라 사회적 미덕으로서 공동체적 안정성에 기여하게 만든다. 이러한 생각이 이스라엘의 노예시절 노인의 지도자로서의 위치를 인정하고 따른 것에도 영향을 미쳤던 것이 사실이다.

우선 포로기 이후 나온 문학은 경외의 사회적 미덕을 반복적으로 신중하게 요구한다. 예를 들어 소위 '불가침법 또는 신성법'(레 17-26)을 보면 다음과 같은 언명들이 나타난다. "너는 센 머리 앞에서 일어서고 노인의 얼굴을 공경하며 네 하나님을 경외하라 나는 여호와이니라"(레 19:32). 출애굽기(출 20:12, 21:15-17)에서는 부모에 대한 공경을 나타내고 있다: "네 부모를 공경하라 그리하면 네 하나님 여호와가 네게 준 땅에서 네 생명이 길리라"(출 20:12). "자기 아버지나 어머니를 치는 자는 반드시 죽일지니라 […] 자기의 아버지나 어머니를 저주하는 자는 반드시 죽일지니라"(출 21:15-17).

노인에 대해 공경과 경외의 의미에 대한 인상 깊은 증거는 바로 십계명 가운데 부모 공경에 관한 계명에서 찾을 수 있다. 부모 공경에 관한 계명은 사회복지적인 명령에 속한다. 이 외에도 안식일과 관련된 계명을 들 수 있다. 그 안에서 하나의 흥미 있는 관찰을 할 수 있다. "부모계명은 […] 아이에게 적용되는 것이다. 이는 patria potestas[36]의 감독 하에 있지 않고 성인 스스로 patria potestas을 수행하고, 늙어가는 부모에 대한 책임 있는 공경심과 경외심을 가지는 마음가짐을 지니는 것이다"(Joss－Dubach, 1987) 이에 대해 Blasberg－Kuhnke는 다음과 같은 내용 역시 주시한다. 먼저 부모 공경에 대한 계명은 사회적－윤리적 요구로 이해할 수 있다. 이 계명은 늙어가고 있는 부모를 위해 물질적 돌봄과 동시에 경제적인 보증을 확실하게 만들어준다. 당시에는 당연히 사회적 연금보호제도가 없던 시기였다. 그렇기 때문에 노인의 생계유지에 대한 실제적인 문제에 대해 부모공경이라는 계명을 만들어 직업전선에서 물러난 노인에 대한 가족 안에서의 구체적인 보장을 약속했다. 그렇기 때문에 Conrad의 견해에 의하면 가정에 대한 계명은 인간의 삶의 기본구조를 위해서 나온 것이라 볼 수 있다. 이러한 관점에서 볼 때 노인은 종교적으로 중요한 의무의 대상이다. 이 의무는 가족에게 중요한 무게를 부여한다. 노부모와 늙은 사람들을 위한 이러한 생각은 이스라엘의 세계 안에서 전반적으로 발견된다. 랍비명령 안에도 부모계명을 찾을 수 있다[37]: "너희의 부모를 음식과 마실 것과 깨끗한 옷으로 공경하라."

우선 부모공경에 대한 계명의 해석은 그들의 사회적인 측면과 관

---

36) '아버지의 권능'이라는 의미이다.
37) 랍비는 부모계명이 모든 계명 가운데 상당히 어려운 계명이라고 여긴다.

련하여 두드러지게 나타난다. 즉 노인을 공경하라는 것은 그들이 가지는 지혜로운 배경 속에서 해석되어져야 한다. 노부모는 삶의 경험을 그의 자녀에게 전승한다. 이때 삶의 경험은 이전에 자신도 전승받았던 것으로서 이에 자신의 경험을 덧붙인 것이다. 그러므로 전달되는 경험은 삶을 계속적으로 영위해 감에 있어서 매우 중요한 것이다. 이러한 이유에 근거하여 노인은 삶의 전달자이자 소유자이다. 그들의 모습은 그들의 자녀에게 있어 삶의 극복과 성취의 모델로서 전달되어진다. 부모는 종교적 지식과 비종교(세속적)적인 지식의 자연스런 전달자이다. 이는 후세에 대한 선생으로서 그들은 이스라엘의 전통적 연속 안에 연관되어진다. 그러므로 젊은이는 노인을 경외해야 할 개연성이 생긴다. 그들은 실천해야 할 모범적인 삶의 모델로서 노인을 인정한다. 이러한 인정 안에서 그들의 노부모는 다시 자신의 삶의 공간을 열게 된다: 이와 같은 삶의 공동체는 공동체의 삶의 설계와 일치한다. 그 가운데 야훼가 있다. 노인에 대한 실재적인 경외는 그와 함께 하나의 신학적인 위엄을 가진다. 이때 위엄은 늙은 세대의 기능이 문화전달자로서 완전히 인정될 때 나타나는 것이다.

인간은 구약성서에서 나타나는 지혜와 성숙을 노인의 특징과 기능으로 여겼다. 이것은 늙은 이스라엘인에게는 하나의 확실한 관행이 되었다. 그의 조언과 지혜는 공적으로 공동체 안에 영향을 준다. 예를 들어 장로기관이 그것이다. 여기에서 노인은 공적으로 연설을 할 수 있었으며 그 안에서 사회적인 일을 결정할 수 있는 권리를 위임받았다. "어디로부터 노인의 지혜는 유래되었는가"라는 질문은 인생경로와 관련해 대답할 수 있다: "백발은 영화의 면류관이라 공의로운 길에서 얻으리라"(잠 16:31). "[…] 노인이 조언을 한다는 것이 얼마나 아름다운가 지혜와 신중함 그리고 조언을 통해 노년에 존경을 받음이 얼마나 아름다운가 만일 자신의 삶 가운데 많은 경험을 하게 된다면, 만일 그가 하나님을 두려워한다면, 그것들은 후에 노년에 주어지는 왕관이 될 것이며, 영광이 될 것이다"(락 25:6-8). 노인의 지혜는 청년의 경솔한 행동과 무경험과 대조를 이룬다. 또한 특별히 열왕기상 12장 1절-19절, 3장 2절-15절, 11장 1절-8절, 욥기 12장 12절을 보면 잘 알 수 있다. 이 중 북이스라엘의 열부족의 배반에 대한 이야기를 생각해 보자. 이스라엘 왕국이 분열된 원인 가운데 하나는 르호보암이 노인의 지혜의 가르침으로부터 귀를 막았던 데에 있었다. 이 외에도 예언서, 즉 지혜문서 즉 사무엘상 1장-2장, 사무엘하 19장 32절-41절, 예레미아 1장 6절 이하, 욥기 32장 1절-22절을 보면 노인의 지혜로움에 대해 설명하고 있다. 구약성서에서는 대부분 젊은이보다 늙은이가 지혜롭다고 여기고 신뢰한다. 노년의 지혜를 높게 평가하고 있다는 것이다. 이것은 성공적인 노년, 고결과 정직 또는 성숙과 완성으로 표현되어진다.

Blasberg-Kuhnke는 오늘날 노년에 대한 질문과 관련하여 성서적 노인상의 의미를 시편 71편 안에서 찾을 수 있다고 말한다. 노인을 통해 자신의 곤경과 괴로움을 볼 수 있다는 것이다. 그리고 이는 확고한 신뢰로 나타나 자신을 하나님 앞에 서게 하는 데에 큰 힘이 된다고 본다. 즉 '어머니의 자궁 때부터 자신의 보호자로서 계신 하나님은 그를 몰락하게 하지 않는다'(6절)는 확신을 가지게 된다는 것이다. 더 나아가 시편 71편은 기도하는 자의 종교적 일생의 의미를 다음과 같은 내용의 전제로서 증명한다. 기도하는 자는 노년(9절, 18절)과 죽음의 위험(20절) 가운데서 한탄하고 도움을 청하고, 자신의 하나님에게로 돌아서서 감사하고 찬양하는 모습에서 찾을 수 있다. 하나님에 대한 찬양은 노인의 삶을―시편 71편에서 기도하고 노래했듯이―완성시킨다. 이 찬양은 이스라엘의 찬양가로부터 유래한 것이다. 이 찬양가는 인간의 삶의 시간동안 하나님의 행하심을 찬양하고 그와 함께 공동체의 시편 전통에 따른 분배에 관여시킨다. 이 외에도 시편에는 오늘날 노인을 존경하는 기도를 남기고 있다. 시편기자는 노년에 힘의 쇠약해지는 것뿐만 아니라 적으로부터의 박해에 대해 탄식한다(10절f). 그러나 이는 결코 비가(悲歌)가 아니다. 더 정확히 말하자면 노인의 탄식의 시는 여러 가지 관점에서 볼 때 하나의 건설적이고 유익한 기도이다. 왜냐하면 노인은 자신의 힘의 쇠약과 적으로부터의 박해 가운데에서 야훼의 도움을 간절하게 간청하는 중요한 역할을 하고 있기 때문이다. 이외에도 노인의 중요 기능이 기독교 전통에 있어서 젊은 세대에게 믿음의 삶의 역사를 전달함에 있다는 사실은 시편 71편에서 효과적으로 가르치고 있다. 하나님과 함께 하는 삶, 하나님 앞에서의 역사로서 받은 삶은 노인으로 하여금 자신의 삶의 경험을 전승시키라고 촉구한다. "하나님이여 내가 늙어 백발이 될 때에도 나를 버리지 마시며 내가 주의 힘을 후대에 전하고 주의 능력을 장래의 모든 사람에게 전하기까지 나를 버리지 마소서"(시 71:18f).

노인에 대한 구약 성서적 견해는 종합적으로 정리하자면 다음과 같다. 구약성서는 역사적이고 사회적인 상이한 관점과 배려 안에서 노인과 관련된 총체적인 문제에 대한 극복에 관심을 가지고 있다. 왜냐하면 구약성서적 전통은 노인부양, 은퇴 입문, 늙고 병든 노인에 대한 적대감, 가까워진 죽음과 개인적 유한성과 관련된 의미에 대한 질문과 인생의 짧음에 대한 탄식 등의 실재적인 문제를 깨닫게 하기 때문이다. 그렇기 때문에 오늘날의 상황과 비교하여 성서적 노인상의 대립과 대조는 매우 흥미롭게 바라보아야 한 문제이다. 연령의 위계질서에 대한 사회의 이해는 '무(無)역할' 또는 '역할 없는 역할'로서 노인의 문제를 인식하고 있다. 이는 현재 사회에서 노인에게 결핍된 역할반목의 배경에서 하나의 사회 구성의 질서—이것은 그들의 노인을 위한 확고한 역할을 기대 할 수 있게 만든다—를 위한 부가적 추진력과 자극력으로 활동한다. 그리고 개인에게는 노인에 대한 절대적인 사회구조의 양자택일에 대해 질문한다. 더 나아가 이스라엘 백성의 믿음의 역사에 대한 전승자와 삶의 지식의 전달자로서 노인을 평가하는 지혜문학과 함께 노인에 대한 요구와 기대, 지혜, 성숙과 고결과 완전을 다만 개인적 덕으로서 실재화시키는 것을 거부한다. 오히려 노인은 공공연하게 다시 자신의 과제를 인지한다.

여기저기에서 사회적으로 인정받는 그들의 특별한 경험을 전달하는 자리를 찾은 노인과 마주하여 젊은이의 경외의 새로운 형태를 위한 특징이다. 이에 대해 비판적인 지혜와 관련된 텍스트는 주의 깊게 바라보아야 할 사항이다. 각 연령은 자신의 고유의 가능성과 한계를 가질 뿐만 아니라 노인이 젊은이에게 있어서 재능이 고려되어야 한다. 더군다나 노인과 관련된 임무—세월의 연륜이 묻어나는 지식은 다음 세상을 이을 젊은 세대에게 전승하는 것—는 오늘날 사회적으로 제도화된 교육기관(유치원부터 대학까지)을 통해 완전히 대체되었다. 이에 대해 기독교 전통에 있어서 노인의 중요한 역할은 젊은 세대에게 그들의 삶의 경험과 믿음의 역사의 전달을 통해 나타났다. 시편 71편은 이에 대해 효과적으로 주의 깊게 만든다. 하나님과 함께 그리고 하나님 앞에 서 있는 역사를 받아들이는 삶은 노인으로 하여금 자신의 삶의 경험을 전승시키라고 촉구한다. "하나님이여 나를 어려서부터 교훈하셨으므로 내가 지금까지 주의 기이한 일들을 전하였나이다 하나님이여 내가 늙어 백발이 될 때에도 나를 버리지 마시며 내가 주의 힘을 후대에 전하고 주의 능력을 장래의 모든 사람에게 전하기까지 나를 버리지 마소서 하나님이여 주의 공의가 또한 지극히 높으시나이다 하나님이여 주께서 큰 일을 행하셨사오니 누가 주와 같으리이까 우리에게 여러 가지 심한 고난을 보이신 주께서 우리를 다시 살리시며 땅 깊은 곳에서 다시 이끌어 올리시리이다 나를 더욱 창대하게 하시고 돌이키사 나를 위로하소서"(시 71:17f).

시편 71편은 그 이상의 관점을 열었다. 최근 노인의 심리적인 상황을 위해 인용되는 시편의 내용과 관점은 지금도 여전히 중요하다. 인생행로의 의미와 자신의 노화 극복을 위한 노인의 종교적 인생의 기록은 거의 강제적으로 설명되지 않는다. 노년의 종교심은 시편 71편에서 자신의 모든 삶을 하나님 앞의 삶으로 받아들이고 노년의 삶의 육체적인 어려움 안에서 탄식하며 이를 자신의 하나님에게 돌아서는 징표로서 받아들인다. 그리고 이는 인생행로 안의 다른 경험들을 기억하게 한다. 그러나 여기에서 중요한 것은 불변하는 삶을 받아들이는 데에 있다. 이러한 인간적이고 종교적인 성숙과 완성은 사회적인 어려움, 즉 노인에게 대가로 요구되어지는 어려움에 대항할 수 있도록 용기를 북돋는다. 노인은 하나님으로부터 미래를 기대한다. 이 미래는 그를 위해 가까워진 죽음에 직면하여, 죽음으로부터 구원의 희망 안에 놓이게 한다.

충분히 오래 살고 만족할만한 삶을 누린 후에 나타나는 죽고 싶다는 소원은 '자연적 죽음'에 대한 토론의 상이한 표현과의 장(Feld)과 만나는 것을 허락한다: 그리고 이를 통해 인간은 노년에 맞이할 죽음을 완성된 삶으로 이끄는 것으로 동의한다. 죽음은 완전한 끝이 아닌 하나님 안에서 이루어지는 완성에 대한 희망으로 이해될 수 있다. 그리고 이를 통해 기독교인은 충만히 살고 싶다는 소원을 얻기 위해 노력하게 될 것이다. 그로부터 인간은 인간의 전체의 삶에 대한 권리—인간다운 노년—를 가지게 될 것이다.

1.2. 신약성서에서 바라보는 노인

노인에 대한 구약 성서적 견해는 노화에 대한 다양한 견해에 대해 하나의 자주적이고 신학적인 성찰을 허락한다. 이 견해는 노인학, 특별히 노인사회학 그리고 노인정신학으로부터 나온 것으로 이해된다. 구약성서가 노인에 대해 많은 관심을 가졌음에 반해 신약성서는 그렇지가 못하다. 신약성서에서 노인에 대해 매우 적은 진술을 하고 있다. 그럼에도 불구하고 만일 노인이 스스로 신약성서의 선포에서 비중 있는 관심을 가지게 된다면, 주목할 만한 가치를 가지게 된다. 신약성서 안에서는 노인을 γερων:고령의 노인—자식을 더 이상 낳을 수 없다(요 3:4)—, γηραζ: 고령자(눅 1:36), 그리고 πρεσβυτηζ: 고령의 노인(눅 1:18)—어떤 능력도 증명할 수 없다—, ἡλικία: 노령자, 성숙한 노인 등으로 이해한다.

실제로 신약성서는—특히 사복음서 안에서—노인에 대해 어떠한 역할도 논의하지 않았다. 단지 예수 그리스도만이 노인에 대해 말씀하고 있을 뿐이다. 특별히 누가복음에 나타나는 예수 그리스도의 어린 시절에 대한 내용을 보면, 노인이 종교적 주체로서 나타나고 있다. 바로 사가랴, 엘리사벳, 시몬 그리고 한나가 대표적인 예로서, 사복음서 안에서 유일하게 거론되어지는 노인들이다. 그들은 어린 예수와 세례요한(예수보다 먼저 온 자)과의 관계 안에서 이야기된다. 그렇다면 예수의 어린 시절에 나오는 네 명의 노인들은 어떤 의미를 가지고 있을까? 그들에게 부여되는 특징은 성숙한 인간의 믿음을 표명하는 관점 아래에서 통합된다. 사가랴와 엘리사벳, 시몬과 한나는 이스라엘의 믿음의 전통 안에서 자라왔고 다윗의 가문으로부터 나오는 이스라엘의 약속된 구원자에 대한 기다림의 긴장감 안에서 늙어간 사람들이다. 그리고 그들은 마침내 성령의 역사를 위한 메시야의 출생, 그의 어린 시절을 곁에서 지켜보는 증인이 되었다. 그들은 어린 예수를 이스라엘의 구원자이자 세상의 구원자로 인식했다.

그렇다면 왜 다른 사람도 아니고 사가랴와 시몬이라는 노인이 예수 그리스도를 세상에서 처음 맞이하게 되었을까? 그들은 하나님에 대한 찬양과 구원의 시작을 위해 찬양하는 두 노래를 스스로 드린 자들이다. 특별히 시몬은 명확히 기다리는 자로 표현된다. 그는 이스라엘의 위로를 희망했으며, 사가랴는 다윗의 가문에서 나온 메시야로서 구원자를 보내주심에 하나님을 찬양했다. 어느 누가 이 두 노인보다 기다림과 희망의 긴장을 더 잘 표현할 수 있을까? 신학적인 견해에서 보았을 때 다윗의 자손으로부터 메시야가 나온다는 약속의 완성은 이스라엘에게 공공연하게 약속되어왔던 것이 사실이다. 오랜 시간의 끝 그리고 구원의 시간의 갑작스러운 돌출은 더욱 더 이성적으로 나타났다. 특별히 메시야의 오심은 시몬과 한나의 기다림을 매우 중요한 행위로 이해하고 있다. 그들은 여러 가지 면에서 공통점을 가진 자들이다. 이 두 사람은 예루살렘에 살았고 정의롭고 하나님을 두려워하는 사람들이다. 또한 확고한 희망 가운데 이스라엘의 위로와 구원을 가져올 메시야를 기다렸다. 그리고 그들은 자신의 모든 삶을 다해 하나님을 섬겼다. 시몬과 한나는 과거에 머물러

살지도, 메어있지도 않았다. 그와 반대로 그들의 삶은 이스라엘의 희망의 빛 가운데 서 있었다. 그들은 예수 그리스도를 만났고 그를 이스라엘을 위해 그리고 이 세상을 위해 약속된 구세주로 고백했다.

희망하는 자이며 기다리는 자로 표현된 시몬은 스스로를 '하나님의 종'이라고 고백했다. 시몬은 자신 안에 잠재되어 있는 영적인 힘으로 인해 하나님의 아들을 만나기 전에는 죽지 못할 운명을 가졌다. 그러나 그는 언제든지 자신의 죽음을 받아들일 준비가 되어 있었다. 그리고 자신의 삶의 의미가 메시아를 기다리는 것에 있으며 바로 그때 자신의 삶이 완성된다는 사실도 알고 있었다. 그러므로 '자신의 팔에 안겨 있는 아이가 기다리던 메시야이시다'라는 그의 고백은 자신의 예언자적 재능과 연륜을 통해 나타난 것이다. 한나와 관련된 내용을 살펴본다면, 그녀의 찬미가를 들 수 있다. 내용적으로 묘사할 수는 없지만, 그녀의 나이로부터 나오는 권위와 예언자적 재능을 찾을 수 있다. 한나와 시몬, 이 두 사람은 자신의 오랜 믿음을 바탕으로 새로운 것을 인지하고 자신의 기다림의 완성을 받아들일 수 있다는 준비가 되어 있는 자들이었다. 그들은 기도하는 사람들, 알려진 사람들, 희망을 가진 사람들, 열려진 사람들, 완성된 사람들 그리고 찬미하는 사람들로 이해된다. 두 노인은 완성되고 충족된 인간 존재로서 성숙된 믿음을 그 안에 가지고 있었다. 그러므로 시몬과 한나의 모습은 믿는 자의 이상향으로 명백하게 그려진다. 노인의 고백에서 "공동체를 위한 계시적 사건은 […] 말씀으로서 강화된다. 이로 인해 고백과 믿음의 결정체가 나타난다"는 사실이 명확해진다.

　마가복음과 누가복음에서 노인과 관련된 확실한 구절은 매우 적게 발견된다. 그 구절도 일찍 남편이 죽어 아이를 갖지 못한 과부에 관한 내용이 대부분이다. 과부는 마가복음과 누가복음과 같은 공관복음서의 저자가 특별히 관심을 가지던 자들이다: 예수 시대의 과부는 사회적으로 불이익을 당하던 그룹이었다. 그렇다면 과부는 당시에 어떤 어려운 상황에 처해있었을까? 그들은 사회로부터 버림받았으며 경제적으로 풍요롭지 못한 사람들이 대부분이었다. 그들의 어려운 상황은 우선 물질적인 면에 있다. 그러나 경제적인 불편함 속에서도 그들은 자신의 목소리를 내세우는 데에 주저하지 않았다. 이에 대한 예로서 먼저 '과부의 재판 이야기'를 살펴보자. 전혀 부유하지 못한 한 과부가 그녀의 피고인과 마주하여 자신의 권리를 제대로 주장하지 못했다. 그녀는 자신의 억울함을 재판관에게 토로하였다. 하지만 재판관은 그녀의 소송을 주저하며 늦췄다. 왜냐하면 그는 과부의 피고인이 힘과 권력을 가진 자이기 때문에 심판을 내리는 것을 원하지 않았기 때문이다. 이는 매우 잘못된 태도였다. 구약과 초기 유대주의 안에서 나타나는 일반적인 법정에서는 약한 자의 권리를 찾도록 도와주고 그들을 억압하지 않았다. 그러나 이 과부는 올바른 정의가 실현되지 못하고 있는 상황 가운데 서 있었다. 그러나 피해자인 과부는 그녀의 물질적이고 법적인 어려움에도 불구하고 용기 있고 믿음 있는 여성으로 나타났다. 그녀는 끊임없이 부딪혔고 결국 원하던 것을 성취하게 되었다. 또 다른 예로서 과부는 고집 있는 기도자의 모범(눅 18:1ff)으로서 묘사되기도 한다. 그녀는 하나님의 보살핌 가운데 온전한 믿음(눅 21:1ff)을 가진 자로 표현된다. 과부는 물질적인 가난과 사회적으로 소외되어 있는 위치에 상응하여 나타나는 겸손을 가지고 있다. 그로 인해 그녀는 예수 그리스도의 사랑, 관심, 애정에 속한 자가 되었다. '과부의 예물드림'의 구절 안에서 그려지는 여인 또한 작고 연약한 자였다. 그러나 이 작고 연약한 자는 비록 경제적으로는 적게 소유했을지는 몰라도 자신의 믿음을 위해 모범적으로 행동하고 있다. 예수 그리스도는 과부에 대해 특별한 방법 안에서 관심을 기울이고 그녀의 믿음을 하나의 본보기로 내세워 공동체 안에 두었다. 이러한 예수 그리스도의 사랑은 노인을 향한 기독교 공동체의 책임적인 행동 안에서 과부를 향해 확대된 것이라고 볼 수 있다. 이것은 매우 주목할 만하다. 왜냐하면 이는 과부된 노인에 대한 공동체 안의 실제적인 통합에 영향을 주었으며, 초기 기독교 공동체 안에 과부의 기관을 만드는 데에 기초가 되었기 때문이다.

구체적으로 목회서신, 특별히 디모데전서의 과부법규를 통해 노인을 어떻게 경외하고 있는지를 발견할 수 있다(딤전 5:17).[38] 노인에 대한 젊은 공동체 구성원의 돌봄을 하나님과 이웃에 대한 섬김과 봉사와 연결시켜 이 모든 것에 대해 모든 기독교인이 부름을 받았고 의무를 가지고 있다고 강조한다: 그러므로 기독교 공동체는 그

---

38) 이는 특별히 공동체의 지도자 디모데가 당시 비교적 젊은 나이에도 불구하고 다양한 연령 계층을 하나의 가족 구성원으로서 다루도록 지도했던 것에 근거한다.

들의 노인구성원을 위한 보살핌에 대한 의무를 가졌다. 이 의무는 노인구성원의 고난, 슬픔 내지는 물질적인 궁핍에 대한 돌봄을 가리킨다. 그러나 초기 기독교 공동체는 노인그룹을 공동체적 불이익을 당하는 그룹으로 간주하고 돌봐야 하는 존재로서만 본 것뿐만이 아니라 과부관청 등을 통해 하나의 사회적으로 인정받을 수 있는 존재로 보았다.

나이 많은 과부가 공동체 내 구제사업의 주체로서 설 수 있도록 도와주기 위해서는 구체적으로 어떻게 해야 할까? 첫째, 오랜 삶을 통해 축적된 경험을 통해 타인에게 필요한 존재이자 환영받는 존재로서의 자리를 찾도록 하는 것이다. 둘째, 어떻게 하면 그들의 삶의 상황 안에서 도움과 안전을 제공할 수 있을지에 대해 고민하는 것이다. 이때 도움과 안전의 제공은 단지 주는 것에서 멈추는 것이 아니라 이를 통해 공동체 안에서 적극적으로 활동하는 사람으로 격려하는 것 역시 이루어져야 한다. 공동체의 봉사는 과부에게 본질적인 부양을 보증할 뿐 아니라 관계와 교제를 주선하게 된다. 사회적 인정도 마찬가지이다. 과부기관은 노인의 공동체 안의 성공적인 참여에 대한 한 예라고 볼 수 있다.

과부에게 주어진 일들은 다음과 같다. 홀로 사는 60세 이상 과부(딤전 5:9f)는 공동체 안에서 임무, 중보기도 그리고 구제사업의 봉사를 위임받는다. 그 한 예로서 이전의 자식을 키웠던 경험, 집안일 그리고 공동체적 삶 안에서 다른 사람과 함께하는 공동체적 봉사를 위임받게 된다. 좀 더 정확하게 말하자면 과부는 자신과 한 집에서 살고 있는 자녀의 손자녀를 돌보는 일을 담당한다. 또한 오랜 세월을 통해 축적된 삶의 경험은 공동체 내에 교사로서 활동 할 수 있게 한다(딤전 5:9f). 이는 하나의 모범적인 활동형태로서 과부가 타인의 자선을 받지 않고 스스로 가치 있는 만족할만한 존재로서 인정받고 있다는 사실은 오늘날까지 영향을 주어야 할 사고이다. 교회는 대부분의 다른 사회적인 공동체들보다 장점을 가지고 있다. 왜냐하면 교회는 그들의 형제, 자매가 늙었든지 젊든지 '예수 그리스도의 사랑'을 함께 공유하는 공동체 안에서 함께 생활하도록 연합되어 있기 때문이다: 이를 통해 교회 안에서 젊은이, 장년 그리고 노인은 서로 상호적으로 조화를 이루어 살게 된다. 물론 가족관계와 흡사하지는 않지만 젊은 구성원과 늙은 구성원 사이에 서로를 인정하고 이해하는 교제를 통해 인간적인 상황과 조건을 조성된다.

이제 노인은 공동체적 부름을 받았고 위임을 받았다. 그러므로 그들은 예수 그리스도의 영향을 그들의 구성원에게 확장시켜야 한다. 왜냐하면 하나님은 다음과 같은 분이시기 때문이다. "하나님은 모든 사람이 구원을 받으며 진리를 아는 데에 이르기를 원하시느니라 하나님은 한 분이시요 또 하나님과 사람 사이에 중보자도 한 분이시니 곧 사람이신 그리스도 예수라 그가 모든 사람을 위하여 자기를 대속물로 주셨으니 기약이 이르러 주신 증거니라"(딤전 2:4-6). 노인에 대한 공동체의 의무는 특히 인류학적인 정확성과 확실함에 기인한다. 이는 시편의 말씀 안에서 표현되어진 것에 기인한다: "우리의 연수가 칠십이요 강건하면 팔십이라도 그 연수의 자랑은 수고와 슬픔뿐이요

신속히 가니 우리가 날아가나이다"(시 90:10). 이 인류학적인 정확성과 확실함은 하나님 안에서 죽고 다시 구원받은 자로서 종말론적인 희망을 향해 서 있는 노년의 기독교인을 가리킨다: "또 내가 들의 하늘에서 음성이 나서 이르되 기록하라 지금 이후로 주 안에서 죽는 자들은 복이 있도다 하시매 성령이 이르시되 그러하다 그들이 수고를 그치고 쉬리니 이는 그들의 행한 일이 따름이라 하시더라"(계 14:13). 신약성서의 윤리적인 기본원리를 이끌어가는 공동체—이웃사랑에 대한 계명으로 요약된다—는 예수 그리스도의 구속의 사건에 기초하고 있다. 도덕적인 기본 원칙들은 일반적으로 노인의 상황에 대해 서술하고 원칙에 있어 어느 정도 무게가 있는 관계를 가진다: "믿음이 강한 우리는 마땅히 믿음이 약한 자의 약점을 담당하고 자기를 기쁘게 하지 아니할 것이라"(롬 15:1) "형제들아 너희를 권면하노니 게으른 자들을 권계하며 마음이 약한 자들을 격려하고 힘이 없는 자들을 붙들어 주며 모든 사람에게 오래 참으라"(살전 5:14).

작고 약한 자에 대한 예수 그리스도의 특별한 사랑은 오늘날 기독교인의 타인에 대한 견해와 관점에 대한 스스로의 태도의 변화에—노인에 관계해서—영향을 준다. 만일 예수 그리스도의 태도에 대해 변화되는 공동체적 맥락과 전후관계 안에 일치되도록 번역되는 것이 성공한다면, 하나님의 인간 사랑에 대한 예수 그리스도의 선포에 대한 새로운 해석의 성공적인 시도가 이루어진다. 이는 바로 무엇인가가 필요한 약한 자로서 여겨지는 노인에 대한 질문에 대해 숙고하는 시간을 가지게 한다.

6.

노년에 나타나는 믿음의 상황

직장으로부터의 은퇴로 가지게 되는 자유와 가정에 대한 부양 의무로부터의 해방으로 가지게 되는 시간은 인간에게 인생의 다양하고 새로운 가능성을 제시해주고 있다. 특별히 노년기에 들어서게 되면 이전에 가질 수 없었던 많은 개인적인 시간이 생기기 때문에 스스로에게 많은 질문을 던지게 된다. 이 시간은 그 어느 때보다 기독교인에게 있어서는 믿음에 대해 좀 더 집중적으로 전념할 수 있는 기회라고 생각할 수 있다. 또한 노년에 들어간 사람은 교회 안에서 새로운 과제와 책임을 받게 되고, 교제 안에서의 함께 어우러짐과 활동을 통한 기회들을 더 많이 가지게 된다.

6.1. 노인 안에 나타나는 기독교적 종교성

수천 년 전 신석기 무덤 안에서 발견된 부장품(副葬品)을 살펴보면, 당시에도 인간은 종교적인 습성을 가지고 있었다는 사실을 알 수 있다. 이는 죽음에 대해 어떤 특별한 관계를 가지고 있는지를 알 수 있으며 필시 인간의 영혼에 있어서 죽음 이후의 '계속적인 삶'에 대한 표상은 그것이 긍정적이든지 부정적이든지 믿고 의지했음이 분명하다. 이 경우를 살펴보면 '죽음'과 '죽은 자'의 관계가 늘 질문되고 답을 구하는 노력이 있었음이 드러난다. '죽음에 대한 두려움'은 인간의 매우 자연적인 반응이다. 왜냐하면 '인생의 끝' 또는 '인생의 마지막'이라는 문장은 인간의 현재에 잠재적으로 영향을 줌에 있어서 대부분 파멸과 몰락을 의미했던 것이 사실이기 때문이다. 예를 들어 부모의 죽음에 대한 경험을 통해 또는 가까운 친척의 죽음을 통해 경험하는 현실에 대한 직시는 인간의 기억 안에 죽음을 두려움의 존재로 확고하게 자리매김을 하도록 돕고 있다. 이러한 경험들에 직면하여 인간은 자신의 인생에 대해 다음과 질문을 하게 된다: "인생이 본래적으로 가지고 있는 의미는 어떤 것일까?" 또는 "나의 인생은 지금 어떤 의미를 가지고 있는가?"

여기에서 주목해야 할 것은 인간이 죽음에 대해 질문만을 던지는 것이 아니라 스스로 그 대답을 찾으려 노력한다는 사실에 있다. 특별히 인간 스스로 자연스럽게 경험하고 있는 영적이고 초월적인 영역 안에서, 더 나아가 신들의 영역 안에서 답을 찾으려고 노력한다.39) 그러므로 필자는 다음과 같이 말한다: "종교는 인간의 삶의 마지막에 대해 묻는 질문에 대한 대답이다."

인간은 가장 극한 상황에 처했을 때 제일 먼저 종교를 찾는다. 왜냐하면 인간은 어려운 삶의 부담에 있어서 자신의 고독, 의심 그리고 절망을 과연 극복하기를 원하기 때문이다. 이에 대한 이해를 돕기 위해 두 가지 대화를 예로 설명하고자 한다 :

"나는 하나님을 믿는다. 왜냐하면 나는 무엇인가를 믿는다는 이 믿음을 통해서 행복해지기 때문이다. 만일 내가 하나님에 대한 믿음이 없었다면 불행했을 것이다."

---

39) 이러한 질문은 이미 욥기와 시편에서 그리고 신약성서에서 종종 발견된다.

"나는 하나님에 대한 확고한 믿음을 가지고 있다. 나는 나의 과거 속에서 하나님의 손을 잡고 그의 인도하심을 따랐다. 그의 인도하심이 내 안에 명확히 나타나고, 보여졌다. 만일 사람이 후에 자신의 걸어왔던 인생여정을 되돌아보게 된다면 이것은 더욱 더 명확하게 나타날 것이다. […] 이러한 이유로 인간은 신을 믿는다. 여기에서 신은 우리에게 스스로 계시하시는 분이시다. 이 계시는 자각하고 있는 의식, 사고, 사상을 통해서 나타나는 것이라고 보기보다는, 무엇보다도 잠재의식 안에서 이루어지고 나타나는 것이라고 보아야 한다. 이러한 자각과 잠재의식은 여러 가지 상이한 시간과 만족을 통해 달라지는 것뿐 만 아니라 같은 사람이라도 자신의 삶의 상이한 시간 가운데 달라지기도 한다. 인간의 잠재의식과 의식 사이의 조화는 나이를 먹을수록 더 잘 이루어진다. 왜냐하면 이것은 나의 감각과 관련된 회의적인 성향에도 불구하고 여러 다른 사람의 예수 그리스도에 대한 열정을 내가 인지하게 되고 그것을 통해 내 자신의 결단을 느끼게 되면서 나타나기 때문이다. 그것은 하나님에 대한 확고한 믿음을 통해 깨닫게 되는 예수 그리스도의 구속함을 의미하는 것이다. 그리고 이를 통해 개인적으로 인지되어온 진실한 나 자신이 누구인지를 알게 되고 이와 더불어 자아인식과 자아실현으로 스스로를 이끌게 된다. […]"

그런데 죽음에 대한 질문은 특히 노인에게 있어 더 빈번하게 나타난다. 왜냐하면 인간이 늙으면 늙을수록 자신이 죽음에 가까워지고 있다는 사실을 더 잘 느끼게 되기 때문이다. 그리고 노인은 그 해답을 찾아감에 있어서 자신의 깊은 신앙의 이해를 바탕으로 "인간은 전능하신 하나님의 창조적인 힘 가운데 자신의 존재의 의미와 그에 상응하는 대답을 찾을 수 있다”라는 것에 대해 수긍하게 된다. “믿음은 노인에게 있어서 피할 수 없는 현실적 실재의 이해에 대한 가장 기본적으로 중요한 조건이며, 존재하는 하나의 개연적인 경험이다”(Schilling, 1997). 기독교인은 스스로 가까워진 죽음의 실재를 직면하게 될 때 이를 즐겁게 받아들인다. 그 이유는 영생에 대한 기대가 있기 때문이다. 여기에서 죽음에 대한 실재는 죽음으로부터의 구원에 대한 기독교적 희망과 각 개인의 현재적 삶의 완성을 통해 나타난다. 이러한 인간의 죽음에 대한 종교적 시인은 노인에게 있어서는 ‘영적 시인’이라고 부른다. 영적인 시인은 ‘이생의 마지막 단계의 가능성과 이에 상응하는 요구를 믿음으로 받아들인다’는 것에 대한 구체적인 방법을 보여주게 됨으로써 두각을 나타나게 된다.

만일 노인이 자신의 미래의 죽음에 대한 현실화에 직면하여 하나님으로부터 어떤 것을 기대할 때, Frankl은 다음과 같이 말한다: 이는 각 사람의 주관적인 생각과 죽음으로서 관찰되고 판단되는 근본적인 것에서 시작된다. 즉 자신의 삶을 죽음에 대한 이해를 바라보는 것에서 시작해야 한다는 것이다. Frankl은 더 나아가 인간 스스로 자신의 죽음과 기독교적 믿음 안에서 나타나는 물음을 찾도록 시도한다고 본다. 그로부터 나오는 결론은 다음과 같다: 기독교적 믿음은 이 질문에 대한 해답이며, 그와 함께 나타나는 두려움은 하나의 길이다. 또는 적어도 이러한 질문에 대답하고 그와 함께 이러한 두려움을 극복하게 한다.

노년에 나타나는 기독교적 종교성은 기독교인에 따라 매우 상이한 표현형식 내지 형태를 가진다. 그 첫 번째 표현형식은 확고한 믿음 안에 있는 기독교인의 모습이다. 기독교 인류학 안에서 나타나는 심상을 볼 때 알 수 있는 것은 각 사람은 내재하는 하나님에 대한 동경과 갈망을 가지고 있다는 사실이다. 믿음이 확실히 서 있는 기독교인은 예수 그리스도와 인간 사이의 관계가 상호적인 관계형성에서 비롯된다는 사실을 알 수 있다: 예수 그리스도는 자신이 찾고 선택한 인간으로부터 나타나는 본능적인 반응을 기대하고 있다는 것이다. 이러한 인간은 예수 그리스도를 통해 그리고 자신의 자유의지를 통해 자신의 삶을 선택하고, 자신의 존재에 대한 자유함을 얻는 지식을 통해 '다른 사람'이 된다. 그리고 그와 함께 하나님의 피조물인 자신과 이웃에 대한 관계 안에서 적절한 반응을 나타낸다.

비유적으로 볼 때 기독교인은 예수 그리스도에 대한 귀납적인 믿음을 통해 하나님과의 관계로서 인도됨을 경험하는 가운데 이루어지는 '예수 그리스도 - 나'와의 하나됨이라는 감동적인 관계를 가지게 된다. 그리고 그 관계 안에서 평온함을 느낀다. 그뿐만이 아니라 '이웃 - 나'와의 관계에서도 평온과 편안함을 느끼게 된다. 즉 이웃에 대한 하나님의 사역에 동참하여 활동적으로 살아가는 삶을 가지게 된다는 것이다. 예수 그리스도 안에서 하나님과의 만남은 각 개인에게 부여되는 하나의 선물이다. 그 안에서 매 번 인간은 하나님과 새롭게 만난다. 그리고 그 과정 안에서 적합한 삶의 형태를 고려하고 믿음 가운데 성령의 역사하는 과정으로 이야기 한다. 이와 함께 믿는 자는 자신의 믿음과 그 믿음 안에서 자유함을 얻은 경험을 다른 이에게 지속적으로 전달하려고 노력한다.

두 번째 표현형식으로는 형식적으로는 이미 기독교 공동체 안에 속해있지만 스스로가 믿음 안에서 새 사람으로 완전히 태어나지 못했음을 알고 있는 사람이다. 이에 속한 사람은 기꺼이 앞에서 언급한 포괄적인 믿음을 받아들이길 원한다. 그러나 불행히도 어떤 방법으로 믿음의 확신을 가지게 될 수 있는지 그리고 그 삶을 영위할 수 있는지에 대해 깨닫지 못하고 있다. 그는 희망과 기다림 안에 살고 있기는 하지만 아직 믿음의 확신 안에 있지 못하다.

세 번째 표현형식으로는 종교성과 경건성을 가지고 있는 교회 구성원이기는 하지만 아직 살아있는 믿음을 경험하지 못했을 뿐만 아니라 그 경험을 전혀 그리워하지 않는 사람이다. 그는 삶의 의미와 삶에 대한 전망을 준비하기 위해 그리고 존재에 대한 질문에 대한 해답을 찾기 위해 종교를 찾아 온 사람이다. 그러므로 이에 대한 명쾌한 해답과 앞으로 나아가야 할 길을 배우기 위해 기독교 공동체의 한 구성원으로 속하기를 원한다. 그 한 예로 그는 세례와 성만찬 등의 성례전에 적극적으로 동참한다. 그리고 특별한 행사에 있어서(예를 들어 결혼) 교회가 자신의 종교적 욕구를 충족시켜주기를 원한다. 그러나 그는 살아있는 믿음을 가지고 있지 않다. 또한 존재의 의미의 발견에 대한 깊은 욕구가 살아있는 믿음으로부터 나와 이를 통해 내적으로 충만하게 된다는 사실을 알지 못하고 있다.

믿는 자라고 하지만 똑같은 생각과 똑같은 믿음을 가지고 있지 못한 모습을 보면서 특히 두 번째 그룹과 세 번째 그룹에 대해 외적일 뿐만 아니라 내적으로 공동체 안에서 믿음으로 화합할 수 있는 방법은 없을지에 대해 생각해 볼 필요가 있다. 맨 먼저 중요한 것은 그들로 하여금 무의식적인 '하나님에 대한 동경'은 살아있는 믿음의 첫 걸음이라는 사실을 인지시킬 필요가 있다. 예수 그리스도가 우리를 찾는 이유는 인간 자신의 예수 그리스도에 대한 속죄와 잘못된 곳으로 가는 인간에 대한 이해에서 시작된다.

이제 교회는 위의 목적 집단에게 기독교적인 믿음과 가르침, 경험을 가르칠 수 있는 알맞은 프로그램을 제공해야 할 것이다. 그리고 이는 다른 종교와 세계관에 대한 조망들이 함께 비교되어져 왜 자신이 기독교 공동체의 한 구성원이 되었는지에 대한 이해와 확신을 가질 수 있도록 도와야 할 것이다. 이를 위해서는 다양한 관점과 기회에 대한 탐구와 발견을 통해 성숙된 믿음의 삶을 얻도록 도와주어야 한다. 이를 통해 믿는 자로 하여금 자신의 삶이 고무되고 격려되어 자신의 삶을 되짚어보고 다시금 젊어지는 경험을 느끼도록 하게 해야 한다. 이제 노인은 어떤 새로운 가능성들을 삼위일체 하나님의 깊은 이해 안에서 발견하고 하나님의 섭리와 은혜 안에서 이에 대한 깊은 신뢰를 발전시켜야 할 사명을 가진다.

6.2. 노년의 믿음과 삶

오랜 삶 동안 살아있는 믿음을 가지고 살아온 늙은 기독교인에게 있어서 조건부로 영향을 미치는 행동과 태도의 형태가 어떤 것이 있는지 살펴보고자 한다. 직업 활동이 끝나고 가족에 대한 부양 의무가 마무리된 이후 노년이라는 새로운 삶의 단계 안에서 나타나는 변화는 이전의 삶에서는 경험할 수 없는 변화이다. 노년이라는 시간은 이전까지와는 전혀 다른 새로운 활동성을 생각해 볼 수 있는 시간으로 고려되어진다. 그런데 특별히 노년의 시간에 대해 긍정적으로 생각하고 받아들이는 계층은 바로 기독교인들이 아닐까? 왜냐하면 기독교인은 이미 삶의 위기를 통해 다시금 새로운 삶으로 부르심을 받은 경험을 가진 믿음의 자녀이기 때문이다. 그렇다면 인생에 대해 긍정적인 생각을 가지고 삶을 영위하는 기독교인의 모습이 기독교 공동체 안에서 구체적으로 나타나게 하기 위해서는 어떻게 해야 할까? 먼저 삶의 마지막에 대해 확고한 믿음을 아직 가지고 있지 않은 자에 대해 관심을 가지고 그들의 믿음의 성숙을 위해 교육을 해야 할 필요가 있다.

앞에서 언급한 것처럼

기독교인은   - 믿음이 노년에 명백하게 나타나고 있는 자,
               - 믿음이 아직 자라지 못했으며, 믿음의 성장에 주저하고 망설이는 모습을 보이는 자,
               - 또는 믿음이 자신의 인간적인 욕구로 인해 전혀 나타나지 못하고 있는 자

등으로 나눌 수 있다. 기독교인을 믿음의 얕고 깊음에 따라 나눈

이유는 이를 통해 그들의 믿음의 발달을 위한 교육이 적절하게 제공될 수 있기 때문이다.

두 번째와 세 번째에 속하는 기독교인의 믿음의 성숙을 위한 영적 사역은 먼저 믿는 자 스스로가 자신의 개인적 믿음을 자각하는 것에서부터 시작해야 한다. 믿음이란 하나님으로부터 오는 모든 것을 믿고 신뢰하고 받아들이는 것이다. 그렇다면 믿음은 인간에게 어떻게 오는가? "또한 나는 이 순간 기도를 통해 하나님과 함께하는 이 환경이 하나님께서 나를 위해 준비하신 것이라고 이해한다. 즉 나에게 주신 이해력을 통해 나에게 무엇이 일어나고 있는지, 무엇이 나에게 힘을 주는지 그리고 그것을 어떻게 받아들여야 하는지에 대해 깨닫게 한다. 그와 함께 어떻게 그것이 일어나는지와 그것을 어떻게 다뤄야 하는지에 대한 스스로의 확신을 가질 수 있게 만든다"(Ellerbrock, 1990)

Schleiermacher는 자신의 저서 "Der christliche Glaube"에서 다음과 같이 말한다. 종교적 삶은 인간에게 "감정에 있어 절대적인 의존"으로서의 장소이다. 이를 통해 하나님에 대한 믿음의 근본 뿌리를 형성하게 되며, 인간은 각각의 순간을 확고하게 만들 수 있게 된다: "만약 하나님과의 관계에 있어서 전적인 의존은 우리의 언어를 통해 다음과 같이 이해된다: 스스로에 대한 자각 안에서 나타나는 아주 민감하고 자발적인 존재에 대한 물음인 '어디서로부터'는 하나님에 대한 표현을 통해 나타나게 된다"(Schleiermacher, 1960). Ellenbrock는 Schleiermacher의 이해를 일반화시켜서 다음과 같이

표현한다: "만일 종교가 하나님으로부터 이야기되어진다면, 인간은 절대적 의존의 감정에 대한 마지막 물음인 '어디로부터'에 대한 질문에 답을 할 수 있게 된다"(Ellenbrock, 1990)

특별히 교회에 형식적으로 소속된 사람에게 삶의 위기는 두려움과 의심 안에서 다시 살아있는 믿음을 찾도록 하는 데 한 계기가 된다. 그리고 지금까지 종교적으로 냉담했던 기독교인을 믿음 안에서 새로운 변화와 발전으로 인도하는 데 하나의 수단이 된다. 삶의 위기 안에서 잠재적으로 존재하는 믿음을 깨닫는 데에 있어서 그리고 그것을 성장시키는 데에 있어서 파생되는 어려움은 다음의 모토 "가르침 없이 기도하라"를 통해 극복되어질 수 있다. 이 모토는 "고기 잡는 법을 가르쳐주지 말고 고기를 잡게 하라"는 말과 같은 맥락에서 이해할 수 있다.

Foitzik은 독일 Bonn에서 사역하고 있는 목회자들과 목회 심리학자들이 함께 한 연구 결과를 통해 어떻게 하면 믿음의 성장을 도울 수 있을지에 대해 구체적으로 알려주고 있다. 그는 독일 전역에서 무작위추출검사를 통해 1930년부터 1935년 사이 그리고 1950년부터 1955년 사이에 태어난 남성과 여성을 선발하여 각 개인의 전 역사와 그들의 개인적인 종교적 자체평가에 대한 여론 조사를 실시했다. 그의 연구 조사는 다음과 같은 결과를 가져왔다: 노년에 있어서 믿음과 종교성은 비판적이고 비관적인 삶의 결과에 대해 분명한 변화를 가져온다. 예를 들어 자녀의 출생이나 잃음, 인생의 동반자와의 헤어짐, 친척이나 친구의 죽음, 그리고 사회적 – 문화적 변화들 안에서 종교는 개인의 근본적인 구조와 함께 다른 이들과의 상호작용 안에 영향을 주고 있다.

여기에서 알 수 있는 사실은 개인적이고 종교적인 발전과 비판적이고 비관적인 삶의 결과들 사이에는 아주 명백한 상호작용이 존재하고 있다는 사실이다. 종교성은 삶의 위기와 함께 개인적인 환경에 대해 영향을 미친다. 삶이 성공적이었든지 아니면 실패와 좌절을 맛보던 삶이었든지 간에 종교적 행위는 이와 관계하여 각 개인의 종교적 발전에 영향을 미친다. Bonn의 연구팀은 인터뷰에 대한 평가를 통해 다음과 같이 서술한다: 종교적 발전의 원동력은 종교와 삶의 상황 사이에서의 동시진행의 시도로서 볼 수 있다. 이는 질문을 통해 나타나는 한 인간의 일생의 전 역사적인 명백함에 있어서 실존적인 측면을 고려해 이해해야 한다는 것을 의미한다.

특별히 교회에 형식적으로 속한 사람에게 있어서 일반적으로 노년은 두드러지는 역할을 한다. 인간은 노인을 바라볼 때, 특별히 그의 삶의 경험과 관련해서 하나의 확실한 안정성과 견고성을 인식한다. 그 한 예로서 과거 교회 공동체가 앞으로 나아가야 할 방향을 모색할 때 나이 든 사람의 조언을 따라 온 것을 들 수 있다(예를 들어 구약과 신약 시대). 노인은 자신의 인생경험을 통해 젊은이에게 적절한 조언과 믿음의 발전에 대한 보증을 해 왔던 것이 사실이다. 그러나 현재에 와서는 그들의 이러한 기능이 많이 사라졌다. 이로 인해 사회에 있어서나 교회에 있어서 노인의 중요성이 많이 감소된 것이 사실이다.

노년의 삶에 있어서 나타나는 변화는 개인의 인격적인 발전과 불가피하게 연결된다. 이것은 인간의 삶이 일반적으로 직업 활동의 종결 후, 형식적인 '노년의 단계'로의 진입과 함께 마침표를 찍게 되는 것이 아니라 여전히 계속해서 진행된다는 것을 의미한다. 믿음은 인격과 개성의 절대적인 구성요소이다. 아울러 어떤 믿음도 인격과 개성이 상실된다면 그 의미를 상실하게 된다. Ellerbrock의 여론조사에 의하면 19명의 대답자 중 약 2명이 무신론자로서 인도주의적 관점을 가지고 있다. 그들은 기독교적 생활모습을 결정하기를 선호한다. 이것은 매우 상이한 말로 표현되어질 수 있다: 믿음은 삶의 역사를 통해 그리고 인격과 개성의 구조를 통해 경험될 수 있다. 또한 믿음의 기능주의적 이해와 전달은 믿음을 굳건히 만들고, 이를 통해 삶에 의존되어 구속되고 제한되는 인간적 상황을 초월하게 만드는 데에 기여한다.

그러므로 믿음이 인간을 자극하고 고무하여 다른 사람과의 상호작용에 대한 관심을 가지고 '공동적으로 할 수 있는 존재'로 만들고 그 안에 머무르게 하는 데에 공헌을 한다는 사실을 잊어서는 안 된다. 그러므로 믿음을 가진 자는 기독교 공동체 내의 삶 안에서 그리고 현세적인 공공단체 내의 삶 안에서 협력하는 삶을 영위하게 된다. 부가적으로 인간은 이러한 자리에서 믿음과 영적인 건강 사이에 긴밀한 관계들이 존재하고 있음을 인지하게 된다. 미국에서 나온 몇몇 연구들을 살펴보면 노인의 종교적 입장과 그의 육체적이고 정신적인 건강 사이에는 긍정적인 상호관계가 있음을 발견할 수 있다.

인간의 개인적인 믿음은 육체적이고 정신적인 건강에 긍정적인 영향을 준다는 것이다. 이와 함께 매우 중요한 사실 중 하나는 믿음과 영적인 건강 사이의 이러한 관계가 나이가 들면 들수록, 늙으면 늙을수록 더욱 분명해지고 다른 사람으로부터 더 많은 영향을 받게 되고 주게 된다는 것이다.

6.3. 믿음으로 가는 길

"믿음으로 가는 길"이란 인간 스스로 믿음의 성장을 위해 걸어가야 할 길이 있다는 것을 가리킨다. 이 길은 교육이 안내자로서 그 역할을 담당해야 한다는 것을 의미한다. "믿음은 각 생의 단계 안에서 주어지는 하나의 선물이다." 이 말은 인간이 각 연령 안에서 요구되는 기독교적 믿음을 갖추기 위해 '그 믿음에 승차한다!'라는 말로 해석될 수 있다. 그러나 믿음은 기독교인을 위해 갑자기 나타나는 하나의 완전히 새로운 실재이기도 하다. 기독교인은 어느 놀라운 순간에 성령에 사로잡히게 되고 믿음의 자녀로서 다시금 태어난다. 동시에 각 연령에게 놓이는 믿음의 단계를 차례차례 걸어가야 한다. 만일 기독교인이 믿음의 체험과 과정을 걸어간다면, 비로소 기독교인은 '살아 숨쉬게' 된다.40)

노인교육은 노인의 욕구와 필요를 최고로 만족시키고 충족시키는

---

40) Fowler의 믿음의 발달단계를 참조하라.

데에 그 목적이 있다. 노인교육의 각 특성은—세속적이거나 기독교 적인—노인으로 하여금 자신의 삶의 상황을 긍정적으로 보게 만들 고 이와 함께 행복하게 느끼도록 만드는 데에 있다. 이러한 견해는 인간의 삶을 성숙하게 만들고 강화하고 내면화하도록 만든다. 그러 므로 노인교육은 스스로의 정체성에 대한 물음, 즉 "만일 내가 사 회 안에서 어떤 역할도 더 이상 할 수 없게 된다면, 그때의 나는 누구인가?"에 대해 긍정적인 대답해야 한다. 왜냐하면 여기서 '노인 이 되어감'은 연대기적이 아닌 감정적인 문제로 생각해야 하기 때 문이다. 이러한 시각은 노인을 위해 매우 중요하다. 또한 '어떻게 하면 정신적으로 훌륭한 건강 상태를 유지하고 공동체 안에서의 능 력을 인정받고 유지하며 살 수 있을까?'에 대한 사회·문화적 그리고 경제적 영역으로부터 나오는 질문은 특별히 기독교 노인교육으로 하여금 교육적 영역을 확장시킬 수 있는 계기가 된다.

기독교 노인교육은 위의 질문들에 대한 하나의 길을 열어줌에 있 어서 특별히 본질적으로 세속적 노인교육과는 다른 입장에서 다루 어야 한다. 그것을 위한 전제가 되는 질문은 다음과 같다: "무엇이 지금 기독교 노인교육의 특별한 특징이 되고 있는가?" "기독교 노 인교육의 특징은 세속적 노인교육이 가지고 있는 교육내용에 대해 어떤 영향을 미치고 있는가?" "기독교 노인교육이 세속적 노인교육 을 넘어서기 위해서는 어떤 교육이론과 내용을 갖추어야 하는가?" "기독교 노인교육의 특징은 기독교적 인간형상과 본질적으로 결합 되어있는가?"

만일 기독교적 믿음과 관련하여 위의 질문에 대한 진술 내지 요구사항이 표현되어지는 기독교 노인교육을 제공하기를 원한다고 한다면 세 가지 수신자 그룹에 대해 관심을 가져야 한다:

- 이미 오랜 세월동안 확고한 믿음 안에 살아온 그룹에 대한 관심이 필요하다. 이들에게 있어서 필요한 것은 믿음의 완성을 위한 교육이다.

- 불완전한 믿음을 가진 그룹에 대한 관심이 있어야 한다. 이들에게 있어서 중요한 것은 믿음의 확신과 강화이다. 이때 믿음은 생동하는 생활과 연관시켜 고려해야 한다. 그리고 믿음의 확신과 강화는 한 번에 완성되는 것이 아니기에 교육을 통해 항상 반복되어야 한다. 특히 이는 종종 삶의 괴로움을 충분하게 경험하고 알게 되는 순간에도 일어난다는 사실을 주지할 시킬 필요가 있다.

- 최근에 믿음을 가지게 된 사람 또는 아직 완성되지 않은 믿음을 가진 사람이 속하는 그룹에 대한 관심이 필요하다. 그들에게는 자신의 본질적인 특징과 아름다움을 깨닫게 하고 믿음에 대해 친숙하게 만들어야한다.

믿음 안에서 이루어지는 경험은 기독교인이 믿음의 길을 걸어감에 있어서 길의 안내자이자 동반자의 역할을 한다. 이러한 이해를 위해 노인교육은 다음과 같은 과제를 가진다. 첫째, 새롭게 믿음을 찾은 노인에게 자신의 존재와 함께 존재의 특징과 그 표현양식을 가능한 한 신뢰할 수 있도록 만들어 주어야 한다. 둘째, 확고한 믿음을 찾는 노인에게는 하나님의 사랑과 돌봄을 통해 나타나는 여러 가지 현상의 모습을 가르쳐 주어 이를 신뢰하도록 만들어주어야 한다. 그들의 체험과 성찰이 믿음 안에서 또 하나의 성장을 야기하게 된다는 사실 또한 인지시켜야 한다. 이미 오랜 세월 동안 믿음의 경험을 하고 그 안에서 성숙한 믿음을 가진 노인은 종종 교회에 대해 명백한 소속감, 심도 있는 종교적 삶에 대한 커다란 참여의 욕구와 신적 연대감의 내면적인 체험을 가지고 있다. 이는 노인으로 하여금 신과 세계 그리고 교회를 어떻게 생각하는지에 대한 진술을 함에 있어서 가장 밑바탕을 이루는 것이다. 이러한 표상은 인간으로 하여금 오랜 삶 동안 믿음 가운데 살아오게 하거나 그 삶과 연결하도록 만든다. 그러므로 노인에 대한 영혼사역은 하나의 특별한 과제를 가진다. 진행되는 노년과 임종의 더욱 가까워짐을 통해 나타나는 믿음에 대한 진술을 눈여겨 볼 필요가 있다. 왜냐하면 이는 모든 사람에게 나타나는 삶의 유한성과 그 경계에 관련을 맺어 나타나기 때문이다. 평안한 개인적 삶의 완성에 대한 희망 안에서 믿음은 노인으로 하여금 지금까지의 삶을 통전적으로 바라볼 수 있게 만든다. 그리고 그 안에서 함께 하시는 하나님의 자비와 인도하심의 경험을 깨닫게 함과 동시에 삶의 만족으로 이끈다. 다시 말해서 믿음을 통해 지금까지의 인생 항로와 현재의 상태를 받아들이고 스스로를 위해 새로운 힘을 사용할 수 있다는 생각을 기른다는 것이다.

그러므로 노인교육에 있어서 믿음교육 내지 믿음강화는 앞서 서술되고 논의된 관점을 통해 나타나게 되며, 각 인간의 매우 상이한 전기(傳記, 일생의 기록)와 함께 나타나는 경험은 '믿음', '증언'과 함께 상호 교환을 이루게 된다. 이를 통해 믿음 안에서 확고한 자로 성장하게 된다. 그러나 교육을 함에 있어서 '가르치는 자'와 '배우는 자'가 나뉘어 존재하는 것은 아니다. 모든 사람은 비록 상이한 단계에 서 있을지라도 그 누구를 막론하고 여전히 '배워야 될 존재들'이다. 이와 함께 한계 경험과 위기 경험의 갱신을 위한 질문은 하나의 온전한 본질적인 역할을 할 수 있게 된다.

이러한 전후관계 안에서 믿음의 텍스트를 분명히 말하고 표현하는 것이 바로 기독교 노인교육의 과제이다. 그러므로 노인교육은 지금까지의 노인과 관계된 논쟁을 주제로 삼아 "어떻게 하면 노년의 위기와 한계의 경험을 극복할 수 있을까?"에 대해 논의하고 그에 대한 도움을 주기 위해 존재해야 한다. 기독교인은 성서적 본보기들을 통해 이에 대한 해답을 찾을 수 있다: 시편 73편, 예레미아 20장 7절-18절, 요한복음 4장을 예로 들 수 있다. 물론 노인에게는 신뢰하는 집단이 필요하다. 개인적 위기와 한계 경험이 여전히 새로운 삶의 목적으로의 도달을 위협하고 부담을 주며 방해할 때, 그럼에도 불구하고 이를 강행할 수 있는 힘과 희생을 각오하는 마음을 가질 수 있도록 주변에서 도와야 한다. 이러한 사고 안에서 영혼사역을 목적으로 한 교육은 개인적으로 부담을 지우고 제한되는 경험의 한계로부터 넘어섬을 통해 위안을 주는 삶을 노인에게 보여주어야 한다. 성령에 대한 관계를 받아들임과 동시에 그 아래에서 노인에게 도움의 자리를 주어야 한다. 이를 위해서는 먼저 삶으로부터 느끼는 위기 경험과 한계 경험을 제거해야 한다. 왜냐하면 이는 삶의 극복과 만족을 가리키는 길을 걸어감에 있어 첫 발자국이 되기 때문이다. 이것이 바로 기독교 노인교육의 임무이며 사명이다.

Jung은 모든 인간의 삶의 오후에 대한 진실과 함께 실재적인 연관성이 노인교육에서 구체적으로 다루어져야 한다고 주장한다. 이를 위해서는 '활동성이 있는 학교'의 모델을 요구한다. 고령의 인간 역시 다가오는 삶과 자신의 요구에 대해 준비를 해야 한다. 그런데 노년에 주어진 시간동안 진리를 찾으려고 노력할 때에 눈여겨보아야 할 사실은 개인보다는 다른 사람과 함께 찾는 것이 더 위안이 된다는 것이다. 그러므로 이러한 의미 안에서 노인교육이 이루어지는 장(Feld)을 하나의 '학교'라고 보아야야 한다. 그러므로 기독교에 있어서 노인교육은 학교적인 형태의 커리큘럼이 절실하게 필요하다. 왜냐하면 국가기관과 교회 공동체에서 많이 사용되어지고 있는 교육과정은 노인교육의 형태를 빌리지만 엄연한 의미에서 말하자면 '교육'적 의미를 지닌 교육과정이 아닌 대부분 '복지'적인 측면이 굉장히 강하게 나타나고 있기 때문이다. 기독교 노인교육은 특별히 '활기찬 학교'를 하나의 모토로 세우고 노인에게 그들의 능력과 생에 대한 재인식을 하는 데 도움을 주고 이를 통해 노인이 교회 공동체 안에서, 더 나아가 사회 공동체 안에서 중요한 일꾼으로서 살아갈 수 있도록 도와야 한다. 여기서 주의해야 할 것은 '학교'가 구체적인 학교를 의미하는 것이 아닌 은유적인 표현이라는 사실을 알아야 한다는 사실이다. 왜냐하면 성인에게 있어서 교육은 교사와 학습자의 관계가 수직적 관계가 아닌 수평적 관계, 즉 교사와 학습자 사이의 상호작용이 이루어져야 하기 때문이다.

“기독교 노인교육의 과제와 도전 사이에는 어떤 관계가 존재하는가?” “노인을 위한 성령의 증언과 노인의 환경 사이에는 어떤 관계가 있는가?” 이러한 질문에 대한 해답은 성서적 이야기 안에서 감명 깊고 명확한 내용을 통해 발견된다. 바로 ‘길의 역사’를 통해서이다. 왜냐하면 인간의 삶의 동경에 관한 질문에 대한 보편타당한 해답은 그의 삶의 길에 대한 생각과 삶의 목표설정으로서 명시되기 때문이다. ‘길의 역사’는 오늘날의 인생행로와 비교되어진다. 예를 들면 하갈의 술로 가는 사막에서의 여정이 있다. “[…] 네가 어디서 왔으며 어디로 가느냐[…]”(창 16:8). 이 구절에서 특별히 ‘어디로부터’와 ‘어디로’에 주목해야 한다. 이것은 비단 하갈의 현재적 자리를 묻는 것뿐만이 아니라 앞으로 걸어가야 할 자리에 대해 묻는 질문이다. 호렙산에서의 엘리야의 기적의 역사(왕상 19:9, 15)는 성경적으로 깊은 이해를 제공한다. 여기에서는 ‘어찌하여 여기에 있느냐’와 ‘네 길을 돌이켜’에 주목해야 한다. 이사벨의 핍박으로부터 도망친 엘리야의 길은 절망과 고통뿐이었다. 그런 그의 앞에 나타난 하나님은 절망과 고통을 넘어 또 다른 희망과 기쁨이 기다리고 있다는 사실을 알려주고 있다.

이러한 ‘길의 역사’는 후에 미국의 노인운동 모토의 전제가 되었다. "멈추는 것을 시작하지 않으면, 시작하는 것을 멈추지 않게 된다." 또는 Emmausjünger의 신약성서에서 나타나는 길인 '성금요일적 경험'에 대한 보고(눅 24:13 – 35)와 함께 나타나는 다음과 같은 질문을 주의 깊게 살펴보아야 한다. "도대체 하나님은 어디에 계시는가?" "그는 우리가 걷고 있는 이 길에 동행하고 계실까?" 이러한 질문은 실제로 인생행로에 있어서 각각의 새로운 시간 안에 돌출되어 나타난다. 그러므로 이는 기독교적이고 성서적인 노인교육 안에서 숙고해야 한다. 이 외에도 다음과 같은 질문에 관심을 가져야 한다. "오늘날 나에게 주어진 인생을 되돌아보았을 때 이전보다 많은 것이 더 이상 주어지지 않게 된다면, 도대체 어디에서 하나님을 찾을 수 있을까?"

이에 대한 대답은 무엇일까: "나를 위한 하나님은 하늘 속 멀리 있지 않다. 어떤 식으로든 전적으로 나에게 접근하신다. 때로는 공기처럼 접근하여 나를 에워싸신다. 만일 '인생의 여행'이 논의되어진다면, 역시 기회를 인지하고 '영원'으로부터 말해야 한다: 그렇다면 무엇이 영원한 삶일까?" 그러나 이러한 질문은 단순하지 않기 때문에 인간을 위한 하나의 커다란 도전으로 받아들여질 수 있다. 이는 개인적인 전기(傳記)와 개인적 경험, 판단 또한 성서적 길의 역사와 함께 나타난다는 것을 간접적으로 알려주고 있다. 이 점에 있어서 각 개인은 자신의 고유의 상황 안에 다시 인식해야 한다. 그리고 이러한 역사 안에서 나타나는 행동과 함께 동일시할 수 있어야 한다. 이러한 개인의 직접적인 도전은 성서의 노인과 관계된 질문에 대한 연구를 열게 되었다. 왜냐하면 성서는 노인에 대한 올바른 이해와 함께 그의 특별한 상황 안에서의 개인적인 길에 대한 지시와 개인적인 위로를 제공할 수 있기 때문이다.

노인을 위한 성경공부과정을 위해서는 먼저 믿음의 깊이와 관련하여 앞에서 언급했던 세 그룹에 대해 재수용하고 그들에게 맞는 성서의 내용과 테마를 찾아야 한다: 첫째, 삶의 오랜 시간동안 집약적인 믿음을 가지고 살아왔으며, 여전히 살고 있는 기독교인에게 성서는 하나의 포괄적이거나 적어도 광범위한 앎 그리고 테마의 제공을 전제해야 한다. 둘째, 믿음이 아직 확고하지 못하거나 믿음의 결단을 함에 있어서 초신자적인 상태에 있는 사람은 모든 교회적, 사회적 규칙 안에서 포괄적인 성경지식 또는 다른 이에게 전달하는 성경지식을 기대하지 않는다. 그러므로 그들은 믿음에 있어서는 항상 결핍 상태이자 적자 상태이다. 믿음에 대한 결핍상태와 적자상태에서 벗어나기 위해 상이한 관점 내지 도전들 아래에서 새롭게 날마다 계획되어져야 한다. 이는 소위 '성경공부과정'의 형태 안에서 매우 빈번하게 발견할 수 있다. 그 안에서 매우 다양한 모범을 찾을 수 있다.

이를 위해서는 다음과 같은 종류의 성경공부과정이 필요하다:

- 눈으로 파악되거나 기대되는 학습자에게 제공되는 프로그램의 숫자가 많으면 많을수록 이를 통해 학습자 스스로 넉넉한 표상을 만들 수 있다. 그러므로 노인을 위한 성경공부과정은 다

양하게 주어져야 하며, 그 안에서 학습자가 자율적으로 선택할 수 있는 기회를 제공해야 한다. 이는 성경으로부터 조직되는 입문이 되고 노인에게 있어서 필요한 본질적인 테마를 열어준다.

- 이로부터 분명해지는 것은 성경공부과정 담당자는 참가자를 고려하여 그들의 필요와 욕구에 맞는 선택된 공부과정을 제공해야 한다는 사실이다. 그 안에서 지식의 전달이 이루어져야 한다. 중재되어 나타나는 지식은 참여자에게 깊은 인상을 남길 수 있게 된다. 경우에 따라서는 적절한 반복이 있어야 하고, 토론, 퀴즈 프로그램이 특별히 참가자 각자의 경험과 관련하여 이루어져야 한다.

- 포괄적인 성경지식과 함께 믿음 안에서 살고 있는 기독교인을 위해서는 먼저 가족과 같은 보살핌이 제공되어야 한다. 성경공부가 진행될 때에도 출석을 강요한다거나 성경공부의 결과물을 요구하는 등의 마음에 부담을 주는 요구가 없어야 하고 성경공부가 진행될 때에도 즐겁고 활기차게 이루어져 지루함을 느끼지 않도록 해야 한다. 이를 위해서는 학습자의 지식, 삶과 연관된 주제 토론과 퀴즈프로그램 등의 프로그램을 제공하는 것이 좋다.

- 어떻게 하면 학습자가 프로그램을 통해 제공되는 학습 자료를 받아들이고 소화할 수 있을까? 그리고 어떤 발전을 학습자로 하여금 기대할 수 있는가? 등의 질문에 심사숙고하고 프로그램 개발과 설계의 단계에서 고려해야 한다.

- 프로그램은 학습자를 고무하고 격려하여 도전을 할 수 있도록 만들어야 한다. 이에 있어서 중요한 것은 개인적 경험과 관찰을 성경적인 진술과 관련시켜서 말해야 한다는 사실이다. 그리고 학습자에게 해석을 위한 보조 자료를 제공해야 한다.

성경공부과정은 교회교육 리더들에게는 특별히 좋은 도구이다. 그리고 성경공부를 함에 있어서 최선으로 다뤄야 할 문제는 매우 상이한 과제를 통해 내적으로, 영적으로 충만하게 하고 인간이 스스로에 대한 새로운 지식을 즐겁게 받아들이도록 중재하는 데에 있다. 이와 함께 개인 고유의 능동성을 자극할 수 있어야 한다. 그뿐만 아니라 노인교육 내 프로그램은 삶의 만족을 위한 길과 교회 공동체와 노인 그룹 안에 협동정신의 구축을 위한 구조책이 되어야 한다.

7.

노인의 삶의 마지막을 위한 준비

7.1. 죽음에 대한 일반적인 의미

"각 사람은 자신 고유의 죽음을 맞이한다"(R.M. Rilke). 어느 누구도 죽음 앞에서 강해질 수 없다. 그렇다면 죽음이란 무엇인가? 죽음은 자연스러운 개인의 역사의 끝인가 또는 종교적 관점에서 보았을 때 이야기되어지는 또 다른 어딘가로 가는 관문인가? 만일 인간이 계속적으로 존재하기 위한 연결통로로서 죽음을 이해하게 된다면, 이 죽음은 '하나의 잠들어 있는 상태'로 이해되어야 하는가? 그런데 분명한 것은 죽음이 인간의 출생의 처음부터 시작된다는 사실이다.[41] 이것은 모든 인간에게 적용되는 것으로서, 그 누구도 이로부터 자유롭지 못하다. "죽음은 하나의 사건으로서, 모든 인간은 이에 대한 분명한 인식 가운데 만난다"(Rahner, 1958). "죽음은 지속적으로 존재해 왔던 존재자가 그 마지막으로 가는 것이다. 그래서 죽음은 지속적인 죽어감이라고도 말할 수 있다. 인간은 자신의 한계를 만나는 자리에서 굉장히 많은 방법을 통해 삶 안에는 이미 무가치한 것의 어떤 것, 덧없음의 어떤 것, 마지막의 어떤 것이 있음을 경험하게 된다"(Sopata, 1993).

이렇듯 일반적으로 죽음은 인간에게 위협적이며 두려움을 불러일으킨다. 예외적으로 종교적 측면에서는 죽음을 좀 더 나은 삶으로 갈 수 있는 건널목으로서 기대한다. 또는 세상의 어려움을 해결하는 문으로서 생각한다. 이런 생각은 죽음을 단지 위협적인 운명으로만

---

41) 그러나 Seiffert는 죽음을 한계에 대한 증거라고 보았다.

보지 않는 데에서 출발한다: 죽음을 통한 각 개인의 삶의 끝에 대한 자각은 각자의 삶 안에서 찾고자 하는 개인적인 사고의 생활태도에 영향을 주게 된다. 왜냐하면 오늘날 죽음의 실재에 대한 각자의 숙고가 억압되어지기도 한다. 그리고 중세기에 'ars moriendi'의 보존되는 반영을 완전히 낯설게 되어진다. 각 개인은 오늘날 예외적인 경우로 충분하게 설득되는 방법 안에서 죽음을 위한 자신의 관계를 표명한다.

그런데 죽음이 모든 연령에서 일어나는 사건임에도 불구하고 죽음에 대해 관심을 가지고 문제를 제기하는 것은 일반적으로 노인에게 있어서 더 자주 나타난다. 왜냐하면 죽음에 대한 질문은 일반적으로 터부시 되는 경향이 강하기 때문에 자신의 삶과 직접적으로 연관시키려 하지 않기 때문이다. 죽음은 단지 저 멀리에 있을 미래적인 것이라고 치부한다. 하지만 노년에 들어서면 죽음은 더 이상 미래적인 의미를 지니지 않게 된다. 그렇기 때문에 노인으로 하여금 죽음에 대한 생각과 죽어가고 있는 삶에 대해 신뢰하도록 돕는 것이 필요하다. 그렇게 하기 위해서는 "오늘날 어떤 생각을 가지고 죽음을 연관 지어 바라보아야 하는가"라는 질문은 중요한 문제가 된다.

가톨릭 신학자 Guardini에 의하면, '죽음'에 대한 개념은 세 가지 상이한 관점을 가진다. 첫 번째는 육체적인 죽음에 대한 관점이다.[42] 육체적인 죽음은 신체적인 기능이 더 이상 활동적으로 나타나지 않

---

42) 생물학자는 죽음이 삶에 대한 재앙이 아닌 신체기관에 속하는 자연의 행위라고 본다.

게 되었을 때, 즉 신체적 기능이 점차 쇠약해져서 다시는 회복되지 않게 되고, 죽은 세포가 새로운 세포로 대체되는 등의 기능이 더 이상 제 역할을 하게 되지 못하게 되었을 때 가까워진다. 생물학적 죽음은 생명 기능이 연령에 의해 영향을 받아 더 이상 그 기능을 제대로 할 수 없을 때를 가리키는 것으로, 인간이 자신의 삶의 길을 걸어감에 있어서 그동안 인지하지 못한 차원으로 안내한다. 이는 육체적·정신적인 능력의 쇠퇴 안에서 표현되는데, 특별히 노년에서 나타나는 질병과 눈에 띠게 나타나는 노화의 과정이 그것이다. 육체적인 죽음은 노화와 관련 있거나 절박한 질병이 하나의 근본적인 역할을 하기도 한다. 즉 육체적인 혹사와 점진적인 질병은 육체적 죽음을 가까워지게 만든다.

프랑스 심리학자 Beauvoir는 육체적인 죽음과 관련하여 나타나는 질병의 증상을 다음과 같이 말한다. 두려움, 놀람, 스스로에 대한 실망(자학), 영적인 고난에 대한 침묵, 무미건조, 우울, 무관심, 지적 욕구 감소, 나태 등이 있다. 이러한 현상들은 노화와 함께 나타나는 것으로, '죽음이라는 존재에 대한 구체화의 한 현상'이라고 볼 수 있다. 그러나 육체적인 죽음과 관련해서 잊어버려서는 안 될 사실이 있다. Hugo와 Gide는 다음과 같이 말한다: 어떤 인간은 자신이 몇 살이든지 상관없이 '스스로가 젊다'라고 느낀다. 왜냐하면 그들은 노화를 이해함에 있어서 단지 '외적인 모습만이 달라진 것'이라고 보기 때문이다. 두 번째는 Guardini가 말하는 심리학적 죽음에 대한 관점이다. 이는 죽음에 대한 방어가 더 이상 내부로부터 나타나지 않게 되어, 이로 인해 자신의 삶을 유지할 수 있는 추진력이 소멸되고, 삶을 활성하게 만드는 모든 도전에 대한 만남을 완전히 단념하게 되는 것을 의미한다. 심리적인 죽음은 사람들에게 자신의 삶이 마지막에 왔다는 감정을 가지도록 압박한다. 그리고 이러한 감정 안에서 우울증과 절망감이 나타기도 한다. 세 번째는 사회학적인 죽음에 대한 관점이다. 육체적·심리적 죽음의 본질적 특성은 인간 존재의 사회적 환경이 개인적 경험과 결핍을 견뎌냄에 있어서 영향을 준다는 것이다. 가족과 사회 공동체로부터의 분리(예를 들어 자녀의 집으로부터의 독립, 은퇴 등)의 발달의 끝은 사회적 죽음을 유발한다. 그래서 이와 같은 죽음을 '사회적 죽음'이라 한다.

필자의 연구에 의하면 노인의 능력은 나이에 상관없이 여전히 존재하며 그의 반응적인 능력과 가능성의 능력은 공동체 안에서 생산적이고 창조적으로 사용될 수 있다. 이것은 사회적 죽음의 진행에 있어서 핵심적인 열쇠가 된다. 왜냐하면 노인에게 있어서 직업으로부터의 분리와 성인자녀에 대한 부모로서의 의무로부터의 분리는 그 스스로에게 불필요한 존재로서의 느낌과 삶의 공허함을 느끼는 감정을 가지게 하기 때문이다. 이는 고립과 외로움을 통해 사회적 죽음을 양산하는 하나의 위협이라고 할 수 있다. 이러한 심리적인 위협을 미리 예방하기 위해서는 노인으로 하여금 신뢰할만한 정체성을 다시금 새롭게 조직할 수 있도록 도와야 한다; 오히려 노인은 자신의 환경을 통해 나타나는 스스로에 대한 무익함에 대해 적극적으로 책임을 가져야 한다. 더 나아가 스스로 새롭고 창조적인 추진력이 있음을 신뢰해야 한다.

죽음에 대한 여러 가지 관점을 보았을 때 다음과 같은 물음은 피할 수는 없는 것이 사실이다. "어떻게 죽음이 인간을 파괴시킬까?" 더 나아가 "어떻게 해야 인간이 죽음을 개인적인 삶의 완성으로 이해하고 받아들일 수 있게 될까?" 육체적인 죽음은 인간에게 있어서 하나의 한계상황이다. 이러한 죽음은 다양한 형태로 인간에게 직·간접적으로 경험을 선사한다. 죽음의 첫 번째 형태는 각 개인이 자신의 존재적 한계와 함께 진행되던 삶이 피할 수 없는 마지막에 직면하게 될 때 마주하게 되는 죽음이다. 죽음의 두 번째 형태로는 가까운 사람의 죽음, 질병으로 인한 죽음 및 죽음과 전쟁으로 인한 죽음과의 대면 또는 불행적인 사고로 인해 마주하게 되는 죽음이다. 죽음을 통해 마주하게 되는 한계 상황은 인간의 존재론적인 경험의 한부분이며, 많은 사람이 이러한 한계를 자신의 인식에서 몰아내려고 해도 부정할 수 없는 부분이다. 그렇기 때문에 중요한 것은 이러한 한계 상황에 대해 어떻게 대처할 것인가에 있다. 즉 '어떻게 해야 죽음에 대한 대면을 거부감 없이 받아들일 것인가 그리고 극복할 것인가'라는 질문에 대한 해답을 찾아 숙지해야 한다.

죽음에 대한 극복을 위해 중요한 것은 삶을 하나의 가능성으로 바라보아야 한다는 것이다. 이것은 심리적 죽음에 대한 올바른 이해를 통해 주어진다. 심리학자 Frankl은 죽음의 실재화된 가능성을 인정하고 있다. 그리고 존재가 지닌 과제는 자신의 가능성을 사용하고 실재화하는 데에 있다고 말한다. 그러므로 인간은 스스로가 건강한

한 자신의 삶을 행동하는 사고를 통해 현실화하는 데에 주력해야 한다. 이러한 일들은 역경을 통해서 약화되는 것이 아니라 더욱 증가시키고 상승시킨다: 왜냐하면 질병과 역경은 인간의 사고를 실재화시키는 가능성을 제공하기 때문이다. 그것은 위기에 대한 적절한 대처를 통해 이를 견뎌내면서 나타나는 것이다.

육체적 죽음에 대한 관점과 비교하여 삶의 위기에 대한 질문과 위기를 극복하게 하는 책임성에 대해 살펴보고자 한다. 먼저 삶의 위기에 대한 개념은 '부정적인 한쪽 측면에서만 보려고 해서는 안 된다'는 명제에서 출발한다. 여기에서 죽음은 일반적인 삶의 진행을 지연시키는 중간휴지(休止)단계로 표현된다. 자신의 유한함에 대한 자각43), 즉 '어떤 관점에서 육체적 죽음에 대한 생각과 연관 지을 수 있는가'라는 생각과는 분리될 수 없는 것이다. 자신의 존재에 대한 한계 및 자신의 삶에 대한 유한함이 분리될 수 없다는 것을 일찍이 알게 된다면 죽음은 인간에게 위협일 뿐만 아니라 하나의 과제로서 여겨지게 될 것이다.

위기에 대한 개념 안에서 '운명'44)은 매우 중요한 이율배반적 사

---

43) 이것은 위기에 대한 경험에 속하는 것이다.

44) 운명 I : 운명은 여러 가지 정의를 가진다(종교역사적, 구약성서적이고 유대적, 조직신학적이고 철학적인 관점에서의 정의들). 여기에서 필자의 운명에 대한 관점은 종교 역사적, 조직신학적인 정의에 초점을 맞춘다: 운명은 인간의 삶의 역사를 전체로서 이해한다. 이는 인간의 의식적인 의지의 결과로서 보일 뿐만 아니라, 자신의 행동과 태도의 종종 의도적이지 않고 예측할 수 없는 성과로서도 보여진다(예를 들어 행운과 죽음). 이 점에 있어서 신은 인간의 삶의 역사 안에서 다음과

고와 개인적인 책임으로 표현되어진다. '운명'이란 위기에 처한 존재에게 숙명론을 알게 한다. 왜냐하면 운명이란 위기의 지속되는 삶의 길에 영향을 주기 때문이다. 위기 안에서 인간에게 주어지는 과제와 임무를 알게 하는 것이 바로 책임이다. 여기에서 과제와 임무란 개인이 양자택일을 정함에 있어서 지속적인 삶의 길에 대한 책임감을 넘겨받는 것을 의미한다. 위기는 인간이 피할 수 없는 것이다. 인간은 위기 안에서 자신의 능력을 통해 책임을 받아들이고 상황의 연속성을 통해 자신의 삶과 사명을 짐작하게 된다. 위기에 대한 반응은 기독교인과 비기독교인 사이에 차이가 있다. 먼저 상황을 믿지 않는 비기독교인은 이런 것을 개인적인 운명이라고 보고 있고, 기독교인은 이것을 신의 섭리라고 본다.[45] 더 정확하게 말하자면 기독교인은 위기 상황 안에서 결정해야 될 일을 만나거나 책임을 넘겨받아야 하거나 계속적인 발전의 가능성과 위기에 대한 해결에

같은 역할을 수행한다. 인간으로 하여금 정의를 제창하게 하거나(예, Shiva) 책임지게 하거나(예, Jahwe) 또는 이를 실현시키게 한다.

45) 운명 II : 운명에 대한 성서적인 이해는 다음과 같다. 어떤 운명도 인간을 지배하지 않는다. 왜냐하면 야훼가 이 모든 일을 주관하시기 때문이다(삼하 17:14). 예를 들어, 일에 대한 자신의 행위(손)(룻 1:13, 시 32:4, 스 7:9), 신의 결정은 난관에도 불구하고 이루어진다. 자신의 결정이 운명을 결정한다(단 4:14, 21). 하나님은 인간을 위한 협력자(도우시는 분)이다. 그는 인간을 부흥하게 하고 해방과 협력을 통해 세상의 다양한 힘들을 지배한다(롬 8:28). 또한 하나님은 숙명적으로 활동하는 세상적인 힘 뒤에 서 있지 않고, 인간의 자리에 대한 자신의 계시와 함께 선포를 통해 나타난다. 하나님은 세상을 위한 하나의 새로운 입장을 인간에게 중재하고 또한 그들의 운명적 삶에 영향을 미친다. 이 운명적 삶은 세상과의 만남(해후)으로부터 나타난다.

대해 찾아야 할 임무와 과제를 지닌다. 이는 인간의 삶 안에서 갑자스럽게 마주치는 죽음에 대한 경험을 위기로서 생각하게 된다. 그 안에서 인간은 새로운 책임을 가지게 된다. 그리고 그 책임을 통해 인간은 자신의 유한함과 마지막을 하나의 과제로서 경험하게 된다.

이러한 보편타당한 경험들은 노인에게 특별히 의미를 제공하게 된다. 왜냐하면 그들은 자신의 삶의 유한함을 점차 대면하기 때문이다. 그와 함께 도전 역시 자라나게 된다. '죽음을 받아들임'과 관련하여 다음과 같은 질문 '어떻게 하면 죽음을 잘 받아들이고 그와 함께 나에게 주어진 시간을 잘 이용할 수 있게 되는가'에 대한 대답을 찾는 모습이 나타나게 된다는 것이다. 여기에서 중요한 것은 바로 심리적·사회적 죽음에 대한 올바른 이해를 가져야 한다는 사실이다. Jores는 다음과 같이 정리한다: 죽음에 대해 심리적으로 담담하게 받아들임을 결정하는 순간, 인간은 죽음으로부터의 절망을 극복하게 된다. 그뿐만 아니라 삶을 성취시킬 수 있는 길과 삶 속에서 자기개발을 할 수 있는 길을 발견하게 된다. 이러한 삶의 단계에서 종교에 대한 동경은 많은 노인에게 있어서 완전히 새로운 삶을 형성하게 한다. 종교 안에 거함으로서 노인은 자신의 삶 가운데 존재하는 공허함을 충만하게 채우게 되며, 노년에 생겨나는 질문에 대한 답을 찾게 된다. Munnich의 연구조사에 의하면, 조사한 노인 가운데 자신의 죽음을 담담하게 받아들이는 사람이 약 절반정도가 되며, 그 나머지는 많거나 적거나 각자의 마지막에 대해 두려움을 가지고 있다고 한다고 한다. 그런데 그는 종교적 확신이 인간으로 하여금 일반적으로 자신의 유한성을 받아들이게 하고 인지하게 만드는 데 중요한 역할을 한다고 말한다. 왜냐하면 조사한 노인 가운데 죽음을 당당하게 받아들이는 사람들 역시 대부분 종교를 가지고 있기 때문이다. 이러한 현상의 예를 교회 예배 안에서 찾을 수 있다. 앞에서 언급한 바와 같이 독일 지역교회를 살펴보면 노인이 예배의 굉장히 커다란 부분을 차지하고 있는 것이 사실이다. 그들의 노년과 관련되어 주어지는 인생에 대한 한계는 교회와의 관계 안에서 권고와 약속으로 연결된다. 그리고 이것은 노인의 믿음으로부터 경험되어진다. Thun은 노인의 종교성이 인간의 전체적 인생행로와 서로 연관이 있다고 본다. 그러므로 인간이 인생을 사는 동안 교회 공동체와 관계를 갖는 것 또는 거리를 갖는 것의 사이에는 큰 차이점이 있다. 교회 예배에 참여하는 것 또는 종교적 행사에 참여하는 것은 노인에게 있어서는 또 다른 세계에 참여하는 것으로서, 그 안에서 그들은 소속감을 느끼게 되고 사회적 죽음 앞에서 사회적 보호 속으로의 길을 발견하게 된다.

7.2. 죽음에 대한 성서적 이해

이스라엘 역사에 있어서 죽음과 부활의 관계는 인간의 근본적인 변화를 극복하고자 한다. 구약성서 안에서 시대적으로 일찍이 써진 책들은 아직 죽음 이후의 삶에 대해 어떠한 생각들을 가지고 있지 않았다. 하물며 부활에 대해서도 말이다. 이들은 하나님과 인간 사이의 관계가 죽음과 함께 단절된다고 믿었다. 예를 들어 이사야서 38장에 나타나는 히스기야의 이야기를 보면 알 수 있다. 그러나 시간적으로 후기에 쓰인 책들은 이와 반대이다. 여기에서는 각 개인의 죽음 이후의 삶에 대한 표상, 즉 부활에 대한 이해 나타난다(단 12:2, 막 7:9, 14, 12:43 – 44).

신약성서 안에는 예수의 죽음 이후의 삶에 대한 표상이 이미 구약에서 언급된 부활과 함께 연결되어 언급되고 있다(마 14:2. 비교. 막 12:23 – 25, 눅 9:8, 20:37). "그 신하들에게 이르되 이는 세례 요한이라 그가 죽은 자 가운데서 살아났으니 그러므로 이런 능력이 그 속에서 역사하는도다 하더라"

특별히 죽음 이후의 삶에 대한 표상과 초기 기독교공동체의 부활에 대한 경험은 기독교인으로 하여금 죽음으로부터 부활로 눈을 돌리게 했다. '잠자던 자들 가운데 첫 번째 인자로서 부활하신 주님'은 지금 기독교인을 위한 하나의 희망이 되고 있다. 그러므로 모든 기독교인이 죽음을 담대히 받아들이고 죽은 자의 부활을 기다리게 되었다.

다음 단원에서는 구약과 신약의 중요한 증언을 언급하고자 한다: "성서적 텍스트에서는 죽음을 어떻게 이해하고 있는가?"

7.2.1. 구약성서 안에 나타나는 죽음에 대한 이해

- 죽음은 하나님과 인간의 관계 단절이다.

구약성서는 생명에 대한 언급은 즐겨하지만, 죽음에 대해서는 그렇지가 못하다: 하나님은 삶을 주었고 다시 그것을 가져가신다(시 104:29ff, 욥 34:14f). 인간의 삶의 시간은 하나님의 손 안에 있다(시 31:16, 139:16). 그렇기 때문에 인간은 하나님과의 관계 속에 산다. 생명은 하나님이 주시는 선물 가운데 최고의 선물이다. 이와 같은 이유로 오랫동안 사는 것은 하나님이 주시는 가장 최고의 축복이다(창 15:15, 삿 8:32, 욥 42:17 등). 생명은 축복과 병행되어 이해되고, 죽음은 저주와 병행되어 이해되어진다(출 30:19). 생명은 삶에 대한 만족이며 하나님에 대한 당연한 만족을 의미한다.

죽음의 원인은 아담의 원죄에 근거한다(창 2:17). 구약성서의 초기 시대에는 죽음을 죄와 연관시켜서 보았다. 창세기 2-3장에서 아담은 전체 인류를 뜻한다. 그렇기 때문에 원죄의 역사는 개인 각자에게 속한 것이 아니라 전체 인류 안에서 보아야 한다. 하지만 각 사람은 죄인이고 그로 인해 죽는다. 그렇기 때문에 죽음에 대한 일반적인 이해는 생물학적 필연성에 기초를 두는 것이 아니라 인간의 정신적인 인격과 하나님에 대한 자신의 관계 안에 기초를 두고 있다. 이 말을 바로 생명과 죽음이 하나님과 인간 사이의 관계 안에서 이해되어야 한다는 것을 의미한다. 그 외의 죄에 대한 서술로는 나쁜 행위의 증가(비교. 창 6:1-6)가 있다. 인간은 그들의 한계를 넘어서려고 시도하였고, 그로 인해 하나님으로부터 끊어졌다(창 2:4b-3, 24). 하나님과의 관계의 끊어짐에 대한 벌로서 나타나는 것이 바로 죽음인데 이때 관계의 끊어짐은 고난, 시련, 질병을 통해 표현되어진다.

이스라엘 사람은 죽음이 가까워졌을 때에는 신에게 찬미가를 부르지 않았다. "하늘은 여호와의 하늘이라도 땅은 사람에게 주셨도다 죽은 자들은 여호와를 찬양하지 못하나니 적막한 데로 내려가는 자들은 아무도 찬양하지 못하리로다"(시 115:16-17). "스올이 주께 감사하지 못하며 사망이 주를 찬양하지 못하며 구덩이에 들어간 자가 주의 신실을 바라지 못하되"(사 38:18). 왜냐하면 죽어가는 자 또는 죽은 자는 하나님께로 가는 것이 아니라 자신이 왔던 흙으로 되돌아가는 것이기 때문이다. "네가 흙으로 돌아갈 때까지 얼굴에 땀을 흘려야 먹을 것을 먹으리니 네가 그것에서 취함을 입었음이라 너는 흙이니 흙으로 돌아갈 것이니라 하시니라"(창 3:19). 죽음은 한 길이다. 이는 모든 사람들을 일찍 이든 아니면 늦게 든 간에 가게 되는 곳이다(삼하 14:14. 비교. 103:14-16, 사 40:6-8, 51:12, 시 90:5f, 78:39, 56:5, 욥 34:15).

죽음은 사람과 사람 사이 그리고 사람과 하나님 사이의 관계의 단절로서, 하나의 완전한 분리를 의미한다(사 38:18f, 출 30:15, 19, 시 115:17). 이스라엘은 죽음을 한계지어지지 않은 힘으로 이해하지도, 하나님의 힘에 종속되어지는 것으로 이해하지도 않았다. 그들은 죄를 하나님과 인간의 분리로 이끄는 원인으로 보았으며, 죽음은 그 분리의 결과라고 보았다. 그렇기 때문에 죽음은 삶의 마지막으로 들어서는 것이 아닌, 매 시간의 분리의 결과로서 현재와 함께 나타나는 것이다. 이와 같은 죽음에 대한 이스라엘의 이해에 대한 예를 찾아보면 바로 히스기야 왕의 이야기를 들 수 있다. 그 이야기 속에서 당시 이스라엘의 죽음에 대한 두려움에 대한 생각이 어떻게 표현되어 있는지를 알 수 있다. "내가 말하기를 나의 중년에 스올의 문에 들어가고 나의 여생을 빼앗기게 되리라 하였도다 내가 또 말하기를 내가 다시는 여호와를 뵈옵지 못하리니 산 자의 땅에서 다시는 여호와를 뵈옵지 못하겠고 내가 세상의 거민 중에서 한 사람도 다시는 보지 못하리라 하였도다 […] 주께서 내게 말씀하시고 또 친히 이루셨사오니 내가 무슨 말씀을 하오리이까 내 영혼의 고통으로 말미암아 내가 종신토록 방황하리이다 주여 사람이 사는 것이 이에 있고 내 심령의 생명도 온전히 거기에 있사오니 원하건대 나를 치료하시며 나를 살려 주옵소서 […] 오직 산 자 곧 산 자는 오늘 내가 하는 것과 같이 주께 감사하며 주의 신실을 아버지가 그의 자녀에게 알게 하리이다 여호와께서 나를 구원하시리니 우리가 종신토록 여호와의 전에서 수금으로 나의 노래를 노래하리로다"(사 38:10-20). 이에 야훼는 히스기야의 기도를 들으셨고 이사야는 그를 두 번이나 방문하여 그에게 치유를 선포했다.

이사야서를 보면 히스기야는 우리에게 구약성서의 관점에서 보는 죽음을 하나의 찬미가로서 요약하여 전승시키고 있다(사 38:10-20).

죽음에 대한 찬미가와 탄식가—예를 들어 창세기 49장 33절, 이사야 38장 12절, 시편 38편 41절, 88편—를 읽으면, 그 텍스트 안에서 발견되는 것은 본질적인 죽음에 대한 서술이 아니다. 왜냐하면 이스라엘은 죽음에 대한 자연적인 실재에 대해 가능한 한 적게 이야기하고 있기 때문이다. 단지 죽음에 관해서 말할 때에는 자신의 믿음의 경험으로부터 오는 것만을 말하고자 한다. 시편저자는 38편에서 다음과 같이 말한다: "내 허리에 열기가 가득하고 내 살에 성한 곳이 없나이다. 내가 피곤하고 심히 상하였으매 마음이 불안하여 신음하나이다. 주여 나의 모든 소원이 주 앞에 있사오며 나의 탄식이 주 앞에 감추이지 아니하나이다 내 심장이 뛰고 내 기력이 쇠하여 내 눈의 빛도 나를 떠났나이다"(시 38:7 – 10) 이 구절은 시련이 무가치한 것이 아니라 하나님 앞에서 자신의 표현을 찾는 데에 없어서는 안 되는 것이라는 사실을 알려주고 있다.

각 개인의 탄식의 노래 그리고 감사의 노래는 야훼가 자신을 죽음으로 이끄는 삶으로 인도하지 않도록 간절한 부탁을 하는 내용이 그 주류를 이루고 있다. 시편 88편을 보면 죽음에 대한 특별한 표현을 찾을 수 있다. 본편의 청원자는 중병을 앓고 있는 자로서 죽음에 완전히 포위된 상태에 처해 있었다. 이 죽어가는 자는 차갑고, 두렵고 괴로움만이 가득찬 죽음의 세계로 인도되고 있었다. 여기서 죽음의 세계는 Scheol(שְׁאוֹל)[46]이라고 부른다. 이곳은 죽은 자들이 머무는

---

46) שְׁאוֹל에 대한 신학적 의미: 1. 지하세계로부터 멀리 계신 JHWH – 이스라엘은 단지 JHWH를 유일신으로 존경하고 믿는다. 하나님은 하늘에 자신의 권좌를 가지고 있으며 하늘과 땅에 자신의 영향을 미친다. 그러

곳으로 하나님으로부터 철저하게 떨어진 장소이다. "내가 탄식함으로 피곤하여 밤마다 눈물로 내 침상을 띄우며 내 요를 적시나이다"(시 6:6). 사후의 세계에서 하나님과 인간의 관계는 최종적으로 마지막을 향해 달려간 것이다. 시편저자는 자신의 적으로부터 곤경에 처하게 되었을 때 또는 하나님 앞에서 자신의 죄과에 대해 더 이상 탄식하지 않았다. 하지만 죽음의 암흑 속에서 야기되는 고독은 두려워하였다. 그래서 시편의 청원자은 죽음에 대해 탄식하고 왜 하나님이 자신에게서 그의 얼굴을 가져갔는지 그리고 자신에게 죽을병을 주셨는지에 대해 묻게 된다. 왜냐하면 그에게 있어 죽음은 하나의 무덤, 암흑 그리고 감옥이기 때문이다: "여호와 내 구원의 하나님이여 내가 주야로 주 앞에 부르짖었사오니 나의 기도가 주 앞에 이르게 하시며 나의 부르짖음에 주의 귀를 기울여주소서 무릇 나의 영혼에는 재난이 가득하며 나의 생명은 스올에 가까웠사오니"(시 88:1f). 여기에서 죽음은 하나의 흘러가는 강물과 같은 것으로 이해된다. 이때 하나님의 호흡은 인간의 생명을 가져갔으며 그로 인해 인간은 하나님으로부터 분리되어 죽음의 상황을 통해 낙오자가 된다.

이제 구약시대의 이스라엘 백성에게 있어서 '죽은 자는 다시 살아날 수 없다'라는 사실은 자명하다(비교. 사 26:14). 여기에서 죽음은 야훼신앙에 있어서 놀랄만한 신학적인 진공상태를 의미한다. 사후세계는 더 이상 하나님의 손 안에 들어 있지 않다. 그것을 인해

나 지옥에서는 아니다. 2. 'לשׁאול': 'Scheol 안으로 떨어짐'은 인간에 대한 신적인 징벌 행위로서, 이는 하나님의 의지에 반항하는 것이다.

다음과 같은 진술이 이루어진다. "그들이 파고 스올로 들어갈지라도 내 손이 거기에서 붙잡아 낼 것이요[…]"(암 9:2a. 비교. 138:8). 그러나 구약성서의 죽음에 대한 이해에 있어서 예외가 되는 자들이 있는데 바로 엘리야와 에녹(창 5:24)이 있다. 왜냐하면 이들은 생전에 살아서 하늘로 옮겨진 자들이기 때문이다.47)

이와 더불어 구약 시대 말기에는 (예를 들어 이사야, 예레미아, 다니엘) 죽은 세계로부터의 돌아옴에 대한 기대가 나타나게 되었다. 즉 죽은 자의 부활 사상이 나타나게 되었다는 것이다. "주의 죽은 자들이 살아나고 그들의 시체들은 일어나리이다 티끌에 누운 자들아 너희는 깨어 노래하라 주의 이슬은 빛난 이슬이니 땅이 죽은 자들을 내놓으리로다"(사 26:19). 다니엘서나 마카베아책들을 보면 이러한 사상이 구체적으로 나온다(단 12:2, 13, 막Ⅱ 7:9, 14, 12: 43 – 44). "땅의 티끌 가운데서 자는 자 중에서 많은 사람이 깨어나 영생을 받는 자도 있겠고 수치를 당하여서 영원히 부끄러움을 당할 자도 있을 것이며"(단 12:2). 이때의 이스라엘 백성은 죽음과 그 이후의 삶에 대한 질문의 해답을 오랫동안 찾아다녔다. 그리고 이러한 노력은 인간의 존재에 대한 한계에 대해 조심스럽게 더듬어 나가면서 발전하게 되었다. 그와 함께 일반적으로 "하나님은 치료의 하나님이며 삶과 죽음에 대해 권한을 가지고 계신다"라는 확신을 가지게 되었다.

죽음에 대한 구약시대적 배경을 살펴보면 왜 이스라엘 사람들이

---

47) 묵시문학의 발생과 함께 죽음을 극복하고, 죽은 자의 부활에 대한 희망을 생산하는 인간 이해를 나타낸다.

장수(長壽)를 원했고, 왜 노년의 죽음을 성공적인 삶의 완성이라고 보았고 그리고 왜 그러한 삶이 하나님의 축복(출 23:25f)이라고 이해했는지 알 수 있게 된다. 왜냐하면 하나님은 생명을 주실 수도 다시 가져가실 수도 있는 분이기 때문이다. "너는 장수하다가 평안히 조상에게로 돌아가 장사될 것이요"(창 15:15). 그렇기 때문에 왕이 장수(長壽)를 원했던 이유 역시 이해할 수 있다, 예를 들어 시편 21편 5절을 보면: "주의 구원이 그의 영광을 크게 하시고 존귀와 위엄을 그에게 입히시나이다." 또는 시편 72편 5절을 보면 메시야에 대한 기대가 상승되고 있다. "그들이 해가 있을 동안에도 주를 두려워하며 달이 있을 동안에도 대대로 그리하리로다."

아브라함, 이삭, 다윗48), 그리고 욥은 고령의 나이에 도달했던 자들이다. "그의 나이가 높고 늙어서 기운이 다하여 죽어 자기 열조에게로 돌아가매"(창 25:8(아브라함)), "욥이 늙어 나이가 차서 죽었더라"(욥 42:17(욥)). 이와 같은 내용은 노년의 다윗에게 주어지는 축복의 내용 안에서도 찾아 볼 수 있다. "그가 나이 많아 늙도록 부하고 존귀를 누리다가 죽으매 그의 아들 솔로몬이 대신하여 왕이 되니라"(대상 29:28).

결론적으로 말하자면, 고령의 죽음은 하나의 정의와 삶에 대한 경건의 표시이다. 구약성서는 고령의 노인을 하나의 축복으로 보았고 노년의 삶이 괴로운 인생을 살아가는 것이 아니라고 보았다. 왜냐하면 노년의 삶은 하나님의 의지에 대한 완성이며 그의 뜻에 합

---

48) 이에 대해 외론 1에서 이미 설명하였다.

당한 삶이기 때문이다. 구약성서에서 나타나는 대가족의 테두리 안에서 노인은 자식과 손자와 살아가면서 그 안에 융화될 수 있었다. 또한 죽음에 대한 두려움과 절망에 대해 숨김없이 얘기를 하고 탄식 없이 완성된 삶을 되돌아보며 죽었다.

그러나 오늘날 노인의 삶의 형태를 살펴볼 때, 구약성서에서 나타나는 대가족과 관련되어 긍정적으로 나타나는 노인의 삶이 많이 나타나지 않는 상황이 되었다. 그 이유를 근본적으로 살펴보면 두 가지 원인 있다. 첫째, 신학적으로 살펴보면, 현재 기독교인은 예수의 부활의 경험과 함께 죽음에 대해 구약시대와는 전혀 다른 관점을 갖고 있다. 오늘날 기독교인은 죽음 이후의 삶, 부활을 얻었고 이에 감사하며 살고 있다. 둘째, 사회학적으로 보았을 때, 구약의 대가족의 주요 역할은 오늘날의 사회 구조 속에서는 거의 존재하지 않고 있다. 현재 가족구조를 살펴보면 대가족 형태보다는 소가족 형태가 주로 나타나고 있기 때문이다.

7.2.2. 신약성서 안에 나타나는 죽음에 대한 관점

– 죽음은 인간에게 있어서 기쁨이다.

7.2.2.1. 죽음과 죄 사이의 관계

교회는 죽음과 죄 사이의 관계의 연관성에 대해 이해함에 있어서,

죄의 결과로서 나타난 죽음을 가지고 이해하고 있다. 아담의 죄 이후 모든 사람들은 죄 아래 있다. 이것은 모든 인간을 대표하는 아담의 원죄의 유전적인 속성과 연관되는 것이다(롬 5:12, 6:16, 7:24).[49] 특별히 바울은 죽음을 우주적인 권력이라고 보았다. Schlier는 아담의 죄가 가지는 일반적 의미를 다음과 같이 말한다: "한 인간으로서 아담이 저지른 범죄, 과오, 불순종이 죄적 존재가 되어 계승되었다. 그것은 인류 안에서 그리고 세상 안에서 각 사람을 지배하고 있다. 다른 말로 표현하자면 아담의 죄를 통해 공동체적인 죄의 형태가 시작되었다는 것이다[…]. 아담으로부터 온 죄적 존재로 인해 마침내 '죽음'이 나타나게 되었다. 여기에서 우리는 다음과 같이 말할 수 있다: 죽음의 존재—그것이 이 세상에 왔다"(Schlier, 1977).

여기서 언급되는 죄는 도덕적 과오의 사고 안에서 이해되어서는 안 된다. 그보다는 전체적 삶의 과오와 연관시켜야 한다. 그 한 예로 부자의 비유(눅 12:16ff)를 보면, 죄란 생명을 하나님의 선물로 받아들이지 않는 데에 기인하는 것이다. 바울에 의하면 죄 된 존재는 하나님을 알지 못하는 존재를 가리킨다(롬 1:21). 그들은 하나님을 믿지 않으며, 하나님에 대해 적대적 관계에 서 있는 자들이다(롬

---

49) 흥미로운 것은 요한의 견해이다. 그는 예수 그리스도를 세상의 구원자로써 죄로부터의 해방하는 자라고 보았다. 그리고 예수 그리스도를 전환점으로 인간을 암흑으로부터 빛으로 이끈다고 말했다. 요한은 진실에 대한 적대자 그리고 사악한 것들의 원흉으로서 악마에 대해 언급한다 (요 8:44, 요일 3:8). 요한은 죽음을 '암흑'으로 서술하고 있다. 이는 비기독교인인 인간을 에워싸고 있는 것이다. 비교. Sopota에 의하면 요한은 죽음을 아담의 죄로 소급하지 않고 사탄의 압제로 소급한다.

3:9). 또한 반창조적인 힘(롬 8:19 – 22)을 가지고 있다. Schlier에 의하면 죽음은 죄의 지배 형식과 지배 방법에 상관관계를 가지고 있다. 또한 그는 죄를 하나의 권력으로서 그리고 신의 권세에 대한 적대자로서 연관시키고 있다. 이 두 가지 권력은 인간의 모든 존재를 내포하고 있다고 보았다.

Barth는 죽음과 육체적 죽음을 구별했다. 여기서 죽음이란 완전한 필수불가결의 조건으로서 죄를 지었을 때 가지게 되는 하나의 자격으로서의 의미를 가진다. 육체적 죽음은 하나의 자주적인 과정으로서, 창조물에 속하는 것이다. 죄의 결과 내지 값으로서(롬 6:13) 나타난 죽음은 괴롭고 고통스러운 특성을 가진다. 이렇듯 Barth는 죽음을 이해할 때 죽음과 죄 사이의 관계를 통해 이해했다. 죽음을 "죄의 값"(롬 5:12 – 13)으로 보아 하나님으로부터 죄인의 최종적이고 실재적인 분리 또는 관계 단절로서 주장한다. Leuenberg는 누가복음 12장 22절 이하를 언급하면서, 죄란 모든 것, 즉 하나님의 의지 안에서 나타나는 복종으로부터의 분리라고 보았다. 이러한 견해로부터 Rahner는 죽음과 죄의 관계에 있어서 하나의 다리를 그렸다: 그는 죽음을 인간의 육체성 안에서 죄의 본성이 나타나는 형상(Erscheinungsbild)과 표현이라고 말했다. 그리고 그와 함께 죽음은 죄에 대한 형벌이라고 본다. 이는 특별히 상속부채의 벌이라고 명명할 수 있다. Barth에 의하면 죄적인 죽음은 "상속부채의 육욕"으로 표현되며 이는 인간이 완성으로 도달하지 못하는 형태를 가리킨다.

그러나 죽음은 단지 원죄에 속한 것이 아니다. Schmaus는 이외에도 죽음을 각 개인의 개인적인 죄로도 표명한다. 개인적인 죄는 하나의 의인화된 힘으로서, 인간을 그리고 자신의 의지를 지배하는 것을 나타낸다(예를 들어 바울, 롬 7:18 - 19). Schmaus는 이 구별을 좀 더 분명하게 표현했다. 죽음 안에는 아담의 원죄[50] 뿐만 아니라 각 개인의 개인적인 죄도 작용을 하고 의미를 가진다. 그러므로 죽음의 결과는 인간으로 하여금 죽음에 직면하여 무능력한 존재라는 사실을 알려준다. 이와 더불어 자연에 속한 죽음은 신에 대해 완전히 순종하도록 자극하며, 신으로부터 온 운명으로 받아들이고, 각 개인적인 존재 안에 통합하고 하나님을 주인으로 인식해야 한다는 사실을 가져온다. 그러나 죽음과 대조적으로 죄는 인격화되고 의인화된 힘으로써, 자연적 필연성과 함께 선언되지 못한다. 왜냐하면 개인적인 죄는 인간의 주요 행위이지 죽음의 원인이 되는 그 어떤 것도 아니기 때문이다. 이것은 단지 죽을 듯한 치명적인 효과만을 가질 뿐이다. 그러나 이는 죽음으로 하여금 무서운 힘을 가지게 한다. 죄는 자아중심적인 삶 안에서 인간으로 하여금 하나님으로부터 멀어지게 하는 움직임으로 이해되어야 한다. 이렇게 인간을 자아중심적인 삶으로 몰아넣는 죽음의 경향은 '하나님의 초상'과 같은, '하나님과 함께 하는' 이웃 간의 화해에 대한 희망을 가지지 못하게 만든다.

　지금까지 언급되어진 죽음에 대한 여러 가지 견해를 살펴보면, 죽음과 죄의 관계는 생물학적 죽음을 가리키는 것이 아니라 '창조질서의 테두리 안에서' 이해되어져야 한다는 것을 알 수 있다. 육체적 영

---

50) 모든 사람에게 적용되는 원죄이다.

생의 사고 안에서 육체적 죽음에 대한 극복은 기독교 믿음의 대립도 아니고 기독교 설교에 대한 대립도 아니다. 이것은 죽음과 관련하여 죄와 경험 사이의 관계, 즉 정신적 삶의 끝과 관계되어 있거나 또는 예수 그리스도에 대한 믿음에 대한 신뢰로서의 삶의 다른 형태로의 진행으로써 관계되어 있다. 이것은 정신적 죽음과 관계된 위협이다. 이때 위협이란 인과적인 맥락 안에서 죽음과 함께 서 있는 것이며 인간의 자각 안에서 불려진다.

바울은 마지막 적을 이긴 생물학적 죽음은 없으며, 부활의 사건 속에 흘러들어간 죽음(고전 15:26)과 예수 그리스도에 대한 믿음과 자비의 사역으로의 죽음과의 사이에는 연관성을 가지고 있다고 말한다. 그는 죽음을 '부활' 또는 '적합한 소생을 극복한 것'과 연관시켜 얘기하고 있다. 그렇기 때문에 바울은 그 안에서 축복의 사역과 예수 그리스도에 대한 믿음을 보았다. 또한 완전히 결정된 '정신적' 소생으로서 부활을 설명하였으며, 이는 인간적인 생각 안에서 육체적 소생으로는 접근하기 어려운 형태와 연결되어있다고 주장한다.

이제 하나님의 유효하고 자비로운 아들인 예수 그리스도는 '새사람'으로서 그리고 아담은 '옛 사람' 으로서, 새 인류의 대변자 대 옛 인류의 대변자가 서로 마주보고 서 있다. 예수 그리스도는 죄의 결과인 죽음을 통해 인간을 위협하는 것으로부터의 해방자이다. 그리고 더 나아가 새로운 생명으로 인도하는 분이다. "아버지께서 죽은 자들을 일으켜 살리심 같이 아들도 자기가 원하는 자들을 살리느니라"(요 5:21) "이는 죄가 사망 안에서 왕 노릇 한 것 같이 은혜도 또한 의로 말미암아 왕 노릇 하여 우리 주 예수 그리스도로 말미암아 영생에 이르게 하려 함이라"(롬5:21). 예수 그리스도는 아담의 죄의 결과로서 나타난 실패를 극복했으며 죄와 죽음에 대한 승리자이다. 그러므로 인간은 그동안 아담의 역사 속에 영향을 받고 있었지만 세례를 통해 축복의 권세 아래에서 그 발밑에 놓인 죄와 죽음의 권력을 바라보며 예수 그리스도에게 감사를 해야 한다(롬 5:21, 빌 2:5 – 11, 고전 15:51 – 55). 그렇기 때문에 신학의 임무는 책임적인 선포를 명료하게 만들어야 하는 데에 있다: 오직 죄의 결과로서의 죽음은 개인적 실패의 벌로서 이해되어질 뿐 아니라 예수 그리스도와 함께 죽고 함께 소생하는 것으로 보아야 한다. 이를 통해 죽음에 대한 극복과 부활로 흘러드는 생명의 승리를 맛보게 된다. 이러한 견해에서 본다면 개인적인 죄의 결과는 사랑과 배려의 하나님의 공동체 안에 나타나는 하나의 생명을 위해 개인적으로 만나고 이해되는 현상의 표현으로 이해되어야 한다.

이제 지배적인 이데올로기 안에서 각 개인의 '상(賞)'과 '자아실현'에 대한 의지의 관철은 죽음을 권력의 어떤 수단으로서, 각 삶에 있어서 최상의 목적으로서, 또는 항상 소멸되는 가치로서, 마지막으로 자명하게 관계되어지는 것으로서 각 삶의 최종적인 경계로 평가되어야 한다. 그리고 이것은 기독교인으로 하여금 모든 것을 조우할 수 있도록 격려되어야 한다. 자비로운 사랑을 믿으며 이를 실현해야 한다는 것이다. 그러므로 기독교인은 '하나님의 나라'가 이미 이 세상에 존재한다는 믿음을 가져야 한다.

7.2.2.2. 부 활

유럽의 정신 역사로부터 죽음과 관계된 회심에 대해 살펴보면 두 개의 상이한 표상이 발견된다. 첫 번째 표상은 영혼의 불사를 주장하는 헬레니즘적 형상이다. 두 번째 표상은 죽은 자의 부활에 대한 성서적 표상이다. Sokrates는 죽음의 한계와 관련하여 불사(不死)를 주장했다. 여기에서 불사(不死)는 '육체적 불사'가 아닌 '영혼의 불사'이다. Platon은 자신의 저서 'Phaidon'에서 Sokrates의 죽음에 대한 사상을 좀 더 발전시켰다. Platon에 의하면 죽음은 육체로부터 영혼의 분리를 의미한다. "우리의 육체는 단지 하나의 외적인 의복으로 이는 우리의 영혼을 방해하고 있을 뿐이다"(Platon, 1974). 그러므로 육체와 영혼과의 분리는 하나의 축제이다. 왜냐하면 영혼은 인생 저편의 진정한 고향을 의미하기 때문이다. 그렇다면 영혼은 어떻게 그 스스로에 대한 통찰을 하게 되는가? "영혼이 사물을 판단할 때 이는 육체적 사상을 통해 이루어진다. 만일 영혼이 스스로를 통해 자신을 판단하게 될 때, 그것은 깨끗하고 영원히 존재하는 불사(不死) 그대로 항상 그 안에 머무르게 된다"(Platon, 1974). 직접적이고 탐구되지 않는 자의식은 영혼의 신적 자각을 의미한다. 이는 죽음의 한계를 건너와 관계를 가지게 되는 것이다. 이때 건너와 '관계를 가진다'라는 말은 순결한 영혼의 수고 외에는 육체로부터 아무 것도 오지 않는다는 것을 의미한다. 그러나 영혼은 육체 안에 갇혀있다. 그 때문에 영혼은 스스로의 자유함을 얻기 위해 죽음에 대해 깊이 생각하게 된다. 왜냐하면 죽음을 통해 눈에 보이지 않는 신의 세계로 갈 수 있다고 여겼기 때문이다. 철학적 전통은 죽음에 대한 이러한 사상을 받아들였다. 이에 상응하여 영혼의 불사에 대한 믿음이 죽음 앞의 자유로서 하나의 해답이라고 보았다. 믿음은 자기 주장에 대한 최고의 형태이다. 인간은 이러한 형태 없이는 죽음에 직면했을 때 더 이상 존재할 수 없다. 사실 헬레니즘적 철학은 기독교적 교의학과 함께 마주친다. 이는 영혼의 불사와 관계있다. 이에 대해 영혼은 우리에게 육체와의 관계에 대한 질문과 함께 연관성을 가진다.

기독교에서 영혼은 육체와의 관계에 있어 어떤 의미를 가지게 되는가? 기독교는 믿음 안에 부활이라는 견해를 가지고 죽음을 바라보고 있기 때문에 헬레니즘적 철학과는 전혀 다르게 이해한다. 구약성서의 부활에 대한 기대는 다음과 같은 질문에 열려있다. "육체는 어떤 형태로 부활과 연관되는가?" 이러한 생각은 사두개인이 예수에게 물었던 "한 여자와 그녀의 일곱 남편"에 대한 내용에서 찾을 수 있다(마 22:25ff). 예수는 스스로 육체와 영혼의 계속적 존재에 대해 믿었다(마 10:28). 그러므로 그는 육체와 영혼을 이해함에 있어서 헬레니즘적인 이해와는 달리 육체는 현재적 형태로 영혼과 함께 부활한다고 이해했다. 즉 하나님이 인간을 새롭게 만들고 변화시킨다는 것이다. 예수로부터 주어진 이러한 표현은 부활의 완성에 대해 설명하고 있다. 이것은 증인들로부터 그리고 제자들로부터 매우 특별하게 강조되는 사실이다. 인간의 죽음은 예수 그리스도를 통해 극복되었으며, 예수 그리스도의 부활의 의미 안에서 변화되었다. 죽음에 대한 예수 그리스도의 승리로 인해 하나님과 인간과의 관계 단절은 더 이상 존재하지 않는다. 이제 죽음은 하나님에 의해 영원한 삶으로 들어갈 수 있는 하나의 교량 역할을 하게 된다.

신약성서는 새롭게 일어나는 기독교 공동체 내 믿는 자의 죽음과 부활에 대한 이해를 위해 신학적 내용과 구조를 가지고 설명하게 된다. 신학적 구조의 가장 기초가 되는 것은 바로 예수 그리스도가 곧 다시 오신다(Parusie)는 사실과 예수 그리스도의 말씀의 해석에 있다. 이것은 죽음과 부활에 대해 기초를 세우고 있다(요 8:15, 11:25 – 26, 21:21 – 23). 이 후 초대교회 구성원의 죽음에 대한 경험과 예수 그리스도의 재림의 지체로 인해 믿는 자들은 그들의 삶에 있어서 현실적이고 절박한 문제에 직면하게 되었다. 이로 인해 바울은 예수 그리스도 안에 세워진 공동체로부터 나온 위와 같은 질문에 대해 해답을 주어 설득시켰다. 이것은 특별히 데살로니가전서에 나오는 교회 공동체와 고린도전서에 나오는 교회 공동체에게 보내진 편지로부터 찾을 수 있다. 데살로니가를 보면 바울은 기독교인의 죽음에 대한 질문에 있어서 가장 중심이 되는 내용을 제시하고 있으며 이와 더불어 예수 그리스도의 다시 돌아오심에 대한 기대에 대해서도 언급하고 있다. 그 가운데 바울에게 있어서 중요한 것은 '예수 그리스도가 오시기 전까지 죽은 자들은 그 사이에 놓여있는 시간을 어떻게 보내게 되는가?'라는 질문에 대한 대답을 하는 것이다.

죽음을 생명과 같은 동급이거나 그보다 더 높은 가치를 가지는 것으로 보지 않았다. 특별히 바울은 데살로니가에서 예수를 '기사' 그리고 '구원자'로 표현하고 있다. 이와 함께 데살로니가의 교회 공동체는 예수를 '다시 소생한 아들'로서 기다리고 있다. 또한 그는 예수를 '하나님의 진노' 앞에서 그리고 위협적인 재판 앞에서 그들을 구원한 존재로 여기고 있다(데전 1:10). 데살로니가전서 4장 3절 – 18절을 보면 '잠든 자'(κοιμαω)의 운명을 예수 그리스도의 재림과 연관지어 보고 있다는 사실을 발견할 수 있다. 예수 그리스도의 재림이 곧 실현될 것이라는 이해와 맞물려 예수 그리스도가 오기 이전까지 교회 공동체 안에서 죽은 자의 숫자가 증가함에 따라 '죽은 자'에 대한 근본적인 질문이 공동체 안에 일어나게 되었다. 그것은 죽은 자의 종말적인 운명에 대한 질문으로서, 그들의 믿는 자로서 받게 될 성스러운 몫의 특별한 방식에 대해 그리고 살아있는 자에 대해 그것이 어떤 의미를 가지는가를 고민하는 것이다.

'잠든 자'는 일종의 죽은 자에 대한 미화법이다. 신약성서에서 죽음은 하나의 평온한 잠듦으로 이해된다. 인간은 그들의 노년에 들어섰을 때 또는 병 때문에 잠들기를 원하고 평온하게 이 세상으로부터 떨어지기를 원한다. 만일 그 죽음이 좋은 이별, 조용한 죽음이었다고 하더라도, 사랑하는 친인척의 죽음, 공동체 안의 형제, 자매, 지인의 죽음은 스스로에게 힘들고 아픈 경험들이 된다. 이렇게 죽음을 긍정적으로 환영하면서 동시에 죽음을 슬퍼하는 이중적인 모습이 바로 데살로니가의 교회 공동체에서 발견되었다. 이에 대해 바울은 잠든 자들에 대한 이야기를 하면서 남은 자들의 슬픔을 위로하기를 원했다. 왜냐하면 교회 공동체에 속한 믿는 자들이 죽음으로 인해 희망 없는 슬픔에 머무르는 것을 원하지 않았기 때문이다. 바울은 공동체 안에서 나타나는 죽음에 대한 경험에 직면하여 믿는 자가 죽음의 절망에 지배된 자세를 가지지 않도록 도왔다. 더 나아가 그들이 죽음에 대한 간접적인 경험과 영향을 통해 그들의 공동체로부터 분리되기를 원하지 않았다. 그는 남은 자들에게 다음과 같이 위로를 했다: 잠든 자들은 하나님으로부터 완전한 구원의 몫을 보장받았다. 그렇기 때문에 믿는 자는 슬픔이나 절망에 빠져서는 안 된다. 믿는 자는 죽음을 '하나님의 영화인 선물'(롬 5:2), '하나님의 주권'(고전 15:50), '하나님에 의해 고향을 찾음'(고후 5:8), 그리고 '그리스도와 함께 함'(빌 1:23)을 위한 이정표라고 보아야 한다.

바울은 예수 그리스도의 부활을 교회 공동체의 구성원, 즉 잠든 자의 개인적인 미래와 직접적인 관계를 맺어 이해했다. 그는 예수 그리스도의 부활과 예수 그리스도의 이름으로 세례를 받는 행위는 죽은 자의 미래에 있어서의 깨어남에 대한 징표라고 이해했다. 그러므로 죽음이 미래에 확실히 올지 안 올지는 모르지만, 죽음에 직면했을 때 나타나는 좌절과 절망 그리고 무희망은 기독교인에게 해당되는 것이 아니라고 강조한다. Küng은 이에 대해 더 자세히 말한다: 잠든 자는 확실히 죽었다. 그리고 그는 죽음의 경계를 최종적으로 넘어섰다. 잠든 자의 첫 번째인 예수 그리스도 역시 죽었고 무덤에 묻혔었다.

바울은 데살로니가 공동체에게 용기를 북돋아주었다. 믿는 자는 죽어감과 죽음에 직면해 슬픔에 대한 감정을 가져서는 안 된다고 강조한다. 그리고 이를 의심해서도 안 된다고 말한다. 그러나 이것은 믿는 자가 슬퍼해서는 안 된다거나 잠든 자의 부활을 근심할 필요가 없다는 것을 의미하는 것이 아니다. 그보다는 믿는 자가 죽음을 통해 누군가와 분리되는 것에 대해 슬픔과 아픔을 느끼는 것은 당연하지만, 그 슬픔의 시간은 지나가는 것일 뿐이라고 주장한다. 왜냐하면 믿는 자에게는 죽음으로 인한 절망이나 의심의 슬픔이 없기 때문이다(데전 4:13-14). 이제 죽은 자에게 있어서 생명은 죽음과 함께 지나간 것이 아니다. 그리고 슬퍼하는 자들은 그 행위로 인해 죽음에 대한 의심과 좌절에 넘어간 것이 아니다.51) 이러한 설명은 재림(Parusie)의 시간을 위한 '죽은' 또는 '살아있는' 상태의 무의미를 증명한다.

미래에 대한 확신은 감당할 길 없는 현재를 위한 위로의 기능을 갖는다. 미래로부터 믿는 자는 다음과 같은 확신을 가진다: 현재는 절대로 잃어버린 것이 아니다. 왜냐하면 종말적 미래는 현재에 대한 확신을 바탕으로 이루어지기 때문이다. 미래는 안전을 기본으로 해서 만든 희망을 위한 기초일 뿐만 아니라 공동체의 현재를 요구하는 것이다. 그 안에서 공동체는 하나가 되어야 한다. 이는 공동체의 삶을 통해 묘사된다. "하나님이 우리를 세우심은 노하심에 이르게 하심이 아니요 오직 우리 주 예수 그리스도로 말미암아 구원을 받게 하심이라 예수께서 우리를 위하여 죽으사 우리로 하여금 깨어 있든지 자든

---

51) 바울은 예수의 죽음과 부활에 대한 신앙고백으로부터 죽은 자(잠든 자)를 위한 기도교적 회상의 근본적인 제시에 대해 두 번째를 덧붙인다.

지 자기와 함께 살게 하려 하셨느니라"(데전 5:9 - 10).

고린도전서를 보면 바울은 15장 12절 - 22절에서 기독교적인 믿음을 위해 부활의 근본적인 의미를 설명하고 35절 - 38절, 42절 - 44절 그리고 50절 - 53절에서는 죽음과 부활 사이 그리고 예수의 재림 시 무엇이 일어나는지에 대한 표상들을 설명했다. 36절 - 38절을 보면 바울은 '종자 씨 비유'를 사용한다. 종자 씨가 식물로 자라나는 과정을 살펴보면 깊은 중간 휴기단계 없이는 식물로서 자라날 수 없고 이것은 하나의 죽음이라는 것을 상징적으로 나타내는 모습이다. 이제 죽음은 새로운 삶을 위한 필수적인 전제조건이며 미래적인 육체를 가리키는 것이라고 보아야 한다. 그러나 종자 씨와 식물의 성장의 비유를 통해 알 수 있는 것은 죽음이라는 것이 머무르는 기관의 여러 가지 형태, 즉 사실상 형태를 변화시키는 것뿐만 아니라 새로운 창조와 정체성을 장려하는 것이라는 사실이다.

그렇다면 왜 이러한 바울의 죽음에 대한 명확한 진술들은 교회 공동체 안에서 중요한 역할을 하는 것일까? 이는 디모데후서를 통해 알 수 있다. 디모데후서에는 그노시스적 표상—이미 서두에 언명된 그리스 - 철학적 표상은 영혼과 육체의 완전한 분리를 받아들인다—을 언급한 익명의 저자에 대해 서술하고 있다: "진리에 관하여는 그들이 그릇되었도다 부활이 이미 지나갔다 함으로 어떤 사람들의 믿음을 무너뜨리느니라"(딤후 2:18). 18절을 보면 속세의 성령 체험에 있어 열광적인 과잉 해석은 거절되어야 한다고 말한다. 그러므로 부활은 영적이고 개인주의적으로 국한된 의미를 가지게 된다. 그리고 살아있는 보편적이고 우주적인 완전에 대한 기대는 제외된다.

바울은 항상 기독교인을 위한 세례의 의미와 작용에 대해 명백하게 묻는다. 특별히 그는 로마서에서 세례를 죽음과 부활에 의미를 함께 부여하여 해석하고 있다. 6장 3절 – 8절 그리고 14장 7절 – 9절, 25절 – 29절을 보면 세례는 정신적인 할례이다. 세례를 받을 때 죄적 인간은 죽고 이를 통해 새로운 생명이 소생하게 된다. 이를 통해 데살로니가에서 인용되었던 예수 그리스도와 믿는 자와의 관계가 명료하게 해석될 수 있다: 예수 그리스도의 권세 아래 머무르게 된다면 죽음도 삶도 하나님의 사랑으로부터 떨어지지 않는다. 여기서 삶과 죽음은 인간의 하나님 관계에 있어서 시금석이 된다. "그러므로 우리가 그의 죽으심과 합하여 세례를 받음으로 그와 함께 장사되었나니 이는 아버지의 영광으로 말미암아 그리스도를 죽은 자 가운데서 살리심과 같이 우리로 또한 새 생명 가운데서 행하게 하려 함이라"(롬 6:4). 예수 그리스도는 마지막에 우리와 함께 하는 일치단결로서 죽었고 "그와 함께 하나님의 영이 [···] 우리에게 죽음의 가능성을 제시해 주었다"(Auer, 1995). 부활은 죽음에 대한 속죄이며 해방이다. 그리고 삶과 죽음뿐만 아니라 새로운 하나님과의 관계 형성과 자발적인 관계 형성을 위한 해방이다. 다시 말해 부활은 모든 사람의 변화를 의미한다. 그렇기 때문에 세례 받은 자는 자신이 이미 죽었고, 즉 예수 그리스도와 함께 죽었고 그와 함께 부활했다고 말할 수 있게 되었다. "우리는 '예수 그리스도와 함께 죽음'에 대한 기회를 진정한 삶의 출구로서 받아들일 수 있는 자세를 가져야 한다"(Blasberg – Kuhnke, 1985). "그러므로 우리가 그의 죽으심과 합하여 세례를 받음으로 그와 함께 장사되었나니 이는 아버지의 영광으로 말미암아 그리스도를 죽은 자 가운데서 살리심과 같이 우리로 또한 새 생명 가운데서 행하게 하려 함이라"(롬 6:4).

8.

노인의 삶의 만족과 능동성

8.1. 노년 안 정체성 증명과 위험

인간 인생의 발전과정을 살펴보면 두 가지 발전 가능성의 길이 있음을 발견할 수 있다. 첫 번째 발전가능성의 길은 생물학적 - 연대기적 곡선으로 발전하는 과정에 초점을 맞춘다. 이 과정은 인간의 육체가 노년에 들어서도 여전히 활동할 수 있는가에 대해 관심의 초점을 맞춘다. 그로인해 부정적으로는 정신적인 거부에 대해 영향을 끼치기도 하여, 삶의 위엄을 손상하는 경험을 가져오기도 한다. 그렇기 때문에 일반적으로 노인에 대해 말할 때, 노인을 인간적인 성취욕구와 욕구충족에 대한 생각이 미미하고, 삶에 즐거움이 없기 때문에 재미없이 불쌍하게 사는 사람이라고 한다. 다시 말해 노인을 볼 때 그의 정신적인 활동과 힘이 거의 잠든 상태라고 간주한다. 인간 인생의 발전과정에 있어서 두 번째 발전 가능성의 길은 노인을 볼 때, 노인의 심리적이고 정신적인 힘이 커다란 작업능률과 함께 활동적으로 존재한다는 데 초점을 맞춘다. 그리고 사람이 스스로가 늙었다는 것을 어떻게 느끼는가와 어떻게 행동하느냐를 다루는 것이 중요한 과제라고 본다. Gothe는 이에 대해 깊은 통찰을 가지고 표현한다: "젊은 시절의 인간은 자신의 육체를 통해 살게 된다. 그러나 노년에 들어서면 스스로가 압박을 느껴도, 자신의 육체에 대항해서 살게 된다."

노년의 삶을 위한 조언을 한다면 다음과 같다: 먼저 편협하고 숙명론적인 견해를 피해야 한다. 다시 말하자면 연대기적 나이를 강조하는 경향을 피해야 한다는 것이다. 그리고 노년에도 자신의 느낌의 기준과 행동의 기준을 만들어야 한다. 이는 각 사람이 자신에게 주어진 노년의 삶을 상이하게 경험한다는 사실에 기초한다. 만약 인간의 활동에 대해 나이를 잣대로 들이대게 된다면, 그로 인해 인간 각자의 모든 미래에 대한 계획은 중단되게 될 것이다. 그러나 역사를 되돌아보면 얼마나 많은 사람들이 연대기적 나이에 얽매이지 않고 자신의 능력을 표출했는지 그리고 심지어 나이를 하나의 매력과 자극, 도전으로 받아들이고 주어진 일을 수행했는지를 알 수 있다. 더 나아가 이러한 노년의 삶을 보낸 사람들은 정신적으로도 역시 젊게 살았다. 알려진 예로는 소포클레스의 드라마 영역, 괴테와 데포의 문학의 영역, 미켈란젤로, 램브란트, 모네의 예술의 영역, 베르디와 하이든의 음악의 영역, 아인슈타인과 플랑크의 학문적 영역, 칸트의 철학적 영역과 처칠, 간디, 아덴아우어의 정치적 영역에서 찾을 수 있다.

8.1.1. 정체성 증명

직업 활동 또는 가족 부양의무로부터 벗어나게 된 노인이 첫 번째로 알아야 할 사실은 그 스스로가 사회 내에서의 삶과 특별히 교회 공동체 내에서의 삶에 있어서 여전히 적극적인 참여의 가능성을 가지고 있음을 깨닫는 것에 있다. 여기에서 중요한 것은 오랜 직업 활동과 가정 부양의무를 통해 다져진 귀중한 경험들이 그것의 근본적인 기초가 된다는 사실이다. 노년은 삶을 강하게 지각하게 만드는 하나의 경계선이 된다. 이를 직면하여 절대적으로 새로운 책임감 속에서 또 다른 발전을 가져와야 한다. 이러한 가능성은 노년에 있어서 하나의 도전으로 이해될 수 있다. 그리고 이러한 관점을 가지고 기독교인은 하나님 앞에서 자신의 책임을 고려하여 교회 공동체 안에서와 마찬가지로 사회 안에서도 노인이 살 수 있도록 환경을 만들어 주어야 한다(비교 렘 29:7). 이러한 환경은 연령에 맞추어 형성되어야 하며 때로는 자극을 줄 수 있는 환경도 제공되어야 한다. 이때의 자극은 개인의 삶의 경험에 있어서 하나님의 좋은 인도 가운데 서 있는 하나의 이해의 표현이라고 할 수 있다. 그러므로 믿음의 확신으로부터 개인의 삶의 역사에 대한 내적인 거리의 간격을 좁힐 수 있는 노력이 있어야 한다. 그 결과 개인적인 정체성을 충만하게 완성시킬 수 있게 된다. 경우에 따라서는 부분적으로 자신의 노년의 삶이 아주 새롭게 보일 수도 있다. 이를 통해 나타나는 것은 삶의 동기를 찾고 다른 이를 위한 또 다른 책임을 가지게 된다는 사실이다. 그 결과 스스로의 정체성을 강화하거나 내지는 새로운 관점을 가지고 자신의 정체성을 볼 수 있게 된다.

물론 노인으로 하여금 삶에 대해 긍정적인 견해를 가지도록 하기 위해서는 먼저 따뜻한 위로와 돌봄이 제공되어야 한다. 만약 이러한 제공과 반대되는, 다시 말해서 충분히 무관심한 삶의 영역 속에 노인이 서게 된다면, 이는 지금까지 삶의 시간에 대해 완전히 다르게 형성되어진 삶의 계획으로부터의 결과이거나 삶의 의미에 대한 물음에 대한 완전한 무관심으로부터 도출되어진 결론일 것이다.

8.1.2. 노인의 정체성 위협

노인에 대한 관용적인 표상들은 일반적으로 부정적인 특징을 가져왔다. 예를 들어 일반적으로 노인을 '결손'과 '결핍'으로부터 바라봐 온 것이 사실이다. 이러한 생각은 인습적인 생각으로부터 나온 것으로서 우리 사회에 매우 넓게 퍼져 있다. '젊음'을 원하는 사회 안에서 노인의 '늙음'은 부정적으로 받아들여지고 있다: "각 사람은 기꺼이 늙기를 원한다. 그러나 어느 누구도 기꺼이 늙은 채 있기를 원하지는 않는다!" 얼마나 마음에 와 닿는 명언인가! 이 명언은 오늘날 독일 사회의 노인에 대한 이해를 매우 적절하게 표현한 것이라고 할 수 있다. '늙어감'에 대한 부정적인 인식은 대중매체와 공공연하게 나타나고 있는 것이 사실이다. 또한 정치 안에서, 교회의 구제 사업을 위한 진술 안에서 그리고 학교 교제 안에서 나타나고 있다. 이와 같은 노인에 대한 부정적인 생각으로 인해 수많은 노인은 스스로에 대해 '구식의, 완고한, 자기중심적인, 의지할 데 없는' 등으로 서술되는 현재적 상황에 마주하여 자신의 문을 잠그고 있다. 이러한 상황과 맞물려 사회와 교회는 노인을 단지 돌봄의 대상으로 간주하고 있을 뿐이다.

이제 노인에 대해 표현되는 표상을 전체적으로 상세하게 교정을 할 필요가 있다. 지난 20세기 노인학에 있어서 한 획을 그었던 심

리학적-노인학적 연구의 결과는 일반적인 노인의 결핍 모델의 수
정을 주장하게 만들었다. 다양한 학문(Disziplinen) 안에서 학자들은
과거와 구별되는 새로운 노인에 대한 견해의 정립을 위해 노력했다.
즉 개인적인 일생에 대한 기록의 의미와 경험과 노화의 경과를 위
한 사회적 조건을 명백하게 설명하고자 하였다. Thomae는 이에 대
해 다음과 같이 설명한다:

- 개인적인 행동과 태도는 주관적으로 감지되는 경험을 근거로
  하여 객관적으로 증명될 수 있는 명백한 변화를 통해 사회적
  주변 환경을 변화시킨다.

- 변화의 경험은 각 개인뿐만 아니라 그룹에 있어서 적합한 기
  대와 인지되는 필요성에 강하게 영향을 준다.

- 노인의 적응능력은 순수한 인식력을 가지고 동기를 통합하여
  자극하고 격려하거나 표현되는 개인의 능력 사이의 균형과 조
  화의 기능으로 본다.

Thomae와 Lehr에 의하면 노인에 대한 정확한 묘사는 언제나 중요
하다. 만일 주변 환경과 사회적 관계의 테두리 안에서 뿐만이 아니라
문화와 시간 안에서 제약을 받는 영향까지 고려하게 된다면, 그 안에
서 노인은 발전하게 된다. 지금까지의 적자결핍에 대한 표상의 연구

결과에 근거하여 나타나는 연구와 노인에 대한 인간관계에 대한 새로운 관점은 노인 돌봄(간호)의 관행과 노인부양의 관행에 대해 새로운 문을 열게 하였다. 즉 교회와 사회의 다양한 교육과 프로그램의 제공을 촉진하는 동기가 되었다는 것이다. 이러한 결과는 다음과 같이 사실을 통해 고무되어진다. 노인은 적어도 보호의 대상으로만 보아서는 안 된다. 왜냐하면 노인은 자신의 삶의 계속적인 발전을 위한 '구조적이고 건설적'으로 기여해야 하는 상황 하에 전적으로 있기 때문이다. 그러므로 사회와 교회는 슬기롭게 노인을 고무시키고, 자극시켜야 한다.

8.2. 노인의 능력 유지와 활동성을 위한 근본적인 가능성

역사적으로 노인은 사회 구조의 변화와 함께 그 위치를 달리하였다. 산업 혁명 이후 변화된 가족 구조 안에서 노인의 자리는 더 이상 의미가 없어졌다. 농업·수공업의 대가족 구조 안에서는 가족 구성원이 '한 지붕 아래'에서 살았었다. 각 세대는 가족 내 자신의 자리에 대한 소신을 가지고 있으며, 이러한 가족구조 안에서 조부모는 자주적으로 활동을 하고 있었다. 이들은 자신이 가지고 있는 능력에 비례하여 더욱 활동적으로 가족 구성원에게 영향을 미치고 있었다. 그러나 산업혁명 이전에는 평균수명이 길지 않았기 때문에 고령의 고조부모와 함께하는 4대 세대 – 가정살림은 드물게 나타났다. 산업혁명이 일어나면서 대가족구조는 변화의 역사를 맞이하게 되었다. 그 변화의 바람을 피부로 느끼게 된 것이 바로 노인이었다: 산업혁명으로 도시화가 일어나면서 젊은이는 일자리를 위해 도시와 공장들로 떠나게 되었다. 그로 인해 자신의 '노부모'를 위한 작은 거처를 마련하여 부양할 있는 여유나 시간은 물론 돈도 없게 되었다. 이로 인해 대두된 문제는 바로 '홀로 사는 독거노인'의 출현이다. 이들은 사회 안에서 부양과 돌봄이 절실히 필요한 사람이다. 이를 위해서는 오늘날 교회 공동체(물론 사회도 마찬가지로)가 그들에게 적합한 자리를 찾아주고 손님이 아닌 주인으로서 마음을 가질 수 있도록 힘을 북돋아야 한다. 대가족의 쇠퇴와 이로 인해 나타나는 '부양'과 '돌봄'의 문제점으로 인해 노인은 세속적인 사회에 있어 도전을 받게 되었다. 이와 같은 현상은 교회에서도 마찬가지이다. 왜냐하면 노인의 삶은 과거와 비교해서 볼 때 평균수명의 연장과 관련되어 길어지고 있기 때문이다.

그러므로 본 단원에서는 노인으로 하여금 사회 안에서 어떤 위치를 가져야 하는지에 대해 살펴보도록 하겠다. 이를 위해 필자는 대표적인 두 가지 이론을 가지고 설명을 하고자 한다. 첫 번째 이론은 적극성이론이며, 두 번째 이론은 철수이론이다.

8.2.1. 적극성이론

적극성이론은 50년대 이후 유럽연합국가들 가운데 사회적 작업의 문제제기를 통해 발전되었다. 적극성이론은 결핍모델을 철저히 거부한다. Tartler, Havighurst, Tobin, Neugarten, Burgesse, Thieding 등은 적극성이론에 속하는 학자들이다. 적극성이론은 노년 안에 나타나는 사회적 관계의 감소로 인해 나타나는 경험을 확인할 수 있는 진행 그리고 사회적 생활공간의 제한으로 인해 나타나는 경험을 확인할 수 있는 진행에 관심을 가진다. 이러한 과정을 한마디로 말하자면 노년에 나타나는 사회로부터 분리의 진행과정이라고 할 수 있다. Tartler가 말하는 분리의 개념은 노인의 모든 사회적 기본 체계와 관계한다. 직업으로부터의 분리는 사회 안에서의 역할과 기능 상실로까지 이끌게 된다. 이와 같은 역할과 기능 상실은 교제 가능성의 축소와 고립과 고독을 결과적으로 나타낸다. 그러나 적극성이론은 오늘날 노인을 볼 때 의심 없이 가치 있는 존재로서 바라보고 있다. Parsons에 의하면 이와 같은 관점은 적극성이론의 근본적인 사명이다. 그렇기 때문에 노인의 사회적 상황과 지위를 언급함에 있어서 그 가치를 귀중하게 바라보고 있다. 적극성이론은 다음과 같은 전제에서 출발한다: 만일 인간이 노년에도 이전과 똑같은 가능성을 인정받게 된다면, 노인은 그로 인해 만족하게 되고 자신의 활동에 있어서 적극성을 가지게 될 것이다. 또한 만일 노인이 사회와 공동체 안에서 필요한 존재가 되고 어떤 것을 행할 수 있는 능력이 인정받게 된다면, 그로 인해 노인은 행복해질 것이다. 그렇기 때문에 적극성이론은 인간의 적극성과 만족감 사이 그리고 스스로 느끼는 삶의 행복은 하나의 관계를 형성한다는 것을 주목하고 있다.

이와 함께 적극성이론은 다음과 같은 내용을 근거로 삼는다: 사회적 몫에 대한 노인의 소원과 욕구는 중년의 연령대에 마주하여

거의 변화가 없다. 노인은 노년의 새로운 삶의 상황 안에서 자신의 적극성에 대해 가능한 한 전반적인 수령하고자 한다. 때문에 공공단체의 사업 활동을 통해, 심리적, 치료적 그리고 사회적 봉사활동의 동기와 보조를 통해 달성시키려고 노력한다. 그러므로 적극성이론은 "하나의 성공적인 노년"을 의미한다. 노인은 변화된 삶의 상황에 대해 행복하고 즐겁게 현실적인 적응할 수 있을 뿐만 아니라 자신의 적극적인 활동을 지속적으로 유지하게 된다. 이는 노년에 적합한 역할을 규정하는 데에 하나의 기준이 된다. 또한 노인의 상황에 대해 교회적 면에 있어서도 적합한 반응을 기대하게 만든다.

여기에서 주어지는 질문이 있다: "적극성이론은 어느 정도까지 노인을 사회와 교회 내의 목적 집단으로서 관계를 가질 수 있도록 만드는가?" 또는 "이를 위한 지시와 보조기관(협력자)을 가질 수 있는가?" 이러한 질문은 교회 내 성인교육 내지 노인교육 그리고 교구사역내의 제 3의 인생 단계 안에서의 인간의 자립과 자아실현이라는 중요한 목적을 위한 질문이 된다. 더불어 적극성이론에 대한 의심할 여지없는 가치 실현과 관계된다. 적극성이론은 노인으로 하여금 사회적 봉사활동을 통해, 남을 돌보는 보호적인 직업을 통해 그들의 활동을 자극하여 일하게 하는 이론이다. 즉 노인의 적극성, 독자적 이니시어티브와 자립을 자극한다. 이제 노인은 '의지할 데 없는, 도움이 필요한 존재'라는 편협한 선입견을 통해 금치산 되지 않는다. Lowy는 거의 30년 동안 노인과 함께 사회사업을 활동한 이후 그동안의 자신의 경험을 간략하게 서술했다: "인간의 미래를 보았을 때 노인 간호와 사회적 노인사역은 나에게 특별히 중요한 사역으로 여겨진다. 이것은 미래에 있어 확실히 불가결한 일이 될 것이다. 노인세대의 잠재력을 계속적으로 발전시키기 위해서는 노년세대와 중년세대를 위한 교육이 필요하다. 그리고 그들의 활동성에 대해 긍정적으로 바라보아야 할 사고적 전환도 뒤따라야 한다. 이러한 사고는 특별히 그룹 활동과 그룹 교육 그리고 공동단체사업 안에서 이루어진 나의 경험을 통해 이러한 사고는 매우 명확하게 보인다. 즉 인간 속성의 활성화는 다른 사람과 함께 하는 공동 행동의 새로운 형태로 강하게 인도할 수 있다는 것이다"(Lowy, 1981).

이러한 생각은 Parsons에게서도 나타난다: 현대 사회 내 노인의 근본적인 질문은 경험적이고 분석적으로 이해되어야 한다. Parsons는 여기에서 하나의 도구적 행동주의를 주장한다. 이는 사회적으로 유용하게 제공되는 성과로서 이해될 수 있다. 본인에게 도움이 되는 활동성 또는 도움이 되지 않는 활동성에 근거하여 개인과 개체를 평가한다는 것을 의미한다. 다시 말하자면 인간은 현재 사회의 구조의 변화 안에서 그리고 그와 함께 노인의 역할에 대한 강제적이고 불가피하게 연결된 새로운 평가 안에서, 육체적인 작업능력과 건강의 입수(入手)에 대한 간직뿐만 아니라 경험을 통해 더 많은 지혜와 전문지식 그리고 판단능력을 얻을 수 있다. 여기에서 작업능력은 인생의 사이클 안에서 매우 늦게 나타난다. 예를 들어 노년기에 들어서 꽃을 발하는 위인들처럼 말이다.

Joss – Dubach는 다음과 같은 질문을 한다. "나이와 질병의 증가와 작업능력 사이—특별히 나이와 작업능력 사이—에는 어떤 긴밀한 관계가 있는가?" "인간이 직업 생활로부터의 은퇴를 하게 되고 나이로 인해 질병에 대한 저항력이 약해진다면 사회와 공동체 안에서 쓸모없는 존재로 전락하게 되는가?" 확실히 육체적인 작업능력은 진행되는 노화와 함께 감소되는 것은 사실이다. 그러나 육체적 작업능력의 감소와 능동성의 저하간의 관계는 세분화시켜 바라볼 필요가 있다. 육체적 작업능력의 쇠퇴는 절대적으로 정신적 활동의 감소로 이끄는 것이 아니다. 왜냐하면 육체적인 건강상태가 인간의 전체적인 정신상태에 영향을 미치는 유일한 요소는 아니기 때문이다. 그렇기 때문에 건강한 노인은 그들의 욕구와 기대를 통해 자신을 표명한다. 이를 통해 삶의 상황을 긍정적으로 형성하게 되고 연대의식을 발전시키게 되며, 공동의 책임과 정치적 책임을 위임받게 된다.

결론적으로 말하자면, 적극성이론은 노인의 능동성과 반응성을 요구한다. 노년의 사람들은 새로운 삶의 상황 안에서 그들 개인의 욕구를 말로써 표현해야 한다. 그리고 더 나아가 사회적 발전에 참가하고 협력해야 한다. 이런 노년을 살아가게 될 때 바로 '성공적인 노년'을 살게 된다. 황혼기의 형상(화)을 위해 나타나는 수없이 많은 프로그램들 또한 적극성이론 안에서 성공적인 노년을 만들기 위한 취미에 대한 권유 그리고 계획된 여가시간으로서 이해되어야 한다. 이것은 노인교육이 노인에 대한 관점을 가지게 하는 데에 도움이 될 것이다.

8.2.2. 철수이론

1961년 이후 Cumming과 Henry가 대표하는 철수이론은 15년 동안 사회학적인 토론을 통해 더욱 명확히 규정되었다. 이 이론은 비록 시대에 적절한 언급이 더 이상 아닐지라도 지금까지 '순수한 노화이론'으로 확고한 권리와 함께 표현되고 있다. 적극성이론에 반하여 철수이론은 노년 안에 나타나는 활동성과 상호작용의 축소를 긍정적으로 바라보았다. 이러한 축소는 노인 당사자 스스로 원한 일이고 그로부터 노년의 진행과정이 이루어진다고 본다. 이 이론은 노인 스스로 사회로부터 의지적인 거리를 위임받는 것에서 출발한다. 또한 특별히 노인의 사회적 환경 안에 늙어가는 개인의 태도를 자신의 환경과 연관시켜 설명한다. 그러므로 철수이론은 노년의 삶에 대해 다음과 같이 설명한다: 노년은 노인의 사회적 환경과 연관되어 나타나는 의무와 구속으로부터 부담을 덜어내게 되는 시기이다. 그 안에서 노인은 스스로가 복이 많다고 느끼고 사회에 대해서도 만족감을 가지게 된다. 왜냐하면 사회적으로 늙은 구성원의 작업 실행을 적시에 젊은 구성원으로 대체하는 것이 당연한 삶의 진행과정이라고 보고 있기 때문이다.

Cumming과 Henry는 1955년부터 1962년 사이에 캔자스에서 종단 연구를 통해 '노년의 삶'을 연구하였다. 이 연구는 50-90세 사이의 노인 중 159명을 무작위로 선발하여 이루어졌다. 이 연구를 통해 철수이론은 노인의 변화에 대해 단독의 논점을 좀 더 분명하게 표현할 수 있게 되었다. 이 이론의 전제는 인간 전체를 통합적으로 바라보는 것이다. 그러므로 철수이론은 개인의 상호작용의 본보기 안에서 세 가지 기초적이고 근본적인 변화를 주장한다.

● 사회적 관계의 수용에 대한 전제 : 상호작용의 빈도와 다양함이 감소한다.

● 사회적 관계의 변화에 대한 전제 : 상호작용의 효율과 의미는 변화한다.

● 사회적 삶의 공간의 제한에 대한 전제

위의 세 가지 기초적이고 근본적인 변화의 전제는 철수이론을 통해 명확하게 그 의미를 찾을 수 있게 된다.

철수이론은 사회적 시스템 안에서 나타나는 각 개인의 상호작용의 축소를 의미한다. 즉 인간과 그의 사회적 관계의 교류의 형태로부터 나타나는 것이다. 이것은 사회적 관계교류의 빈도수의 축소와 동일 연령층의 숫자의 감소를 통해 나타나는 관계를 보여주는 것이다. 만일 개인의 역할의 숫자를 줄어든다면, 그로 인해 개인은 자신의 삶을 적극적으로 활발하게 살아갈 수 있게 된다는 것이다. 예를 들어 인간은 성인이 되면 자신의 삶에 책임을 지게 된다. 특별히 결혼을 통해 주어지는 임무가 많아지게 된다. 이러한 임무는 자신의 개인적인 삶을 즐기는 데에 방해요인이 될 수 있다. 이후 은퇴와 가까운 이의 상실을 통해 교제의 다양함이 축소된다. 상호작용과 역할의 축소는 그동안 양적으로 존재하는 관계를 질적인 변화로 이끈다. 왜냐하면 이를 통해 개연성이 줄어들기 때문이다. 그리고 그 안에서 새로운 관계를 맺게 된다. 이에 대해 Cumming과 Henry는 다음과 같은 말한다: 노인은 작아지는 사회적 역할 안에서 자신의 삶을 통합하게 된다.

이러한 사회적 역할과 환경에 대한 과정진행의 감소는 다음과 같은 결과를 가져온다. 먼저 개인은 사회규범적인 감독과 통제로부터 자유롭게 된다. 왜냐하면 사회적 감독과 통제는 역할의 커다란 숫자와 다수 안에 나타나는 강한 관심을 보이는 것에 연결되어 있기 때문이다. 이러한 주장은 사회적 관계의 상실을 긍정적으로 볼 수 있게 만든다. 왜냐하면 노년은 사회적 구속과 강요로부터 자유함을 느낄 수 있게 하기 때문이다. 이러한 상실은 지속적이거나 일시적인 위임으로 보상되는 역할로 이끈다. 이를 통해 노인은 개인적인 고독과 외로움의 감정을 극복하게 된다. 그 결과 지금까지 할 수 없었던 활동을 시도할 수 있게 되었다는 마음의 여유를 가지게 된다. 그리고 그동안 삶을 유지하기 위해 시도하지 못했던, 또는 중도에 포기했던 직업의 재작업을 통해 노년의 명예직을 가져올 수 있게 된다. 늙어가는 개인의 상호작용의 특성과 양(量)의 변화는 사회적 생활공간(생활권) 안에 객관적으로 존재하며, 주관적으로 인지되는 제한과 함께 나타난다. 세상의 각 공간들은 개인을 위해 의미심장한

의미를 가진다. 이에 있어서 개인의 관점 및 환경의 관점이 중요한
역할을 한다.

　Cumming과 Henry의 연구에 있어서 세 가지 발전된 척도를 살펴
보면 다음과 같다: 역할, 상호작용지수 그리고 사회적 생활공간이다.
이 세 가지에 대한 척도는 사회 안에서 살아가는 개인이 지니는 책
임의 정도를 파악하는 것에 있다. 이 세 가지는 사람의 나이가 많
아지면 많아질수록 철수이론에 대해 낮은 가치를 드러낸다. 일반적
으로 삶의 마지막을 위한 가치 있고 타당한 진술에 대해 철수이론
은 자기 숙고와 휴식을 위한 철수의 일시적인 형태로 얘기한다. 즉
하나의 새로운 삶의 상황과 함께, 이를 통해 나타나는 하나의 새로
운 변화된 책임을 언급한다. 그러나 주의해야 할 것이 있다. 철수이
론이 개인과 개인의 상이점을 긍정적으로 평가하고 있다는 사실이
다. 그렇기 때문에 각 개인의 사회에서의 철수 진행과 시점은 매우
상이하다. Parsons에 의하면 그 원인의 첫 번째는 성별을 통해 나타
나는 상이성이다. 그는 사회적 인간에게 있어서 정의된 역할(직업
활동 등)을 다음과 같이 서술한다: 여성은 우선 사회적으로 감정적
인 역할을 담당하고 있다. 여성은 주어진 삶 속에서 대체적으로 가
정 살림과 가족에 대한 걱정을 하고 있다. 이에 비해 남성은 대체
적으로 가정보다는 직업과 연관되어 걱정을 하고 있다. 두 번째 원
인은 지적이고 육체적인 능력의 변화를 통해 나타나는 일차적이고
근본적으로 제한된 조건부 철수에 있다. 이 능력은 노년 안에 하나
의 결과로써 나타난다. 만일 인간이 '삶에는 한계가 있다'라는 인생

의 유한성을 깨닫게 된다면, 자신의 삶의 공간의 축소에 대한 필연성을 긍정적으로 바라보게 될 것이다. 그리고 개인적인 힘들의 쇠퇴를 받아들여야 하는 사실을 깨닫게 된다. 그러므로 인간은 사회적 철수를 위한 정확한 순간을 준비할 필요가 있다. 이를 통해 존재하는 관계가 변화되고 연령대에 동일한 상호작용은 의미를 얻게 된다.

철수이론은 지속적으로 다음과 같이 주장한다: 진행되는 노화의 상황에 대한 긍정적인 시인은 환경을 통해서 나타나는 것이 아니라 원인 있는 내적인 변화를 통해서 나타나는 것이다. 그렇기 때문에 노년 안에 나타나는 생물학적이고 심리학적 변화의 유발은 매우 중요하다. 이러한 긍정적인 표현은 사회적 삶의 몫의 한계와 그에 대해 어느 정도 거리를 두는 것이 노인의 소원이 된다는 것이다. 철수이론은 Thomae가 말한 것처럼, 마치 노화에 대해 가르치는 이론 사이의 내적인 협정이라고 볼 수 있다. 이제 노화는 노인의 실재적이고 감정적이고 관념적인 옹호로서 자신의 사회적 환경에 마주하여 제도상의 확신하는 규정일 뿐만 아니라 개인의 욕구와 필요에 일치한다.

Parsons의 이론에 의하면 노화는 개인과 공동체의 피할 수 없는 상호간의 철수라고 볼 수 있다. 늙어가는 개인과 자신의 축소되는 사회적 구조를 통해 나타나는 다른 구성원과의 사이에서 변화되는 상호작용이다. 이러한 철수 진행은 개인과 개인 사이의 서로 의존하는 상호의존과정이라고 볼 수 있다. 이 과정은 개인 스스로부터뿐 아니라 사회로부터 준비되어야 한다. 개인에게 있어서는 노년에 들어갈 때 하나의 바람을 가져야 한다. 이는 바로 그동안 자신에게 주어졌던 사회적 역할 의무와 책임으로부터 물러나는 것이다. 사회에게 있어서는 개인으로부터 역할을 확실하게 정해줄 필요가 있다. "노화는 보통의 경우 상호간의 관계에 있어 스스로 철수하는 것을 의미하며, 자신의 사회적 구조에 있어서 다른 이들과의 거리를 두는 것을 의미한다. 이는 '해결진행의 과정'이라고도 말할 수 있는데 이를 통해 개인 간뿐만 아니라 조직 안에 남아있는 관련 인물에 의해 각 사람은 자신의 노년의 시작을 가지게 된다"(Vath, 1973).

철수이론은 이제 전적으로 하나의 가능성을 제시한다. 늙어가는 인간이 모든 인간집단으로부터 물러나야 하는 것은 아니다; 더 정확하게 말하자면 이 이론은 관찰을 통한 활동의 여지를 허락한다. 노인은 정해진 그룹으로부터 강조되는 거리를 두는 것을 인정하면서 자신의 또 다른 삶을 시작한다. 즉 다른 사람과 함께 상대적으로 제한적인 접촉의 교제 안에 머물면서 동시에 새로운 관계를 받아들인다는 것이다. 우선 개인적 가족 관계 안에 이루어지는 긴밀한 교제를 받아들여야 한다. 또한 상이한 인격구조와 환경조건에 근거하여 이루어지는 개인적 구별의 가능성은 시작일 뿐만 아니라 진행과정 안에서 그리고 철수진행과정 안에서 그 결과가 형성된다는 사실을 깨달아야 한다. 철수진행과정 안에서 이루어지는 것은 인간관계에 있어서 격리가 아닌 조화이다. 그것은 개인과 사회 사이의 각 연령 내 구성을 통해 형성된다.

그러나 Havighust는 철수이론에 대해 다음과 같이 반박한다. 노화진행은 적극성이론도 철수이론도 아닌 사회적 관계 안에서 설명해야 한다. 더 정확하게 말하자면 삶 가운데 주어지는 기회와 함께 능동적인 활동과 연결되어 나타나는 삶 속에서 만족이 이루어져야 함을 고려해야 한다는 것이다. "철수이론에 의해 나타나는 기능주의에 대한 확실하게 조화된 사고는 대부(大父)를 형성한다. 그에 대해 관계의 개체는 그것이 사회를 위해 최선이었음을 보여주기를 원하며 노인에 대해 사회로부터의 철수(disengage)를 촉구한다. 사회와 그의 발전을 위한 젊은이와 노인과의 역할 바꿈, 즉 직위교체 또는 위치교체의 하모니는 실제로 보수주의적인 경향을 가져온다; 이러한 상황은 동시에 모든 참가자의 소원에 상응한다고 본다. 그리고 사실적으로 요청된 만족은 많은 강도 높은 사회적 철수와 관련하여 나타나는 다른 연구들 안에서 확인되지 않는다. 더 정확하게 말하자면 일반적으로 적극성에 대한 넓은 범위와 일반적인 만족은 상관관계에 있다. 전체적으로 노인은 가장 운이 좋고 행복하다. 그리고 그들은 활동성과 관계된 범위와 질을 자유롭게 선택할 수 있고 결정할 수 있다"(Blasberg - Kuhnke, 1985).

노인교육은 노인을 두 개의 그룹으로 나누어 목표를 만들어야 한다. 그리고 노인의 각각의 상이한 요구들을 고려해야 한다. 한편으로는 슬기로운 실천을 위한 돌봄의 자리를 가져야 한다. 다른 한편에서는 자립과 자주 조직을 가능하게 만들거나 원조(후원)해야 한다. 이를 통해 결과적으로 깨닫게 되는 것은 다음과 같다: 적어도 유럽의 사회는 인구통계학적 발전과 관련하여 직업 활동 내지 가족적 의무(특히 주부들에 있어서)로부터 벗어나게 되는 것이 증가되는 현상에 주목해야 한다. 증가하는 평균수명으로 인해 사회적 인간으로서 주어진 의무로부터의 '해방'은 점점 더 높은 연령과 관련시키고 있다. 이는 이미 일상어 안에서 '웰빙 노인(junge Senior: 젊은 노인)'의 개념이 나타나는 것과 연관 지을 수 있다. '웰빙 노인'의 직업 활동의 끝에 나타나는 시간에 대한 가능성은 사회와 교회의 모든 영역에 있어서 가치가 큰 가능성과 잠재력으로 관찰되어진다. 그 한 예로 개발도상국에서 이루어지는 자원봉사, 상담가, 정기적인 사회적·교회적 봉사 등에서 활동하는 그들의 모습을 들 수 있다. 그렇기 때문에 직업으로부터 분리된 이후 또 다른 적극성을 수용하는 사회적·교회적 배려는 매우 중요하다.

8.3. 인격과 개성

노년에도 활동적인 능력을 간직하고 있는 사람은 주어진 삶 속에서 의미 있고 중요한 활동성을 찾고자 새롭게 시도한다. 이를 위해 인생에 있어서 삶의 적합한 새로운 방향을 세우고자 결심한다. 이를 통해 자신의 정체성을 재확인하고 직장으로부터 은퇴와 자녀의 독립과 관련하여 주어지는 새로운 시간을 어떻게 보내야 할 것인지를 고민하게 된다. 그 결과 노년기에 들어섰을 때 서서히 약해지는 자의식이 방지된다. 강한 개성과 인품을 가지고 있지 않은 또는 살아 있는 믿음 안에 서 있지 못하는 사람에게 있어서 그동안 천편일률적으로 그려져 왔던 노년의 변화에 대한 빈번한 반응은 쓸모없음을 통한 무익함과 슬픔의 불분명한 감정이었다. 인간의 슬픔은 하나의 사건이다. 이러한 사건은 특별한 상태를 통해 해결되는 것이 아니다. 슬픔은 지루함, 자신의 쓸모없음에 대한 씁쓸하고 비하하는 감정과 함께 나타난다. 세상 가운데 느끼는 인간의 고독은 단지 자신에 대한 무관심을 통해 나타나는 것이다. 그 결과 많은 노인들이 자신의 증가하는 연령과 관련하여 나타나는 육체적 생명력의 한계에 직면하여 자신의 영적 힘을 사용하지 않게 되는 결과를 낳는다.

인생의 무기력함을 겪고 사는 사람은 종종 다음과 같은 질문을 던진다: "만일 내가 더 이상 어느 누구에게도 의미 있는 사람으로서의 역할을 가지지 못하게 된다면, 그때의 나는 어떤 존재가 될까?" 이러한 상황을 피하기 위해서는 먼저 자신의 삶을 돌아보고, 이를 통해 자신의 고유의 정체성을 다시 찾는 노력이 이루어져야 한다. 이와 함께 자신의 다가올 삶에 대한 새로운 관점을 가지도록 해야 한다. 이러한 관점은 '스스로 학습'을 통해 가질 수 있다. 스스로 학습이란 삶과의 상호작용 안에서 일어나는 학습으로서, 그 안에서 인간은 자신의 인격과 개성을 발전시켜 인생의 가장 높은 목표에 도달하도록 노력하게 된다.[52] 그와 함께 자신의 인격의 가장 깊은 곳으로부터 만나게 되는 예수 그리스도에 대한 믿음과 함께 잘 성장되어야 하며 많거나 또는 적게 종종 삶의 경주 안에서 현실화되어야 한다.

---

[52] Potempa에 의하면 삶의 최고의 꽃은 개성이다.

8.3.1. 자아발견

노인을 고무하고 격려하면서 나타나는 만족스럽고 즐거운 경험은 노인 스스로에게 있어 자라나는 하나의 자각이라 할 수 있다. 이러한 자각은 노인의 육체적 힘은 점점 약해지지만 그들의 정신은 항상 여전히 이길 능력이 있다는 사실을 인식하는 데에서 출발한다. 자신의 정신과 영의 깊은 곳으로부터 나오는 내적인 힘의 비축과 배치를 통해 육체적 상실을 완화시키고 보충한다. 다시 말해서, 하나의 육체적인 핸디캡에 대한 경험은 확실한 장(Feld) 안에서 하나의 커다란 영향력을 주는 매력 덩어리로 나타나게 된다. 비록 한 쪽이 열등하여도 다른 쪽에서는 비범한 발군의 실력을 나타내어 평준화를 이루게 된다는 것이다. 그리고 이를 통해 자신의 업적을 이행할 수 있게 된다. 그러므로 노령에 나타나는 육체적 감퇴와 저하, 결핍으로 인해 겪는 경험은 노인의 입장에서 볼 때 하나의 도전으로 해석되어야 한다. 노인의 핸디캡, 부담과 각성은 자극과 격려로써 그 자신에게 긍정적인 영향을 주는 것으로 이해해야 한다. 이를 통해 창조적이고 생산적인 능력을 일깨우도록 한다. 이러한 깨달음은 노인으로 하여금 인간으로서의 삶의 새로운 차원들을 발견할 수 있도록 도와준다. 그리고 더 나아가 이를 발전시킬 수 있도록 힘을 북돋아준다. 이제 승리 안에서 패배는 변화된다.

Bubolz는 '노년의 학습'에 대한 연구를 통해 다음과 같이 언명한다. 노인을 학습시킬 때에는 젊은이와는 다르게 다음과 같은 내용을 유념하여 지도가 이루어져야 한다. 노인은 자신이 무엇인가를 배울 때 그 안에서 하나의 '사고'를 본다. 학습하는 자는 먼저 자신의 지금까지의 인식력 있는 구조를 재분류, 재배열하게 된다. 이는 학습하는 노인의 삶의 관계의 맥락에 있어서 중요한 역할을 하게 된다. 즉 하나의 확정된 결정적인 사고를 주거나 또는 인간 스스로 하나의 사고를 창조할 수 있도록 북돋아주는 역할을 한다는 것이다. 이러한 관계 안에서 나타날 수 있는 것은 하나의 개인적인 사고와 포괄적인 사고53)이다. 이러한 사고는 개인의 종교성과 유사하게 나타나게 된다.

그러므로 이에 상응하는 노인교육은 그 어떤 것으로도 결정되지 않는다. 노인교육은 노인을 위해 각 사람이 슬기롭고 이성적으로 자신의 개성의 가치의 근거하여 그리고 자신 각자의 개성적인 사고에 근거하여 자각할 수 있게 하는 데에 도움이 되어야 한다. 이와 함께 노인으로 하여금 그들 각자의 욕구, 희망, 자신을 위한 소원을 인지하는 데 도움을 주어야 한다. 더 나아가 그들의 지각과 가치에 상응하여 실현되도록 일조를 해야 한다. 이러한 교육에 대한 이해는 "노인의 자아발견의 교육"에도 적용된다. 자아발견의 목적은 '학습자 스스로 자신을 찾음'에 대한 자각을 하는 것이다. 즉 사회적 역할과 숨겨진 나와의 사이의 차이를 찾는 것이다.

이에 대해 Koch – Straube는 자신의 책, "노인과 함께하는 공동체 사역"에서 다음과 같이 말한다: Koch – Straube는 노화를 외형적으

---

53) 이는 다른 것과 함께 하는 합의 안에서 형성된다.

로 구별하는 세분화된 진행과 함께 나타나는 다양한 구조의 전환으로 이해한다. 이 구조의 전환은 스스로와 자신의 환경을 변화시키기 위해 하나의 중요한 학습 잠재력을 요구한다. 이때 학습 잠재력은 지금까지 경험의 수준에 대한 학습 잠재력이며 그와 동시에 각 개인적 책임을 감당하는 능력의 고려 아래에서 스스로를 변화시키고 자신의 환경을 변화시키는 학습 잠재력을 의미한다. 그렇기 때문에 자기발견을 위한 교육은 완전한 인간이 되기 위한 하나의 길이다. 아무리 이 교육이 모든 연령층을 위해 동등한 정도로 중요하게 보여도, 이 교육의 내용적인 구조를 보면 노인의 특별한 생활조건에 대해 올바른 방향을 찾게 만든다. 그러나 이것은 편협한 개인주의로 이끌지는 않는다. 왜냐하면 노인교육 자체가 세대 간의 특별함을 인정하기 때문이다. 그리고 교육을 위해 선택된 테마들, 문제들 및 행동들은 항상 세대들에게 있어서 결정적이고 지배적인 형성을 이룬다. 그 한 예로 특별히 노인교육은 노인의 고립을 극복하려고 노력하는데 고립의 극복은 세대들에게 있어서 사회적 통합과 완성에 대한 관점뿐만 아니라 모든 이의 해방의 포괄적이고 광대한 임무가 시행될 때 가능하다.

8.3.2. 스스로 학습

만일 노인 스스로 책임지고 개성적으로 살고자 한다면, '스스로 학습'은 이를 위한 하나의 중요한 밑거름이 된다. Herder에 의하면 '스스로 학습'의 실행 가능성에 대한 사고는 '스스로 형성', '스스로에 대한 표상' 등으로 정의 내려진다. 그는 이 정의로부터 인간의 잠재 능력발달의 진행과정을 이해한다. 잠재능력은 외부로부터의 강화와 영향으로서 일어나는 것으로, 인간의 삶의 관계 안에서 진행되어 나타난다. 이 진행과정은 개인적인 삶과 행동이 어떤 관계성을 가지고 이성적으로 경험되고 형성되는지를 알려준다. "더욱이 이러한 진행과정은 강제적으로 억눌려지거나 억압되어지는 것이다. 그러나 이 과정은 형상, 형태, 상호작용, 상호협력, 세상과 힘의 상호작용으로부터 기인되는 방법으로부터 영향을 받기 쉽지 않다"(Menze, 1970).

오늘날 심리학과 인문교육학의 이론을 보면, 자아개발은 환경과 상호영향 없이는 이루어질 수 없다는 것을 알 수 있다. Menze는 훈육 아래서 한 명의 인간으로 만들어져 가는 가운데 중요한 것은 역시 '외부로부터 강화'라고 이해한다. 왜냐하면 교육을 인간에 대한 개발과정으로 보고 있기 때문이다. 중요한 것은 그 안에서 내적인 면을 외적으로 드러내도록 하는 것이라고 말한다. 물론 "교육은 일반적으로 외부로부터 강요되어 나타나는 하나의 개발과정이 아니다. 교육은 세상과 함께 하면서 나타나는 변화에서 이루어지는 것이다"(Bubolz, 1983). 이러한 교육의 개념은 노인교육이 노인으로 하여금 스스로에 대해 능동적으로 표현할 수 있게 만들며, 스스로 책임질 수 있는 성숙한 사고의 과정에 대한 하나의 가능성을 가지고 있어야 한다는 이론을 뒷받침한다. 노인교육은 다음의 내용을 포함해야 한다: 먼저 교육은 계획적이지 않은 것(unplanbar)이 되어야 한다. 노인에게 있어 교육이 스스로의 일로서 이해하게 될 때, 그리고 생동하는 환경 안에서 사람과 다른 기관 사이의 교환이 이루어지게 될 때, 비로소 교육은 완성된다. 그러므로 교육은 하나의 의미 또는 시각을 가진다. 각각의 노인은 지금까지 스스로에 대한 이해 안에서 그리고 자신의 환경에 대한 이해 안에서 자신의 사고를 정리해야 한다. 그리고 교육을 통해 관점을 바꾸고 스스로 변하려고 노력해야 한다.

이와 같은 내용은 노인의 독립, 동등, 평등 안에서 다시 깨닫게 된다. 그리고 각 개인이 개인 고유의 권리를 가지고 있다는 사실을 인식하게 된다. 이를 통해 자신의 전체적인 삶의 경로 가운데에서 최상의 것을 발전시키고 확장시키려고 노력한다. 왜냐하면 인간은 평등적인 사고에 대한 긍정적 관점 안에서 개인적이고 사회적인 자유의 실현을 위해 공헌하고자 하는 욕구를 가지고 있기 때문이다. 이러한 전망은 사회에 있어서는 정치적 정당참여로 연결된다. 이것은 사회적으로 나타나는 내적 결핍과 외적인 자유 아래에서의 견딤과 극복을 나타나는 것이다. 그러나 노인은 그동안 젊은이와 비교했을 때 최소한 부정적으로 평가되는 조건을 근거로 자신의 잠재력은 자유롭게 펼치지 않고 있었다는 사실을 인지해야 한다. 그러므로 해방을 추구하는 관점은 노인교육의 숙고와 성찰 가운데 중요한 의미를 가지게 된다. 왜냐하면 노인교육은 인간에 대한 커다란 가치와 자율의 가능성과 공동결정의 가능성의 사고 안에서의 변화를 주장하기 때문이다. 개인 자신의 특별한 권한과 정당성, 그리고 개인적인 견해로부터 비롯된 요청을 찬양한다. 각 개인은 자신의 전체적 삶의 진행경로에 있어서 자신을 최고로 발전시키고 나타내 보이려는 권리를 가지고 있다. 비록 출발점이 개인의 상황을 이해하기 위해 그리고 개입과 간섭을 계획하기 위해 선택된 것일지라도, 개인은 자신의 환경과 그들의 상호 간의 관계를 절대적으로 진지하게 받아들인다.

8.3.3. 자아실현

노인이 되면 '나-자각'은 육체적, 심리적, 사회적 그리고 공동체적 조건이 점차 변화되어 쇠퇴해 가는 것에 영향을 받게 된다. 그러나 중요한 것은 '나-자각'이 없으면 자아실현도 없다는 사실이다. 그렇기 때문에 노인교육은 노인으로 하여금 자신에 대한 자각을 잃어버리지 않고 그 안에서 더욱 확고해져서 자신의 삶에 있어서 지적, 감정적 그리고 의지적인 영역을 완성시키며, 이를 통해 자신의 삶을 창조적인 삶으로 끌어올릴 수 있도록 도와야 한다. 그렇다면 어떻게 해야 '나-자각'을 강하게 만들 수 있을까? 사실 인간의 발전과 자아실현의 버팀목은 인간의 종교적 삶의 발전을 위한 하나의 기초라고 볼 수 있다. Kierkegaard는 다음과 같이 말한다: 인간은 자신의 고유한 존재성을 나타낼 때, 세 가지 단계의 길, 즉 미학으로부터 도덕률을 지나 종교적 단계로 가는 길을 거친다. 여기에서 눈에 띠는 것은 인간의 존재의 의미를 찾는 데에 있어서 가장 중요한 것은 바로 종교적 단계를 거쳐야 한다는 사실이다. 그러므로 인간은 하나님의 절대적인 인격의 도움 없이는 그 스스로 인격의 완전성숙을 이룰 수 없다. "왜냐하면 나는 하나님으로부터 나왔기 때문이다. 하나님은 나를 창조하셨고, 그 분 안에서 마침내 홀로 나의 삶에 대한 자각을 찾게 하셨다"(Guardini, 1950). 이로 인해 나의 인격과 개성은 인간적인 면 안에서 완성되는 것이 아니라 하나님 안에서 나-너의 관계(개인과 개인과의 관계)를 통해 이루어지게 된다. 이러한 관계는 내가 포기하거나 거절할 수 있는 것이 아니다. 그러므로 나의 '나로 머묾'은 곧 '나-자각'을 의미하며, 이를 더 정확히 말하자면 본질적으로 하나님의 나의 '너'에서 형성된다." 하나님과의 이러한 관계는 각 개인이 종교적으로 책임을 가지는 자세와 행위를 통해 의식적으로 형성하게 된다.

8.3.3.1. 인격형성교육

인격형성교육은 노인에게 있어서 새로운 나-자각을 얻기 위한 하나의 본질적인 관점을 열어주는 것이다. 인격형성교육의 목적은 노인으로 하여금 사회적 변화를 받아들이고, 세대 간 차이와 구별을 인식하게 만드는 데에 있다. 그리고 생활양식의 변화를 의식적으로 감지도록 돕는다. 그러므로 노인은 다음과 같은 시도를 해야 한다. 개인적이고 주체적으로 경험된 상황 안에서 자신의 문제를 인지하고 표명해야 한다. 그와 함께 노인 스스로 적극적인 존재가 될 수 있다는 사실을 깨달아야 한다. 또한 인격형성교육은 노인이 자신의 삶에 있어서 존재하는 문제를 극복하는 해결방법을 알려준다. 더 정확히 말하자면 문제해결의 본보기의 제공을 통해 학습자가 이를 학습하고, 자신의 전문지식을 확대하여 생활 속에서 연습하고 발전시키게 된다는 것이다. 또한 새로운 문제들을 자주적으로 해결할 수 있게 한다.

단원 1.6.2.에서 이미 말했듯이 이제 제3의 인생의 시간 안에 지적인 능력이 감소한다는 사실은 의심해 보아야 한다.[54] 실제로 인간의 지적인 능력은 환경과 상황의 영향을 받는다. 생물학적인 요인들과 둘러싸인 구성요소는 인간발달을 근본적으로 결정하는 요인이다. 만일 노인이 나-자각을 통해 자신의 육체가 점차 쇠약해짐에도 불구하고 정신적으로 여전히 활기차게 활동할 수 있다는 생각을 가지게 된다면, 이는 인간이 자신의 나이와는 상관없이 지적이고 정신적이고 심리적인 힘을 가능한 한 최적의 상태로 준비해야 한다는 사실을 일깨워준다. 인간의 이러한 정신적 잠재력에 대한 이해를 뒷받침하기 위해서는 Jung의 이론이 대단히 귀중한 역할을 한다. 그에 의하면 일반적으로 평범하게 살아가는 인간은 자신의 정신적인 힘의 절반만을 사용한다. 그 나머지 절반은 사용하지 않거나 잊어버리고 무의식 속에 남겨두게 된다. 예전 세대들은 인간이라는 존재의 경탄할만한 내면의 깊이에 대해 전혀 생각지 못하고 있었다. 오늘날에도 여전히 대부분의 사람들이 자신의 영혼의 작은 부분 안에 살고 있다. 그들이 내적인 자아의 무한한 활동성의 차원을 소홀히 하고 무시하는 동안 '영혼의 집의 많은 방들이 잠겨 있고 전혀 열리

---

54) 단원 1.6. 노화증상의 심리적인 면을 보라.

지 못하고 있다.

이 말은 인간은 단지 자신의 정신적인 에너지의 절반을 사용해도 아무 불만 없이 자신의 삶을 영위해 나간다는 것을 의미한다. 그러나 그 남은 절반의 비(非)사용으로 인해 종종 인간은 인간적인 성취와 충만함에 전혀 도달하지 못하거나 삶의 지루함과 단조로움 내지는 내적인 공허를 통해 쇠약하게 되기도 한다. 이 말은 늙어가면서 자신 안에 여전히 존재하는 잠재적인 에너지를 전혀 발견하지 못했다는 것을 의미한다. 그리고 그 여분의 에너지는 그들의 영의 깊은 곳에 저장되어 숨죽이고 있을 뿐이다. Jung에 의하면 새롭게 발견되는 심리적인 영역의 사용은 심리적 건강의 획득뿐만 아니라 인간의 의미 깊은 이성적인 존재의 실현을 본질적으로 이루어지게 만든다. 영혼의 의식적이고 무의식적인 부분의 편입과 심리적 온전성(전체성, 통일성)의 실현 내지는 다양성은 융(Jung)의 견해에 있어서 순수한 심리적 문제로서 나타나는 것이 아닌 하나의 윤리적인 요구로서의 의미를 가진다. 그렇기 때문에 인격형성교육은 인간을 도와 새로운 능력을 발견하게 하고 그 스스로가 이해가능하게 만들어야 한다.

8.3.3.2. 자아실현

완전한 존재는 개인적이면서 공동체적인 존재이다: 사랑은 인생의 주기적 변화의 반복을 가진다. 그렇기 때문에 하나님의 피조물인 인간의 내적인 추진력은 사랑이다. 그러므로 사랑의 완성 없는 개인적인 자아실현은 불가능하다. '함께함'은 스스로 존재함에 대한 협박도, 되돌아감도 아니다. 그와 반대로: "함께함으로써 가장 최고의 모습인 사랑은 스스로 존재함의 실현이다"(Brunner, 1976). 그렇기 때문에 하나님의 사랑과 이웃사랑에 대한 요청은 기독교 삶의 중심 과제로서, 믿는 자에게 있어서 강제적이고 불가피하고 필연적으로 표명되어야 하는 것이다. 삼위일체 하나님의 사랑으로부터 나온 자아실현은 인간의 자아실현을 보증한다. 왜냐하면 하나님은 인간을 진실한 자유 안에 자유롭게 할 수 있는 권한을 가지신 유일한 분이시기 때문이다. 이제 자아실현은 인간의 인식분야 안에서 뿐만 아니라 감정적 분야 안에서 일어난다는 사실을 인지해야 한다. 이 말은 노인의 문제와 욕구를 중요하게 생각해야 한다는 것을 의미한다. 그리고 사회적이고 공동체적인 상황 역시 고려해야 한다. 이로부터 노인교육에 있어서 감정적인 관점은 인식적인 관점처럼 중요하게 다루어져야 한다. 제3의 삶의 시간은 일반적으로 감정과 강하게 관련이 되어 있다. 자아실현의 목적은 노인의 능력관리, 노인의 고유의 감정 그리고 다른 것을 인식하고 표현하는 방법을 제시한다. 인간의 자아실현의 목적은 고유의 감정과 다른 이의 감정을 인식하고 표현하여 자신의 감정에 상응하여 그들의 연관성을 숙고할 수 있도록 스스로를 표현할 수 있고 행동할 수 있는 능력의 주재를 포함한다. 그리고 자신의 감정의 세계 안에서 잠재적인 불일치의 현상도 숙고할 수 있게 한다. 그러므로 인간의 감정과 관련된 교육은 대단히 중요한 학습영역이라 할 수 있다. 이러한 감정적인 학습에 속하는 교육 프로그램은 학습자의 취미, 선호, 가치 감정, 태도, 도덕성 등을 전제로 하여 계획되어져야 한다.

인간의 인식적인 관점과 감정적인 관점의 조화 가운데 인간은 창의력을 발견하게 된다. 이 점은 노인에게 있어서도 예외가 되는 것이 아니다. 만일 노년 안에 제공되는 교육이 인식적이고 감정적인 교육을 바탕으로 이루어진다면 그것은 창조적이고 생산적인 교육이 될 수 있다. 이러한 교육은 다음과 같은 교육내용을 필요로 한다: 인식력 있는 관점과 관계하여 나타나는 교육내용은 매우 이론적인 내용으로서, 예를 들어 경제, 정치, 사회, 문화, 역사, 종교 그리고 교의학이 이에 속한다. 감정적 관점과 관계하여 나타나는 교육내용은 실제적인 내용으로서, 예를 들어 취미활동, 여가시간 활용, 여행, 일반적인 행사들과 사랑과 함께하는 사역활동 등이 이에 속한다.

참고적으로 고령의 나이에 속한 사람은 특별히 자신의 과거와 현재에 대해 타인과 대화하기를 즐겨한다. 그로부터 고령의 노인은 일상의 삶의 힘과 가치를 찾고자 시도하고, 자신의 자아실현과 창조적인 삶의 획득을 시도한다. 그렇기 때문에 노인이 떠올리는 과거의 기억들 가운데 후회, 분노 등의 감정과 엮어져서 나타나는 기억에 대해서는 영적인 치료가 제공되어져야 한다. 즉 하나님의 말씀과 하나님에 대한 믿음 가운데 자비와 사랑을 통해 치료되어져야 한다는 것이다. 더 나아가 고령의 노인으로 하여금 긍정적인 자아실현 안에서 자신의 과거의 삶에 대해 자유함을 얻도록 도와주어야 한다.

만일 노인이 오랜 직업생활에서 축적된 능력과 경험을 은퇴 이후 잃어버리게 된다면, 이는 당사자에게 있어서는 회복할 수 없는 상실을 의미하게 되며, 교회와 사회에 있어서는 소중한 일꾼을 잃어버리게 되는 결과를 맞이하게 된다. 그렇기 때문에 노인의 지식과 능력 그리고 경험이 사회와 교회 안에서 유용한 자산이 될 수 있음을 명심해야 한다. 특별히 교회는 사회와는 다르게 모든 세대가 세대의 구분 없이 자유롭게 모여서 만남을 나누고 활동하는 장소로서의 장점을 가지고 있다. 바울이 고린도전서 12장 12절 이하에서 서술했듯이 모든 세례받은 자는 어떤 차등의 구별 없이 교회구성원이 되기 때문이다. 그러므로 젊은이뿐만 아니라 노인이 지니고 있는 다양한 능력이 모이고 묶이며 사용되는 장소가 바로 교회가 되어야 한다. 이러한 교회 고유의 특성 속에서 노인에게 교회 공동체에 대해 적극적인 참가와 협력이 요구되어지며, 교회 공동체의 삶에서 필요한 공동 사역은 노년에 중심적인 과제로서 평가되어야 한다. 공동 사역은 교회 공동체의 다른 구성원에 대한 사역의 위임으로서 개인뿐만 아니라 타인과 관계되어 요구되어지는 협력에 있어서 노인이 스스로 능동적이고 적극적인 관계를 가지도록 한다.

무보수 명예직의 활동은 노인에게 있어 커다란 만족을 가져오게

한다: 공동체적 사역을 수행하는 사명을 임명받으면서 이를 통해 새로운 사람을 사귀게 되고, 다른 사람에게 조언과 도움이 주는 활동으로 힘껏 돕게 된다. 이때 활용되는 것이 바로 그들의 긴 인생을 통해 축적된 능력과 경험이다. 이 외에도 노인의 교회 내 사역 활동은 그로 하여금 새로운 것을 배우고 사고와 성공의 결과를 가져오게 한다.

일반적으로 독일 지역교회 내 노인의 구체적인 활동영역은—부분적으로 수용되는 교육이든 계속교육이든—주일학교의 교육 또는 세례교육자를 위한 교육 또는 선교사역사를 위한 교육과 지원 사업, 고아원과의 관계 형성(양육과 수용 및 접대)이 있고, 그 외에도 구제사업기관의 설립과 이에 대한 발전적인 사역 가운데 이루어지는 어르신 - 전문자의 재배치와 수행 활동 등이 있다. 이러한 무보수 명예직의 활동과 함께 나타나는 도전들은 노인에게 삶의 가능성을 제공한다. 이를 통해 그들의 믿음이 새롭게 성숙되어지고 능동적이 되며, 더 나아가서는 심화되기도 한다. 이것은 무보수 명예직의 사역이 가져다주는 높은 만족과 성공의 결과를 보여주는 것이다. 이는 노인의 개인적인 재능과 경험이 다른 세대에게 이어 전달되도록 하는 "의무와 책임"으로서의 역할을 가질 뿐만 아니라 교회 사역의 필수불가결한 모습을 나타내게 된다. 이러한 만족과 성공적 결과는 당사자를 위해서는 교회 공동체와 함께 동일화와 그로부터 나온 자극과 도전을 가져온다. 이때 자극과 도전은 구조와 미래에 대한 조망가운데 책임적으로 형성하게 된다.

이제 독일 지역교회에서 이루어질 수 있는 노인 사역의 몇몇 활동영역에 대한 가능성들을 언급하고자 한다.

3.1. 무보수 명예 설교 사역자

독일 내 이미 존재하고 있는 무보수 명예 설교 사역자는 대부분 직업전선에 속해 있는 가운데 봉사하는 사람과 은퇴이후 봉사하는 사람으로 구성되어 있다. 이들은 대부분 목사가 가지지 못하는 특별한 의사소통기법을 가지고 있다. 왜냐하면 무보수 명예 설교 사역자 대부분이 선생, 공무원, 저널리스트, 언론인, 교육자 또는 그와 비슷한 일들을 하던/했던 사람으로서 자신의 지식, 능력, 그리고 경험을 설교 안에 가져오기 때문에, 듣는 이로 하여금 많은 공감대를 형성할 수 있기 때문이다. 그리고 특별히 목사가 다루지 못하는 지식적인 전문분야를 가지고 설교에 인용하기 때문에 목사의 그것보다 설교 내용의 폭이 넓다. 이 외에도 독일 루터교회의 재정적·지역적인 어려움으로 인해 설교 사역에 있어서 평신도의 활동은 점차 늘어나고 이를 위해 사역봉사자들을 지속적으로 교육하고 양성하고 있다.

무보수 명예 설교자는 교회 공동체를 위해 커다란 가치를 지니고 있다. 왜냐하면 그들의 직업으로부터 온 경험들을 그들의 설교에 적용할 수 있기 때문이다. 무보수 명예 설교 사역자를 긍정적으로 보는 또 다른 이유는 목사가 보통 자신의 설교에서 학문이나 전문 직업과 관련된 설교를 사용하고 있지 못하는 것도 있다. 이러한 원인을 근거로 하여 무보수 명예 설교자는 '전문적인 평신도'의 설교라는 기치를 내걸고 이를 듣는 기독교인에게 긍정적인 인상을 준다. 그들의 설교를 통해 기독교인은 교회에서 삼가는 것과 자신의 현실 사이의 괴리감을 극복할 수 있다. 그러므로 '평신도'의 설교를 통해 많은 교회 공동체의 구성원이 믿음을 보충하고 확충하는 것은 매우 의미심장한 일이 된다.

3.2. 무보수 명예 상담봉사 사역자

사회적으로 간호 직업에 종사한 사람—간호사, 사회복지사, 의사, 심리학자, 노인관리사 또는 이와 비슷한 일을 하는 사람—은 직업 생활 가운데 축적한 다양한 노하우를 가지고 있다. 이들은 영적으로 힘든 환경 안에서 도움의 손길을 기다리거나, 매우 상이한 삶의 형태 안에서 도움이 필요한 사람들에게 긍정적인 영향을 줄 수 있다. 이와 같은 사람은 새로운 지식과 관련하여 계속교육과 준비를 통해 교회 안에서 상담사역을 담당할 필요가 있다. 그리고 경우에 따라서는 봉사 사역의 범위에 비례하여 특별한 자문사역기관을 설치하고 제공해야 한다. 예를 들어 교회성도들을 위한 상담사역으로서 영적 사제직을 감당하는 것, 또는 병원, 구호시설과 요양원, 양로원 안에서 상담자로서의 역할과 설교사역을 담당하는 것 등이 그것이다. 이러한 사역은 교회공동체 내 노인이 되어가는 사람들의 숫자가 증가하는 것과 비례하여 미래에는 명예직의 영적 사제직에 대한 수요가 폭팔적으로 증가하게 될 것이기 때문에 미리 준비하는 것이 좋다.

이외에도 21세기는 지식·정보화 사회이다. 지식과 정보화의 유통기한은 짧아지고 있으며 동시에 대량의 지식이 매순간 유입되고 있다. 이제 인간은 일상을 통해 끊임없이 배우지 않으면 안 될 상황에 봉착했다. 끊임없이 배우지 않은 사람이 사회의 낙오자가 되는 것이 바로 21세의 사회구조이다. 이로 인해 인간은 삶에 대한 불안함과 우울증을 가지게 된다. 또한 21세기 사회의 전형적인 특징으로서 나타난 개인주의는 가정의 상실과 불화로 이어졌으며, 특별히 자녀에 대한 가르침에 있어서 부모로서의 모범의 상실을 가져왔다. 이러한 사회구조적 문제 가운데 노인의 역할의 두드러질 수밖에 없다. 그들은 사회에 있어 하나의 자문 역할을 수행해야 한다. 즉 기성세대와 청소년 세대를 이어주는 교량다리의 역할을 할 수 있는 세대가 바로 노인세대이다. 노인이 사회적·교회적으로 유용한 활동을 할 수 있도록 하기 위해서는 그들의 인생 전반에 걸쳐 축적된 지식과 경험을 전제로 필요한 요소에 적절하게 배치를 하는 것이 중요하다. 여기에서 기억해야 할 사실은 언제, 어디에서나 자신의 영역과 책임을 감당해낼 수 있기 위해서는 먼저 개인적으로 확고한 믿음을 가지고 있어야 한다는 것이다.

3.3. 여성 노인에 대한 관심 사역

현대 사회와 교회 안에 있어 여성의 의미는 날로 증가하고 있다. 이에 대해 근본적으로 세 가지 요소를 가지고 말하고자 한다.

● 남성에 비해 여성은 일반적으로 약 5년 정도 높은 평균수명을 가지고 있다. 이런 이유로 사회와 교회 안에서도 여성 노인의 분포가 더 크다.

● 젊은 여성의 사회적 평등화는 과거의 가부장적인 구조와 전통에 맞서서 여성의 새로운 자의식와 연대감을 가지게 하였다.

● 부부와 자녀의 구조를 가정이라고 생각했던 과거와는 달리 현재에는 이혼 가정, 편부모 가정, 미혼모 가정 숫자의 증가로 인해 가정의 구조가 달라지고 있다. 그러므로 부모 – 자녀에 대한 양육에 있어서도 새로운 기준을 제시해야 한다. 현재 가족에게는 물질적 원조자뿐만 아니라 영적인 원조자가 필요하다. 그리고 특별히 젊은 엄마(미혼모 포함)에게는 아이를 양육하는 데 있어서 도움이 손길이 절실히 필요하다. 그러므로 이들에 대해 '모성애적 감정'을 가지고 그들을 돌봄의 대상으로 마주하여, 신뢰와 사랑을 가지고 봉사를 할 수 있는 넉넉한 여유와 지식, 경험을 가진 여성 노인의 역할이 중요하다.

특별히 노인의 교회 내 봉사 사역을 위해 전제되어야 할 것은 목사의 후원과 배려가 제공되어야 한다는 사실이다. 만일 여성 노인이 세대 간의 신뢰의 관계를 조직하고 공동체 안에서 위로와 안식을 느낄 수 있도록 중재하는 사역을 성공한다면, 이는 교회 공동체의 미래를 위해 하나의 온전하고 중요한 사역을 실행하는 것이라고 볼 수 있다.

3.4. 노인 – 전문가의 역할[55]

일반적으로 은퇴 후에도 육체적·정신적으로 여전히 건강하다는 사실 이미 앞에서 언급되었고 강조되었던 사실이다. 일찍이 은퇴로 인해 직장 생활에서 벗어난 사람들은 증가하는 평균수명과 관련하여 스스로가 육체적으로나 정신적으로 여전히 건강하다고 느끼며 사회에 재투입될 수 있는 능력을 지니고 있다고 느낀다. 이러한 사람들은 정신적으로 여전히 특별한 도전들을 세우려고 노력한다. 그리고 자신의 지각, 통찰, 경험을 적절하게 사용할 수 있도록 교회적이고 선교적인 사역을 위해 그리고 또 다른 국가적으로 장려되는 기관들을 위해 특별한 프로그램들을 개발해야 한다. 예를 들어 직업적 전문성을 지닌 노인은 자신의 지식과 경험을 가지고 개발도상국을 위해 어떤 도움을 제공할 수 있다. 이러한 움직임은 이미 사회

---

55) 노인이 자신의 전문지식을 통해 선교지역에서 활동하는 사역을 말한다.

적으로 조금씩 이루어지고 있다. 왜냐하면 노인의 은퇴로 인해 발생하는 시간적 여유와 연금으로 인해 개발도상국에서 이루어지는 프로젝트의 자비량 자문활동을 할 수 있기 때문에 재정적인 측면에 있어서도 도움이 되기 때문이다. 이러한 투입은 우선 유럽 외의 국가들 안에서의 활동을 기대하게 된다(예를 들어 해외선교지에 교회 내 전문가들 투입). 이러한 투입은 보통 전문가를 고용할 수 없는 곳을 중심으로 이루어진다. 이것은 당연히 독일 내지 유럽 국가도 포함된다. 이러한 활동을 교회로 옮겨보면, 먼저 기독교학교나 갱생 훈련원에서의 노인의 활동을 들 수 있다. 예를 들어 교육자로 오랜 활동을 해 왔던 분들이 은퇴 이후 자비량으로 기독교 학교나 갱생 훈련원에서 자문역할을 한다면, 이는 기관 자체에도 큰 힘이 될 것이고, 활동하는 노인 자체에게도 힘이 될 것이다.

인간은 일반적으로 은퇴의 앞선 시점을 통해 또는 직업 활동으로부터 항상 유동적으로 만들어지는 연령제한의 도달을 통해 분리된 사람을 '노인'이라는 카테고리 안에 형식적으로 정리해 왔던 것이 사실이다. 그런데 현대 사회의 인구분포도를 살펴보면, 평균예측수명의 점진적인 증가로 인해 노인의 숫자가 점차 사회의 커다란 부분을 차지하고 있다는 사실을 발견할 수 있다. 독일의 현재 60세 남·여의 평균예상수명을 살펴보면, 남성은 평균적으로 앞으로 17년, 그리고 여성은 앞으로 21년 정도의 예상수명이 기대되고 있다. 그리고 이 예상수명은 앞으로 더욱 길어질 것이다. 이로부터 알 수 있는 것은 직장으로부터 은퇴 이후에도 여전히 육체적·정신적으로 적극적인 활동을 할 수 있는 사람들이 증가할 것이라는 사실이다. 현재 대부분의 노인은 자신의 적극적 생활의 경계선인 노년기(은퇴)와 관련하여 대체적으로 자신이 여전히 '젊다'라고 생각하고 있다. 그러나 동시대 직업생활의 평균적인 시·공간적 간격은 눈에 띄게 줄어들고 있다. 그 결과 우리는 노인의 단계를 세분화할 필요가 있다. 기존에는 노인이 성인에 속해왔던 것이 사실이다. 그러나 이제는 성인 외에 노인의 단계를 독립적으로 사용할 필요가 있다. 이를 '노인기'라고 한다. 노인기는 대체적으로 세 단계로 구분된다. '웰빙 노인'56)과 노인57), 고령노인58)이 그것이다. 특별히 '웰빙 노인'은 평균예측수명의 점진적인 증가와 의학적, 경제적 발달로 인해 나타난 육체적·정신적인 건강과 관계하여 나타나게 된 세대이다. 일반적으로 잠재적 '웰빙 노인'은 60-70세로 규정된다.59) 이들은 사회와 교회에 있어서 여전히 활동적이고 적극적으로 활동할 수 있는 연령이다. 그 이유에 대해 살펴보겠다.

첫째, 독일 지역교회 내 24% 정도를 차지하는 '웰빙 노인'은 60-70세의 노인을 가리킨다. 이들은 자신의 인생에 있어서—은퇴 이후—앞으로 20-30년의 시간을 가지고 있는 자들이다. 이는 직업 활동 내지 가족 임무의 종결 후에도 많은 시간이 그들 앞에 있다는 것을 의미한다. 웰빙 노인은 자신의 개인적인 삶의 세계와 경험을 통해, 스스로가 아직 늙지 않았다고 느끼고 있기 때문에 일반적으로 사회가 규정하고 있는 잠잠한 노인의 역할 속에 무기력하게 머물기를 원하지 않는다. 실제로 60-70세의 웰빙 노인은 그들의 전문지식과 직장으로부터 쌓은 경험을 국민경제의 복지에 있어서 여전히 사용할 수 있다는 사실을 인지하게 되고, 직업 생활 속에 얽매어있을 때에는 시간이나 기회가 없어서 다른 일을 새롭게 시도할 수 없

---

56) 젊은 노인(Junger Senior)이라고도 부른다.
57) 대체적으로 70-75세의 노인이 속한다.
58) 대체적으로 75세 이상의 노인이 속한다.
59) Rubin은 자신의 책 "60세 이후의 성생활"에서 노년은 60세에 시작된다고 말한다. 그러나 Fürstenberg은 자신의 책 "젊은 노인"에서 노인을 55세에서 60세로 그 시기를 정하고 있다.

었다면 이제는 할 수 있다는 사실을 깨닫게 되어, 노년의 또 다른 활동성을 기대한다. 이제 웰빙 노인의—의무감에 의해 나타나는 참여가 아닌—능동적인 참여는 실제로 사회와 교회의 미래에 있어 커다란 힘이 될 것이다. 왜냐하면 그들은 잠재력을 가지고 있기 때문이다. 오늘날 웰빙 노인의 대부분은 1960년 독일의 학교개혁을 통해 많은 교육적 혜택을 누렸던 자들이다. 이로 인해 그들이 제 3의 인생단계의 시작할 때 여전히 건강하고 좋은 교육수준을 간직하고 있다. 경제적으로도 이전 세대들과 비교했을 때, 비의존적이고 넉넉하다. 또한 그들은 전문적이고 경험적인 지식과 책임감을 여전히 사용할 수 있다. 그러므로 오늘날 노인교육은 웰빙 노인이 사회와 교회 공동체 안에서 여전히 의미 있는 역할을 할 수 있다는 전제에서 시작되어야 한다. 예를 들어 교회 안에서 많은 가능성을 찾을 수 있다. 노인에 대한 판에 박힌 상투적 판단을 쉽게 허물어뜨릴 수 있는 곳이 바로 교회이다. 교회 조직과 관청은 웰빙 노인의 능력을 수용하는 방법을 통해 그들의 행사와 모임의 진행을 할 수 있다. 노인의 교회적 위임에 대해 직절하게 대응하여 노인의 실제적인 존재에 대한 테마의 선택을 위한 관계와 조직적인 전제에 대해 적합하게 반응할 수 있도록 해야 한다. 이를 위해 특별히 교회는 의무감을 가지고 적절하게 움직여야 한다. 즉 교회교육 안에서 노년의 준비를 위한 새로운 교육 형태를 든든한 동기진행에 상응하여 실행해야 한다. 그리고 프로그램들은 노인의 자발적인 자립 안에서 스스로 행동할 수 있도록 만들어야 한다.

웰빙 노인에게 "삶이란 무엇인가"라는 질문은 매우 중요하다. 그리고 이 질문에 대한 해답을 찾는 데에 함께 해야 한다. 그리고 여가활동과 소비활동 외 의미 깊은 장(Feld)을 찾아야 한다. 웰빙 노인의 삶에 대한 질문은 공동체적인 사치가 아니다. 그들은 노인학의 하나의 과제이다. 웰빙 노인은 교육, 문화와 여가를 통해 자신의 삶을 만끽해야 할 권리가 있다. 특별히 이에 대해 교육은 기능적으로 기여해야 한다. 즉 교육을 통해 직업생활 가운데 갑작스럽게 은퇴(조기은퇴, 명예퇴직)하는 것을 가능한 한 피하거나 은퇴에 대해 시간을 가지고 천천히 그리고 유연하게 대처하여 은퇴의 현실화에 도달할 수 있는 적응력을 가질 수 있게 도와주어야 한다. 그러므로 교육은 삶의 세계의 문제를 극복해야 할 과제를 가진다. 교육은 인간으로 하여금 문화 안에서, 종교적 발전 안에서, 사회 안에서 그리고 인격개발과 발전 안에서 주어지는 책임을 자극하여 이를 할 수 있도록 해야 한다. 또한 웰빙 노인 대부분이 나이와는 상관없이 여전히 배우려는 의욕, 무엇인가 하려는 의욕을 가지고 있으며 그 의욕은 곧 교육 욕구의 필요성을 불러일으키게 되었다. 이 관점의 방향은 개인적인 삶의 세계를 중심으로 삼아 새롭게 발견하는 데에 있다. 교육욕구는 하나의 가능성으로서 이를 통해 잃어버린 적극성과 능동성에 대한 대체 자리를 찾고자 한다. 이는 보편적인 사회적 관계로부터 간접적으로 대중매체를 통해 또는 직접적으로 사회적 교제를 중재하고 생산하게 한다. 이것은 웰빙 노인의 삶의 세계의 표현과 욕구에 상응하여 요구되는 것이다.

그러나 노인교육은 소비 공급을 묘사하는 것이 아니다. 그보다는 증가하는 웰빙 노인의 숫자에 관심을 가지고 직업 후의 삶의 단계 안에서 자각되는 삶의 계획을 위한 활성화 내지 가족에 대한 임무의 부양의무의 종결 이후에 나타나는 새로운 활동을 위한 학습제공을 해야 한다. 즉 제3의 사회화의 진행 안에서 활동할 수 있는 능력을 여전히 간직하고 있다는 사실이다. 그와 함께 웰빙 노인은 종교적 무보수 명예적 사명을 넘겨받는다. 그 외에도 문화의 지속적 발전을 위한 예술가적 존재로서의 수행을 통해 참여할 수 있는 권리를 요구한다. 웰빙 노인은 사회에 있어서 제 3의 사회화의 진행 안에 여전히 서 있다. 그리고 자발적인 조직, 자립 그리고 공동체적 참여의 형태 안 협조 수행을 고무한다. 그렇기 때문에 사회와 교회 안에서 적극적인 참여가 요청된다. 예를 들어 웰빙 노인이 하나의 종교적 과제를 위임받는 것(명예직적 활동). 이제 웰빙 노인은 '늙어가는 존재, 어느 때가 되면 망가지고 고물이 되는 기계'로 간주되지 않는다. 그와는 반대로 노인을 살아있는 유기체(조직체) 그리고 사회화된 주체로서 계속되는 발전과 성장의 진행 안에서 보아야 한다.

웰빙 노인에 대한 교육에 있어서 중요한 것은 그들의 학습 동기를 촉진하고 격려하는 것이다. 이 학습 동기는 개인 고유의 관심과 경향 때문에, 보충수요들 때문에, 직업 후의 새로운 활동을 위한 자격 획득(또는 권한 획득)을 위한 가능성 때문에 그리고 '스스로 치료(요법)'을 위한 소원 때문에 나타나는 것이다. '만일 교육이 심사숙고의 시간, 명상의 시간, 수양의 시간, 소득의 시간과 새로운 삶의 시간 사이의 모라토리엄을 이해하게 된다면, 하나의 '창조적인 해결책'을 찾는 데에 기여하게 된다. 그리고 문제해결과 지속적 중립 그리고 죽음의 진행과정에 대해 자신이 스스로 선정한 활동의 실현(현실화)를 통해 다른 이와의 교제 안에서 인생을 계획하게 된다. 이를 위한 노인교육의 초안의 중심 내용은 다음과 같다: 첫째, 노인을 능동적으로 만들어주고 새로운 도전에 직면하여 적극적으로 활동할 수 있는 자격을 주어야 한다. 이것은 문화적 가치와 사회에 대한 구체적인 참여의 기회는 능동성에 상응하여 이루어지는 참여를 통해 중재되어진다. 그리고 그와 함께 수동적으로 소모된 교육객체에게 오히려 하나의 조역(助役)을 할당한다. 사회의 참여적 기회들은 때때로 자기형상화에 대한 소원과 연관되어 나타난다. 여기에 있어 활동성은 어떠한 경우에도 순전한 적응과 순응으로서 이해해야 한다.

둘째, 삶의 관계 안에서 이루어지는 넉넉한 판단의 기초에 근거한 사회적 행동을 위한 능력획득에 대한 문제이다. 이 점에 있어서 웰빙 노인을 위한 교육은 노화진행과 관련된 맥락 안에서 기능적인 불가피성을 이해해야 할 뿐만 아니라 그에게 주어진 가능성을 보고 이에 대해 능동성을 가지도록 자극하고 격려해야 한다. 전적으로 보호되는 개인적인 삶의 영역은 삶의 자리의 철수지역일 뿐만 아니라 진취적이고 진보적인 세대 안에서 사회적 학습 진행을 위한 출발점이 된다. 바로 이 자조와 자립을 위해 웰빙 노인의 그룹은 큰 의미를 가지게 된다.

"인간이 어느 순간 자신의 자리를 떠나 쉬게 된다면 그는 점차 녹슬게 된다"라는 속담이 있다. 이 속담은 왜 노인교육이 오늘날 필요한지를 가장 잘 표현하고 있는 말이다. 우리는 이제 웰빙 노인에 대해 다음과 같이 이해해야 한다. "웰빙 노인은 자신의 남은 삶 가운데 여전히 무엇인가를 새로 시작할 수 있는 기회를 가졌다. 그러므로 육체적인 행동의 영역 안에서, 정서적인 교육 사역의 영역 안에서, 공동체의 영역 안에서, 대중매체의 영역 안에서, 그리고 마지막으로 영적 영역 안에서 자신의 자리를 새롭게 찾아야 할 필요가 있다. 앞에서 언급한 속담은 지금까지 대부분 육체적인 행동에 대해 적용되었다. 그러나 육체를 위해, 생각을 위해 그리고 감정의 세계를 위해 어떤 것을 행동하게 되는 것을 통해 심리적·영적 행동의 영역에 대해서도 적용되어야 한다. 이와 함께 인간은 역동적이고 활동적이고 생동적인 조직 또는 서로 다른 영역의 완결성을 보아야 한다: 이 영역은 육체, 감정, 생각, 정체성 그리고 영성을 가리킨다. 더욱이 학습은 사고 안에서 시작된다. 그것은 인간에게 삶의 조망과 함께 연결되어 스스로의 삶을 개선하게 만든다. 이렇게 사고가 전환되면 이는 교회에 전체적으로 영향을 주게 된다. 이를 위해 노인교육은 다음과 같은 역할을 해야 한다: 웰빙 노인으로 하여금 교육으로 인한 사고의 전환을 통해, 그동안 사회적으로 부정적인 이미지로 인해 육체적, 정신적 그리고 영적으로 좁고 답답함을 스스로 느끼게 되었음을 토로하고, 자신을 특별하게 느끼고 가치 있는 자로서 여기도록 도와주어야 한다. 이를 위해 노인교육은 다음과 같이 말한다. "인생에 있어서 하나의 커다란 독립은 학습을 통해 획득된다."

9.

삶에 대한 만족과 편안한 죽음을 위한 준비

본 단원에서는 성숙된 믿음을 가진 노인을 위한 노인교육에 대해
살펴보고자 한다. 믿음의 발달과 죽음에 대한 기독교적 견해는 기독
교인과 비기독교인 사이의 차이점을 명백하게 보여준다.

9.1. 기독교적 믿음과 죽음과의 관계

인생의 마지막 단계인 죽음과 관련하여 특별한 이론을 만들어낸
Kübler – Ross의 사상을 중심으로 죽음과 믿음과의 상관관계에 대해
살펴보고자 한다. Kübler – Ross는 죽음의 과정에 대해 매우 다양한
개인적 경험들을 근거로 하여 공통점을 확인했다. 그녀의 이론을 보
면 죽음의 진행과정은 전체적으로 5단계로 나눠진다[60]:

---

60) Geißler는 노인의 유한성에 대한 이해를 다섯 가지의 상이한 형태들로
    분석하였다: 첫 번째 단계는 죽음에 대해 의식적으로 받아들이는 자세
    를 말한다: 노인은 개인적인 유한성에 대해 의식하고, 더 나아가 죽음
    을 받아들이는 태도를 찾는다. 이러한 태도를 통해 죽음은 자신의 공
    포를 잃어버리게 되고 삶의 한 부분으로서 간주된다. 그러므로 인간은
    죽음을 받아들이도록 배워야 한다. 두 번째 단계는 죽음을 참고 견디
    는 자세를 말한다: 노인은 개인적 유한성의 불가피함을 이해하고 그에
    대해 숙고하고 순응해야 한다. 평화롭고 침착한 태도와 함께 확신하는
    삶을 살고자 한다. 더욱이 죽음에 대한 사고는 예측할 수 없는 불확실
    성 속에 서 있기 때문에 때때로 두려움을 불러일으킨다. 그러나 인간
    에게는 잔잔하게 자신의 죽음을 파악할 수 있는 능력이 있음을 잊어
    버려서는 안 된다. 그러므로 인간의 유한성에 대한 설명과 함께 더 나
    아가 죽음에 대해 바라보게 된다. 세 번째 단계는 죽음을 기피하는 태
    도를 말한다: 노인은 죽음에 대해 생각하기를 싫어하고 피하려고 노력

죽음의 진행과정의 첫 단계는 거절 또는 부인 그리고 고립의 단계이다. 여기에 해당되는 사람들은 다가오는 죽음에 대해 알고 싶어 하지 않으며, 더 나아가 이를 무시하려고 한다. 이러한 행동은 죽음으로부터 받을 충격을 피하고 싶어 하는 경향으로부터 나온 것이다.

죽음의 진행과정의 두 번째 단계는 분노와 화의 단계이다. 이 단계에서는 왜 자신이 죽어야만 하는지에 대한 질문을 거세게 던진다.

죽음의 진행과정의 세 번째 단계는 죽음과 담판 짓는 단계이다. 이 단계에 속한 인간은 서서히 자신에게 무슨 일이 일어나는지를 인지하게 된다. 그리고 인생의 연장에 대해 종종 서약(예를 들어 종교적 서원)과 연결 지어 담판을 짓고자 한다.

죽음의 진행과정의 네 번째 단계는 우울과 체념의 단계이다. 여기서 인간은 우울과 체념에 빠져 있다. 죄책감, 절망감에 묶여 자신을 괴롭히게 된다. 그렇기 때문에 이 단계에서는 도와주는 자가 환

한다; 그는 인간의 유한성에 대한 몰두를 피함과 동시에 죽은 자에 대한 언급을 회피한다. 그러나 죽음에 대한 두려움 때문에 반대로 강하게 개인 고유의 유한성을 기억하게 되는 사실을 피할 수 없다. 네 번째 단계는 죽음에 대해 강하게 몰두하는 태도를 말한다. 노인은 이제 집중적으로 죽음에 대해 언급한다; 자신의 존재의 유한성과 관련하여 나타나는 많은 외형적인 결과들을 통해 죽음과 마주하여 자신의 오랫동안 견디어왔던 관점을 발견하게 된다. 다섯 번째 단계는 죽음을 통해 억압되는 태도를 가진다: 노인은 죽음을 통해 억압당한다는 느낌을 갖는다. 그래서 그는 부단히 죽음에 대해 생각한다. 그리고 자신의 유한성에 대한 사고를 제한하여 조용하고 평화로우며 침착한 태도를 발견할 수 있도록 노력한다. 이때에 노인은 깊은 사고와 함께 죽음에 대한 두려움(인간 개인의 경험 안에서 나타나는 위협에 대한 두려움)을 정복한다.

자에게 있어서 강제적이지 않은 자리에 서 있을 때 굉장히 도움이
된다.

　다섯 번째 단계는 죽음을 받아들이는 단계로서, 자신의 죽음을 마
침내 받아들이는 단계라고 말할 수 있다. 여기에서 인간은 자신의 죽
음의 끝을 고요 속에 기다리게 된다. 이와 더불어 남아있는 시간을
긍정적으로 보게 된다.

　그러나 주의해야 할 것은 죽음에 대한 다섯 가지 반응의 단계가 모
든 사람에게 똑같이 적용되는 것은 아니라는 사실이다. 몇몇 사람들은
똑같은 단계를 여러 번 되풀이하기도 하고, 다른 사람들은 상대적으로
적은 과정 단계를 겪기도 한다. Kübler－Ross의 이론은 인간의 일반
적인 죽음에 대한 반응을 말하는 것이지 일반적인 죽음의 단계를 가
리키는 것은 아니다. 왜냐하면 그녀의 이론은 일반 대중을 대상으로
죽음에 대한 일반적인 반응을 연구한 것이 아니라 암에 걸려 죽음을
기다리는 사람을 연구대상으로 하여 죽음에 대한 일반적인 반응을 연
구한 것이기 때문이다. 더군다나 그녀의 이론 안에서 서술되어진 죽음
에 대한 반응은 그리스도인과 비그리스도인 사이의 상이점은 전혀 고
려되고 있지 않다.61) 그렇기 때문에 Deeken은 Kübler－Ross의 이론
에 한층 더 단계를 덧붙여 보충한다. 이 단계는 죽음에 대한 마지막

---

61) 인간은 자신의 죽음을 분리, 상실과 연관 짓고 우울하게 만드는 감정
　　으로부터 고립되어서는 안 된다는 사실을 명심해야 한다. 믿는 자 또
　　한 모든 사람이 느끼는 곤경, 두려움, 공포 등을 느낀다. 그러나 그들
　　은 죽음에 대해 비기독교인과는 다른 관점에서 죽음을 고려하여 받아
　　들인다.

단계로서 희망의 단계를 의미한다. 이 단계는 특별히 기독교인의 죽음에 대한 반응과 관계된다: "기독교인은 어떻게 죽음에 대해 반응하는가." 기독교인은 예수 그리스도의 죽음으로부터의 부활을 확실히 믿는 자들이다. 하나님의 나라를 기다리는 기독교인은 예수 그리스도를 통해 하나님으로부터 영원한 삶을 받았음을 찬양한다. 그들에게 있어서 죽음은 더 이상 두려움의 존재가 아니다. 기독교인에게 있어서 죽음은 영원한 삶에 대한 희망을 의미하며, 사랑하는 가족과 친구들을 다시 만날 수 있다는 기대에 대한 희망을 의미한다.

그렇다면 믿는 자와 안 믿는 자 사이의 차이점은 어디에 있으며, 이를 어떻게 표현할 수 있을까? 믿지 않는 자가 마지막 삶의 단계에 직면하여 상이한 삶의 경험과 이해의 찾음을 통해 매우 상이한 견해들을 발전시켰다면, 믿는 자는 고통, 질병 그리고 아픔을 하나님의 도움과 함께 견디고 정신적으로 극복한다. 왜냐하면 그들은 앞으로 올 모든 고통과 아픔, 죽음으로부터의 해방에 대한 계시를 희망하고 있기 때문이다. "내가 들으니 보좌에서 큰 음성이 나서 이르되 보라 하나님의 장막이 사람들과 함께 있으매 하나님이 그들과 함께 계시리니 그들은 하나님의 백성이 되고 하나님은 친히 그들과 함께 계셔서 모든 눈물을 닦아 주시니 사망이 없고 애통하는 것이나 곡하는 것이나 아픈 것이 다시 있지 아니하리니 처음 것들이 다 지나갔음이러라"(계 21:3f).

사실 그동안 우리 사회에서 죽음은 소외되고 있던 문제였다. 이러한 현상은 죽어가는 자에게 하나의 사회적 고립(자신이 죽음의 가까이에 있음을 인지함과 동시에 끔찍하게 나타나는 고립)을 가져오게 되었다. 그것에 반하여 믿는 자들에게 있어서 삶의 한계에 대한 지식은 삶의 받아들임에 대한 하나님의 선물로써 증명된다. 그리고 그 선물은 뚜렷이 성취된 또는 성공적으로 이룩한 자각되는 삶을 의미한다.

9.2. 노년의 삶의 만족에 대한 믿음의 성과

사실 노인은 그들의 세 번째 삶의 단계에서 주어지는 시간을 자신의 전기(傳記)를 통해 축적된 경험에 관련하여 다음과 같이 본다; 은퇴 이후의 삶의 시간은 믿음에 대한 질문에 열중하는 시간이다. 그러므로 이 시간은 앞에서 언급한 노인 그룹 중 두 번째와 세 번째 그룹에 해당되는 기독교인에게 있어서 하나의 특별한 기회의 시간이 될 수 있다. 많은 사람에게 세 번째 인생의 단계로 넘어가는 시점은 많은 걱정이 엄습하는 하나의 통과점으로 여겨진다. 그러나 믿는 자에게는 그 걱정이 믿음 속에서 충분히 극복할 수 있는 것이라고 믿는다. 그 외에도 종교적 인물에 대한 관점을 통해 스스로에 대한 새로운 발견에 대한 반영과 반성을 가지게 되며, 그 안에서 자신의 재능과 소질을 만들게 된다. 이는 세속적으로 정해진 나이의 한계를 넘어서는 것을 의미한다. 심지어 이러한 발견들은 삶의 중요한 가치를 위한 새로운 자각을 내지는 믿음 안에서의 새로운 중심 회의를, 그리고 전적으로 하나의 믿음의 커다란 선물을 위한 깊은 감사의 찬양을 의사소통적으로 그리고 정서적으로 이끌어낸다. 이때 감사의 찬양은 발견과 결과는 삶의 만족에 대해 매우 긍정적으로 영향을 미치는 발전과 결과이다.

민음은 인간에게 하나의 새로운 기회를 준다. 그것은 특별히 노인에게 있어서 많은 의미를 가진다. 노인은 믿음 안에서 기독교적인 파라독스를 경험한다. 이것은 개인적인 힘이 쇠약해짐에도 불구하고, 창조주와 구원자의 권력과 힘이 그 안에 항상 빛나게 나타난다. 새로운 삶의 각 상황은 하나님과의 새로운 대면을 요구한다. 그와 함께 각각의 새로운 의미는 믿음의 차원으로부터 발견하게 된다. 이를 통해 노인은 '나(Ich)'를 찾는다. 새로운 실재를 세우는 기독교적 믿음은 노인 자신의 근본적이고 개인적인 일을 다시 찾으면서 그 안에서 자신의 존재의 근본을 찾게 하는 데에 도움을 준다. "나에게 이르시기를 내 은혜가 네게 족하도다 이는 내 능력이 약한 데서 온전하여짐이라 하신지라 그러므로 도리어 크게 기뻐함으로 나의 여러 약한 것들에 대하여 자랑하리니 이는 그리스도의 능력이 내게 머물게 하려 함이라"(고후 12:9 - 10)

만일 인간이 노년기에 하나의 새로운 종교적 차원을 제시하고자 한다면 이는 삶의 중요한 가치에 대한 새로운 자각과 믿음의 큰 선물을 위한 새로운 자각을 만나게 되면서 가능하게 된다. 왜냐하면 종교성은 하나의 자원을 묘사하기 때문이다. 이는 긍정적인 삶의 만족에 대해 영향을 준다. 그리고 더 나아가 인식적이며 정서적인 면을 나타낸다. 이와 함께 나타나는 삶의 만족은 믿는 자의 노력과 도달하는 목적 사이의 지속되는 합의─건강한 육체적, 정신적 그리고 사회적 자체 초안 그리고 하나의 낙천적 기본자세─에서 나타난다. 뿐만 아니라 더 나아가 각 사람의 종교적 차원 안에서 그리고 특별히 믿는 자들 안에서 삶에 대한 만족이 나타난다. 이것은(적어도 미국에서는) 연구를 통해 확인된 사실이다. 이 연구는 종교성과의 관계 안에서 삶의 만족을 알아보는 것이었다. 여기에서는 상이한 결과들을 제시하고 있다. 삶에 대한 만족은 종교적 적극성(교회예배, 성경공부 등을 통해)에 긍정적인 영향을 준다. Koenig와 그 외의 사람들이 오랜 기간 동안의 연구를 통해 증명한 내용을 보면, 종교적 삶에 적극적으로 활동하거나 자발적으로 참여를 하는 기독교인은 비기독교인보다 긍정적인 분위기를 가진다. 같은 경우로 Hunsberger는 다음과 같이 주장한다. 그는 Ontario의 65세에서 88세 사이의 노인들 85명을 대상으로 설문조사를 했는데, 이를 통해 나타난 결과는 다음과 같다: 종교성과 삶의 만족과의 상관관계는 긍정적인 중요성을 가진다. '건강'과 '변화'의 변수는 삶의 만족의 긍정적인 면에 있어서 다만 적은 영향을 미친다. 또한 Rogalski와 Paisley(1987)는 73세의 평균연령의 120명의 켈리포니아인에 대한 연구를 통해 다음과 같이 말한다: 실험대상자들은 비신앙인과 비교하여 삶의 만족에 대한 본질적이고 높은 성숙도를 종교적으로 설명한다.

Johnson과 Mullins는 다음과 같이 말했다: 교회 내 활동에 대한 참여(종교적 수행의 사회적 관점 즉 예배참여 등)가 커지면 커질수록 고독에 대해 적게 느낀다. 종교성에 대한 주체적인 관점은 고독을 느끼는 것을 감소시킨다. 즉 하나님이 인간의 삶에 도움을 주며 배려있게 영향을 미친다는 견해는 고독에 대한 역관계에 서 있다. 하나님에 대한 순수한 믿음은 고독에 대한 감정의 영향을 거의 받지 않는다. Stollberg에 의하면 삶에 대한 만족은 다음과 같다. 독립, 자기가치의 의식, 사회적 관계, 육체적·영적 건강 등과 관련되어 많은 부족을 느끼는 것이 아니라, 항상 드러나는 삶에 대한 호기심, 열광, 개인적 삶의 지배에 대한 실제적 평가를 객관적인 수취인이 자신의 개인적 연약함, 실패 그리고 결함에 대한 관용을 통해 실재화하는 데에 있다. 그러므로 Winkler는 삶의 만족을 설명함에 있어 종교적 구성요소를 굉장히 강조한다. 믿음은 삶의 용기, 삶의 만족을 의미한다. 이는 삶에 대한 염증과 반대되는 개념이다. 믿음은 분리와 상실의 두려움 안에서 위로의 근본으로서 나타난다. 믿음의 확신으로서 믿음은 마침내 자아를 만드는 요소이다. 그것은 자신의 아픈 부분에 대해 포기하는 것으로부터 자유롭게 하지 못한다. 그 대신 분리와 상실을 의연하게 받아들일 수 있게 한다.

하나님 안에서 존재의 견딤에 대한 신뢰는 사회적 분리, 무거운 질병과 함께하는 환경, 자신의 고유의 삶에서 최종적으로 신뢰하고 잘못된 전철의 조정에 대한 인식을 함께 하는 환경 및 어린이와 순자녀의 고집 세고 독립적인 인생행로에 대한 인식과 함께하는 환경을 가볍게 만든다. 깊은 개인적 믿음이 표현되면 표현될수록—예배, 명상, 개인적 기도와 순례 안에서—앞에서 언급된 불행과 한계 경험은 가볍게 극복될 수 있다. 이는 또한 하나님 앞에서 가지는 동일한 의견 안에서 나타나는 대화를 통해서도 견뎌낼 수 있게 된다. 더 나아가 믿음의 강한 평정심으로부터 주어진 힘이 더욱 활동적이 되도록 만든다. 자율적인 구제사업의 봉사 가운데 의식적으로 주어진 자리배치는 삶의 위기에 대한 극복 또는 고통스런 기억들에 대해 많은 도움을 주게 된다.

노령기에 성숙되는 믿음에 대한 확신과 삶에 대한 만족 사이 관계를 명확히 보여주는 관점은 감사하는 마음에서 나타나는 신앙의 다른 관점이다. 이때 우울증과 관련하여 감사하는 마음의 표상은 매우 긍정적인 영향을 미친다. 우울감과 함께 파생되는 질투의 감정은 노년에 있어 하나의 중심적인 역할을 한다. 예를 들어, 노인숫자의 증가와 함께 많아지고 있는 광고를 보면, 청년이 가지는 건강미에 대한 질투의 감정을 파고들어 노인의 소비심리를 자극한다. 또는 단지 소비를 자극하는 성적인 면에 집중하는 광고를 만들어 노인을 현혹시키고 있다. 질투심은 노인들의 삶을 중독시킨다. 노년의 삶의 질의 열쇠인 감사하는 마음은 이와 같은 질투심에 대해 직접적이고 올바른 해독제이며 치료제이다. 감사하는 마음은 개인의 삶에 대한 회상 안에서 하나님의 올바른 인도하심을 인지하게 만든다. Winkler는 감사하는 마음을 삶의 결과에 대한 반응방법과 감정이라고 말한다. 감사하는 마음은 인간의 부족함과 불만을 보충하고 경험을 만들고 인지하게 한다. 삶의 기쁨과 긍정적 관계에 대한 희생에도 불구하고 육체적이고 영적이고 정신적인 가능성에 대해 증가되는 축소는 비록 그것이 내적인 질일지라도, 또한 인정과 가치를 필요로 한다.

일반적으로 은퇴는 인간의 삶의 결과라고 볼 수 있다. 그런데 21세기에 들어오면서 인간의 평균예측수명은 이전보다 더 길어졌다. 이제 인간에게 기대되는 수명은 약 80세정도이 다. 이러한 사실은 노인에게 긍정적인 의미뿐만 아니라 부정적인 의미로도 다가오는 사실이다. 노인은 그의 은퇴에 대해 다양한 반응을 보인다. 몇몇 노인은 은퇴에 대해 긍정적으로 반응한다. 왜냐하면 그들은 직업 활동 동안 하지 못했던 일을 드디어 할 수 있다는 기대심리를 가지고 은퇴를 바라보기 때문이다. 또 다른 노인들은 은퇴에 대해 부정적으로 반응한다. 그들은 스스로가 더 이상 가치 있는 존재라고 느끼지 못하고 있기 때문이다. 그들은 가치 있는 존재 = 사회에서 활동하는 존재, 사회에 기여하는 존재로 보고 있다. 그러므로 그들에게 있어서 은퇴는 하나의 불쾌한 생명연장의 시간일 뿐이다. 이들에게 삶은 어떠한 이유로든지 더 이상 의미를 가지지 못한다.

어떻게 하면 은퇴를 긍정적으로 바라볼 수 있을까? 먼저 노년과 은퇴에 대한 준비가 필요하다. 노후에 나타나는 결정적인 문제는 바로 경제적인 문제, 건강적인 문제, 사회적인 문제와 지위적인 문제 및 미래적 문제가 있다. 이와 함께 노년에 들어가는 사람들이 얼마나 적절한 준비를 했는가에 있다. 심리적이고 영적인 상태도 영향을 받는다. 그러므로 노년과 은퇴에 대한 준비는 장차 다가올 미래의 삶의 상황에 대한 예상에 기여할 뿐만 아니라, 구체적인 생활구조를 마련하는 데에 커다란 도움을 준다는 사실은 매우 중요하다. 그 결과 노인교육은 인간으로 하여금 은퇴에 대해 하나의 긍정적인 관점과 함께 준비하는 자세를 가지도록 도와주어야 한다. 먼저 은퇴를 온전하게 자연적인 현상으로 받아들임과 동시에 은퇴에 대한 내용도 함께 채워져 나가야 한다. 그리고 노년의 준비는 사람과 환경에 따라 상이하다는 사실 또한 인식시켜야 한다. 그렇지만 여기에 있어서 주목할 사실은 은퇴에 대한 준비를 늙어가는 사람들의 그룹에 한정하여 이루어져야 하는 것으로 보아서는 안 된다는 것이다. 은퇴에 대한 준비의 영역을 확장시켜 사회와 세상에 영향을 줄 수 있는 준비로 보아야한다. 왜냐하면 노년기 이전에 노인의 변화에 대한 지식을 미리 습득하고 노년 후에 변화되는 삶의 모습을 미리 볼 수 있어야 노년의 삶을 더욱 잘 이해하고 받아들일 수 있기 때문이다. 이제 은퇴의 준비는 노년에 들어가 급급하게 준비해서는 안 된다. 노년기를 들어가기 이전에 이루어져야 한다. 그리고 그 준비과정을 위한 교육은 하나의 일반적인 현상이 되어야 한다. 여기에서 모든 '오고 있는' 삶의 단계들이 논의되어져야 한다. 즉 인생에 있어서 노년에 대한 준비는 삶의 중기의 단계부터(또는 적어도 50세가 되어서는) 의식적으로 준비해야 한다. 노년에 대한 준비를 미리 한 사람은 그렇지 않은 사람과 비교해 볼 때, 은퇴 후 주어지는 동일한 시간과 상황을 좀 더 효과적으로 사용할 수 있는 여유를 가지게 된다.

은퇴의 준비를 위해서는 다음과 같은 관점이 고려되어져야 한다. 첫째, 노화와 은퇴에 대한 삶의 단계는 개인적인 일생의 기록(전기(傳記))의 결과로 바라보아야 한다. 인생의 경로 안에서 습득된 지식의 존속, 능력과 숙련도(노련미)는 "어떻게 하면 노년이라는 삶의 단계를 슬기롭게 경험할 수 있을까?" 내지는 "삶의 만족을 위해서는 얼마만큼의 범위를 발견해야 할까?"에 대한 질문에 대한 답을 찾을 수 있도록 도와준다.

둘째, 노년의 삶에 대해 적시에 준비해야 한다. 즉 다가오는 삶의 상황을 미리 앞당겨 경험해 보아야 한다는 것이다. 인간은 개인적으로 건강상의 영역, 사회적 영역 안에서 나타나는 변화들을 깨달아야 한다. 그리고 이에 상응하여 적절하게 적응해야 하고, 다가올 장래의 삶의 단계에 있어 삶의 만족과 생각과 사고의 경험이 가능하게 해야 한다.

셋째, 노년과 은퇴는 맨 먼저 당사자에게는 지속적인 휴가의 단계로 평가된다. 그 삶의 단계 안에서 타인에 의해 결정된 일에 대한 전이수행이 자율적인 삶으로 수행되어야 한다.

넷째, 재정프로그램은 은퇴기 이전에 미리 계획되어야 한다. 왜냐하면 이는 현재뿐만 아니라, 미래의 시간을 위해서도 중요하기 때문이다.

다섯째, 은퇴 후 무엇을 할 수 있을 것인가에 대해 미리 생각하고 준비해야 한다. 더 나아가 이를 미리 시도해 보아야 한다. 이는 삶의 영역과 활동성의 영역을 지속하거나 확대할 수 있는 계기가

될 것이다.

여섯째, 지연되는 발전 과제의 극복을 학습해야 한다.

일곱째, 사회 안에서 기독교인으로서 살면서 다른 사람을 섬겨야 한다.

노인은 그의 삶에 있어서 하나의 자치적이고 슬기로운 삶에 도달되어야 한다. 그러므로 노년과 은퇴에 대한 준비를 위해 노인교육은 노인의 감정적 상황이 다른 사람과의 교제관계 내지는 대상적 상태에 의존되어 있지 않다는 사실을 인식해야 한다. 오히려 노인과 다른 세대 간의 협력과 기여가 조화롭게 이루어질 수 있도록 도와야 한다. 그 안에서 노인은 새로운 임무와 사명을 찾아야 한다. 그러기 위해서는 먼저 사회가 요구하는 사항과 임무(사명) 그리고 그 안에 나타나는 장애요소, 의무로부터의 느끼는 스트레스 그리고 주어진 삶의 영역의 축소를 인식해야 한다. 이제 노년과 은퇴의 준비를 미미한 것으로 보아서는 안 된다. 그리고 노년은 가치가 큰 발전단계로서 진지하게 받아들여야 한다. 노년에서 나타나는 존재의 재발견과 함께 새로운 자아 발달이 가능해야 한다. 이렇게 되었을 때 노인은 다시 정신과 영과 함께 존재로써 재해석될 수 있다. 독일의 한 프로그램인 "60대 여성들"을 참가해 보면, 참가자들이 함께 문학서적을 읽거나 심리적이고 신학적인 서적에 대한 토론을 한다. 이 모든 것은 이미 오랫동안 휴식 가운데 원했던 모습에 대한 동경의 실제적인 현실화의 한 예이다. 이를 통해 새로운 것을 발견하고 알게 되는 데에 참 기쁨을 누리고 즐거움을 만들게 된다.

　노년을 준비하는 교육적 조치들은 먼저 노년에 있어서 나타나는 특별한 문제 상황을 주목하고 관심을 가져야 한다. 예를 들어 '웰빙 노인, 조기 은퇴자(연금생활자)와 늙은 실업자, 막 다가올 은퇴 앞에 서 있는 사회인, 그리고 그들과 함께 생활을 하고 있는 사회 구성원/가족 구성원 또는 홀로 지내는 부인, 외국인 등의 육체적·정신적·영적·사회적 상황에 주목해야 한다.

일반적으로 인간은 혼자서는 존재할 수 없다. 인간의 삶은 다른 사람과 함께 더불어 사는 것을 존재 가능성의 전제 조건으로서 가진다. 죽음도 마찬가지이다. 삶은 죽음과 항상 관계를 가지고 있다. 인간의 고유의 죽음에 대한 관계는 개인적인 관계가 아니다. 만일 인간적 삶이 이미 죽음에 대해 관계를 가진다면 이것은 역시 나의 죽음에 대한 다른 사람의 관계를 가져온다. 조금 다르게 해석해 보자. 다른 사람의 삶에 대한 죽음의 선고는 이미 나의 고유의 존재를 확인하는 것이다. 그러므로 나의 삶 역시 다른 사람의 죽음과 관계를 가진다. 그러므로 "인간의 죽음은 인간의 삶이 하나의 사회적 사실이라는 것을 증명하는 것이다"라고 말할 수 있다.

> "인간은 죽은 자의 죽음을 경험할 수는 없다. 그러나 타인의 죽음을 통해 내 존재도 머지않아 그렇게 될 것이라는 사실은 이미 간접적으로 알고 있다"(Jügel, 1971).

그러므로 인간은 다른 사람의 죽음을 통해 인간 존재의 상실에 대한 위협을 간접적으로 느끼게 된다. 그러므로 '타인과의 죽음으로의 동행'은 인간 개인에게 있어서 중요한 프로그램이라고 할 수 있다.

‘죽음으로의 동행’ 또는 ‘호스피스’는 ‘hospitium’이라는 라틴어에서 왔다. ‘hospitium’은 두 가지 의미를 가지고 있다. 첫 번째는 ‘돌봄’을 말하며 두 번째는 ‘손님’이라는 의미이다. 처음에 호스피스는 병든 자, 순례자 그리고 가난한 자를 돌보고 도와주는 기능을 가지고 있었다. 이후 국제적인 죽음으로의 동행연합에 의해, 호스피스, 즉 죽음으로의 동행은 죽음 진행 과정에 있어서 죽음을 앞둔 사람과 그의 가족을 도움을 주는 것으로서 이해되기 시작했다. 왜냐하면 죽음을 앞에 둔 사람과 그의 가족은 육체적, 심리적, 사회적, 영적 그리고 정신적으로 도움을 필요로 하기 때문이다. 특히 죽음으로 인해 주변으로부터 고립된 사람을 격려하고 위로하여 극복하게 하는 것은 매우 중요한 일이다.62) 죽음으로의 동행은 죽음을 삶의 진행의 한 부분으로 여긴다. 그렇기 때문에 지금 현재를 사랑하고 가족과 친구와 함께 죽음의 진행을 활동적으로 형성하도록 격려한다.

이제 죽음으로의 동행은 ‘죽음’이라는 의미에 한정되어 활동해서는 안 된다. 죽음으로의 동행은 죽어가는 자 뿐만 아니라 타인과의 교제를 통해 죽음과 함께 나눌 수 있는 경험에 대한 확신적인 장(Feld)으로 보아야 한다(예로 지인의 죽음을 통해). 그렇기 때문에 Dahms은 죽음으로의 동행을 하나의 인간 상호간의 관계적 만남으로 명명하기도 했다.

---

62) 일반적으로 인간은 고령의 나이까지 그 삶을 유지한다. 그러나 그가 죽음을 맞이하게 될 때에는 대부분 가족과 함께 맞이하거나, 자신의 집에서 맞이하지 않는다. 대부분 낯선 환경 안에서, 예를 들어 병원에서, 외로움을 느끼며 죽음을 맞이하는 것이 보통이다.

이미 호스피스적 사고의 몇몇 목적과 원칙이 언급되었다. 이것은 기본적으로 죽음으로의 동행에 있어서 다른 형태들에 대해 영향을 끼칠 수 있어야 한다. 그러기 위해서는 죽음으로의 동행자(호스피스 도우미)의 자격에 대해 언급해야 할 것이다. 실제로 죽음과 위로에의 동행의 진행 안에 활동하는 도우미는 대부분 무보수 명예직의 협력자이다. 그들은 의학과 간호에 있어서 전문가는 아니지만 호스피스의 도움이 필요한 사람 및 가족의 영적인 부담을 덜어주는 데 기여하는 역할을 한다.

죽음으로의 동행자(호스피스 도우미)의 과제는 다음과 같다:

- 감정적이고 사회적인 지원을 해야 한다.
- 환자의 질병에 대한 육체적이고 정신적인 극복 내지 정리를 위한 노력에 함께 해야 한다.
- 대화, 기도와 상담(목회적 사역)을 통해 도움을 주어야 한다. 이 것은 매우 중요한 행동양식으로서 죽어가는 자에게 뿐만 아니라 그의 가족의 심리적이고 영적인 면에 도움이 되는 매우 유용한 방법이다.
- 일상의 삶을 보낼 때 (예를 들어 식사 시간에 함께 보내기, 작은 심부름하기, 외출 돕기) 도움을 주어야 한다.
- '죽음으로의 동행'이 계속되는 동안 죽어가는 사람 외에 그의 가족의 삶을 고려하고 위로와 안정을 위해 일해야 한다.
- 돌보던 사람의 죽음 이후 이루어지는 또 하나의 동행으로서 슬

픔과 비탄 가운데 빠진 가족을 방문하여 위로해야 한다. 예를 들어 추도 예배 참여 및 가정 방문이 있다. 이것은 매우 중요한 일이라고 할 수 있다. 왜냐하면 인생의 동반자의 죽음을 경험했을 때 또는 부모나 아이의 죽음을 경험했을 때 받는 충격은 꽤 크기 때문이다. 이는 가족에게 깊은 두려움, 패닉과 절망적 상태를 가져온다. 여기에서 중요한 것은 당사자가 죽은 사람과 얼마나 가까운 관계를 가지고 있었는지 또는는 죽음 이후 가족과 얼마나 많은 시간을 함께 했는지가 중요하다. 왜냐하면 그 시간의 많고 적음에 따라 나타나는 반응이 달라지기 때문이다. 그렇기 때문에 여기에서 중요한 것은 다른 사람의 죽음을 긍정적으로 받아들일 수 있도록 도와주는 데에 있다.

그러므로 죽음으로의 동행자는 다음과 같은 사전지식을 가지고 있어야 한다. 첫째, 관계 의식과 더불어 높은 책임감을 가져야 한다. 둘째, 영원한 삶(영생)에 대한 확고한 믿음이 있어야 한다. 왜냐하면 죽어가는 사람과 함께하는 교제 안에서는 삶의 끝에 대한 두려움과 함께 그에 대한 질문이 자주 나타나기 때문이다. 그렇기 때문에 죽음에 대한 생각, 유한한 삶에 대한 확고한 믿음의 사고가 먼저 준비되어야 한다. 이와 함께 죽어가는 자의 감정을 허락하고 이를 존중하는 자세 역시 가져야 한다. 셋째, 타인에 대한 사랑과 그들의 욕구에 대해 관심을 가져야 한다. 그리고 감정이입의 능력을 가지고 상대방을 대할 수 있는 태도를 갖추어야 한다. 넷째, 죽어가는 자의 교육에 관심을 가져야 한다. 더불어 죽어가는 자와 그의 가족을 돕는 것을 우선을 삼아야 한다. 죽음에 대한 성경의 가르침을 통해 하나의 깊고 확고한 믿음을 전해야 하고, 더 나아가 죽어가는 자에게 있어서는 삶의 의미를 찾는 것이 가능하게 하도록 교육해야 한다. 그러므로 죽음으로의 동행자는 영원한 삶에 대한 새로운 시각을 알리는 교육을 해야 한다. 왜냐하면 이를 통해 죽어가는 자는 임박한 죽음을 긍정적으로 받아들일 수 있게 되기 때문이다.

이 외에도 죽음으로의 동행자는 호스피스 재교육, 계속교육 모임에 적극적으로 참여해야 한다. 그 안에서 봉사 시에 나타나는 문제들의 극복을 위한 방법을 배우고 호스피스 환자의 의학적인·심리적·사회적 기본지식을 습득하여 자신의 활동이 심화되는 데에 도움이 되도록 해야 한다. 경우에 따라서는 직업적으로 전문적인 도움이 필요하다. 예를 들자면 의학적·심리학적인 면이 그것이다. 그렇기 때문에 만일 호스피스와 호스피스 연합 간에 협력자공동체모임을 만들고 죽음에 대해 전문 지식을 갖춘 전문가들이 가능한 한 많이 참여하여 (예를 들어 의사, 교수, 복지도우미, 심리학자, 치료전문가, 신학자 및 사회복지사 그리고 교육자 등) 죽어가는 자의 육체적, 심리적, 정신적 그리고 영적 화평과 행복을 함께 연구해야 한다.

요 약

독일 사회구조의 변화발전과 빠르게 증가하는 평균수명은 사회적이고 공동체적인 변화를 야기하게 되었다. 특별히 현대 가족 구조를 살펴보면, 3세대가 같이 동거하는 대가족의 구조가 많이 줄어들었다. 이 구조는 과거의 사회 구조 안에서는 당연시 되었던 구조였지만 오늘날에 이르러서는 기껏해야 시골과 같은 지역에서 찾아 볼 수 있는 모습이 되었다. 오늘날의 가족 구조로 소가족의 구조가 우세하다. 이제 노인은 대부분 그의 자녀나 손자녀와 같이 사는 것이 아닌 배우자와 함께 살거나 또는 홀로 살고 있다. 그 원인으로는 공공기관에서 발전시켜 온 사회복지사업을 들 수 있다. 예를 들어 양로원, 노인 돌봄이, 실버요양원과 노인을 위해 새롭게 나타나고 있는 주거공동체 등이 있다. 사회복지의 발전은 가족 간의 부양의무를 덜어주게 되었다. 그리고 사회적이고 공동체적인 발전은 젊은이의 사고를 바꿈과 동시에 노인의 사고와 기대를 역시 바꾸었다. 노인은 더 이상 그의 자녀에게 의존하려 들지 않는다. 오히려 고령의 나이에 이르기까지 독립적이고 자립적으로 살기를 원한다. 이러한 변화되는 생각의 전환에 있어 영향을 준 것은 은퇴 후 받게 되는 연금으로 인한 재정적인 자립이라고 볼 수 있다. 이 외에도 높아지는 교육 수준과 노인학의 발전을 통한 영향도 그 한 원인이 된다. 더불어 과거보다 더욱 나아진 노년의 건강 상태 또한 한 몫을 하고 있다.

이제 독일 사회구조를 보았을 때 하나의 결정적인 요소에 관심을 기울일 필요가 있다. 바로 노인의 숫자가 증가하고 있다는 사실이다. 오늘날 독일 사람의 평균수명을 보았을 때 남자는 약 74.8세, 여자는 80.8세 정도이다. 이 평균수명은 세월이 지날수록 더욱 증가할 것이다. 한편 오늘날 독일 인구의 3.9%가 80세 그리고 그보다 더 고령의 사람들이 차지하고 있다. 이 말은 은퇴 내지 가족 부양 의무로부터의 자유 이후에 주어지는 노년의 시간이 과거와 비교했을 때 길어졌다는 사실을 말해준다. 그러나 연령단계에 있어서 높은 평균수명에 근거하여 관심을 기울여야 할 것은 감소되는 출생률로 인해 독일 사회가 지속적으로 노화될 것이라는 사실 역시 이와 같은 상황에 기여하고 있음을 알아야 한다. 우리는 새로운 시각으로 사회를 바라볼 필요가 있다. 왜냐하면 사회적 상황을 예측해야 그에 대한 답을 미리 찾을 수 있기 때문이다. 한편으로는 각 개인은 자신의 은퇴 후의 시간에 대해 신중하게 바라볼 필요가 있다. "어떻게 하면 내가 은퇴 후의 시간을 슬기롭고 이성적으로 사용할 수 있을까?" 다른 한편으로는 사회와 교회가 구성원의 은퇴 후의 삶에 대해 책임감을 가질 필요가 있다. 이에 대해서는 다양한 프로그램의 가능성들이 존재한다. 예를 들어 교육을 통해 노년의 삶의 사회적 고립에 대한 조치로서 젊은이와의 교제와 연관시키거나 사회적 봉사와 연결시켜 바라보고 있는 것이다.

이제 사회의 고령화는 하나의 일반적인 현상이다. 교회공동체도 이에 대해 항상 관심을 가지고 바라보아야 한다. 그리고 적절하고 타당한 방법들이 있는지에 대해 연구해야 한다. 실제로 오늘날 독일교회 공동체의 구성원의 분포도를 살펴보면, 대다수가 20 – 59세까지의 연령그룹이다. 예를 들어 독일 라인란트의 지역 안에 위치한 교회들을 살펴보면, 20 - 59세의 구성원이 51.8%를 그리고 60 - 79세의 구성원이 27.2%에 달한다. 그러나 만일 교회 내 노인의 숫자와 아이·청소년의 숫자를 비교하면 노인 숫자가 조금 더 우세하다는 사실을 깨달을 수 있다. 왜냐하면 아이·청소년의 숫자는 단지 21.0%에 달하기 때문이다. 가까운 미래를 내다보았을 때 노인의 숫자는 더 증가할 것이며 이는 교회에 있어 매우 큰 분포를 차지할 것이다. 이는 지금의 청·장년층의 노화도 한몫을 차지한다. 그들도 세월이 지나면 지날수록 늙어가게 된다. 그리고 언젠가는 노년층에 들어가게 된다. 이미 독일 지역교회는 초고령공동체이다.63) 그리고 20년 내지 30년 안에 독일 지역교회 내 교회 구성원은 젊은이와 노인이 50 대 50이 될 것이며, 50년 내에 노인이 교회 구성원의 70%를 차지하는 날이 올 것이다. 이제 독일의 사회적 초고령구조와 교회적 초고령구조는 교회에 대한 도전이라고 할 수 있다. 그러므로 노인은 더 이상 교회공동체의 구석에 서 있어서는 안 된다. 더불어 교회 안에서 불필요한 존재로도 여겨져서는 안 된다.

"어떻게 하면 교회공동체는 이러한 상황을 담담하게 마주할 수 있게 될까?" 독일 사회는 이미 자신의 기관과 함께 노인에게 도움을 제공하기 위한 광대한 네트워크를 준비하고 제공하고 있다. 예를 들어 노인대학 등의 교육기관이나 집회 등이 그것이다. 이를 통해

---

63) 독일 지역교회 구성원의 분포도를 보았을 때, 이미 독일 지역교회는 고령 공동체이다.

노인에게 정신적인 활성화와 자극을 제공하고 있다. 부분적으로는 매우 수준 높은 계속교육(평생교육), 학업제공과 프로그램들이 모든 노인에게 열려있다. 교회도 이러한 사회적 변화와 노인교육의 발전에 관심을 가져야 한다. 부분적으로는 지역 내 선도적인 주도자로서 역할을 담당해야 한다: 사회와 마찬가지로 교회도 노인교육과 계속 교육을 교회 내 프로그램의 핵심으로 만들 필요가 있다. 그리고 그와 함께 '교회적 노인교육'을 확립하고 교회 내에 확실한 교육적 위치를 가지도록 해야 한다. 기독교 노인교육의 상태와 개선의 가능성 및 발전가능성은 여기에 제시되는 프로그램의 주제가 되어야 한다. 만일 교회가 사회와 관련하여 기독교적인 특별한 테마와 함께 기독교적 개성과 특성을 강조할 능력을 발휘하여 인정받기를 원한다면—필자의 견해에 의하면—교회는 노인교육에 있어서 믿음, 죽음, 삶의 만족 그리고 노인의 정신적인 자원에 대한 적극적인 수령에 초점을 맞추어 프로그램의 내용이 구성해야 한다. 이에 대해 필자는 이미 목표설정을 위한 계획들을 본 저서에서 네 가지 주제를 가지고 상세히 언급하였다. 이 네 가지 논점 가운데 중요하게 생각해야 할 것은 기독교적 표상 안에서 각 개인의 존엄성을 인정하고 그의 죽음까지 고려하여 받아들일 필요가 있다는 사실이다.

A) 보통 죽음을 생각할 때 노인과 연관시켜서 생각해 온 것이 사실이다. 그러나 죽음은 노인뿐만 아니라 모든 세대와 관련되어 있다는 사실을 깨달아야 한다. 인간은 예외 없이 죽음으로 인도되기에 노인에게만 국한된 것으로 보는 것이 아니라 각 인간의 개인적인

죽음으로 생각해야 한다. 더욱이 자연과 사회 안에서의 죽음은 개인 고유의 유한성과 연관시켜 생각해야 한다. 죽어감과 죽음과 마주하여 나타나는 만남은 다음과 같은 내용을 입증한다: 인간은 언제나 어디서나 자신의 존재에 대한 시간적인 유한성에 부딪힌다. 특별히 노인에게 있어서 죽음에 대한 두려움은 명백해진다. 그렇기 때문에 죽음에 대한 준비는 기독교 노인교육의 매우 중요하고 근본적인 테마라고 할 수 있다. 왜냐하면 죽어감과 죽음에 대한 기독교적 이해는 비기독교인의 이해와 비교했을 때 아주 다른 의미를 가지고 있기 때문이다.

이에 대해 구체적으로 성서 안에서 찾고자 한다. 구약성서의 주된 테마는 '동전의 양면과도 같은 삶과 죽음'이다. 삶은 하나님(야훼)으로부터 허락된 선물로서, 하나님과 이웃 간의 관계 안에서 그리고 파트너 안에서 나타나는 삶을 보여준다. 이와 반대로 죽음은 우선 하나님과의 무관계, 즉 신의 부재와 이웃과의 분리, 더 나아가서는 자신의 삶의 맥락으로부터의 분리를 의미한다. 왜냐하면 구약성서에서 죽은 자는 주인을 찬양하지 않기 때문이다. "죽은 자들은 여호와를 찬양하지 못하나니 적막한 데로 내려가는 자들은 아무도 찬양하지 못하리로다"(시 115:17). "스올이 주께 감사하지 못하며 사망이 주를 찬양하지 못하며 구덩이에 들어간 자가 주의 신실을 바라지 못하되"(사 38:18). 그러나 이러한 죽음에 대한 이해가 죽음을 단순히 무시하고 있다는 것을 의미하는 것은 아니다. 그 한 본보기로서 '아브라함의 죽음에 대한 이해'를 들 수 있다. 아브라함은 고령으로 나이로 삶의 만족함을 누리며 죽었다(창 25:89). 아브라함의 죽음은 구약성서가 "죽음을 어떻게 이해하고 있는가"라는 질문에 대한 하나의 긍정적인 예라고 할 수 있다. 구약성서에서는 인간이 죽음을 어떻게 맞이해야 하는지에 대해 그리고 있으며, 이를 통해 죽음을 하나님의 축복과 관계하여 이해하고 있다.

이에 대해 좀 더 자세히 살펴보자. 죽음은 인간의 삶의 영역 가운데 경험의 영역으로써 이해된다. Scheol(저승, 지옥, 황천)은 살아있는 자와 마주하여 죽음이라는 분리된 영역을 의미할 뿐만 아니라, 여러 가지의 삶의 저하의 형태로 인생을 이끈다. 무기력함, 약함, 고독, 외로움, 중한 질병, 원수(적)들로부터 박해 그리고 법정에 있어서 위증, 편법은 죽음의 경험에 대한 한 예로써 인간을 탄식하게 만든다. "사망의 줄이 나를 두르고 스올의 고통이 내게 이르므로 내가 환난과 슬픔을 만났을 때에 내가 여호와의 이름으로 기도하기를 여호와여 주께 구하오니 내 영혼을 건지소서 하였도다"(시 116:3 - 4).

구약성서의 후기시대에서는—대략 다른 문화의 영향 아래에 있던 시기—부활에 대한 생각이 조금씩 나타나게 되었다. 그러나 이는 인간의 불멸(불사)을 생각하는 것은 아니다. 여기에서는 창조적인 삶과 그에 상응하는 죽음의 곁에서 '하나님의 곁에서 존재함'을 희망하는 세 번째 가능성이 나타나게 된다: '하나님의 곁에 존재함'을 하나의 사고 가능성으로 본다. 예를 들어 에녹과 엘리아의 황홀경(무아지경)의 역사에서 그 예를 찾을 수 있다. 신약성서는 구약성서 안에서 나타난 죽음에 대한 후기시대의 이해와 연속성을 가진다. 그러나 삶과 죽음의 새로운 관계 설정은 예수 그리스도의 십자가 죽음을 근거로 삼는다. 특별히 바울서신을 보면 예수 그리스도의 십자가 죽음을 통해 죽음의 공포를 받아들이고 있다. 믿는 자는 예수 그리스도와 함께 죽는다면, 그로 인해 하나의 자리를 가지게 된다. 이제 죽음은 인간의 뒤편에 놓이게 되었다. 만일 믿는 자가 죽음에 대한 공포를 가지게 된다면 이는 자신의 삶의 끝에서 가지게 되는 확신을 방해하는 방해요소가 된다. 믿는 자는 영생에 대한 희망을 가지고 있다. 그 안에서 인간은 예수 그리스도와 함께 죽었고 부활의 몫을 가졌다. 왜냐하면 예수 그리스도의 재림을 통해 죽음이 그 빛을 잃게 되기 때문이다.

그러므로 기독교 노인교육의 과제는 믿는 자의 삶의 마지막에 있어서 내지는 시간적으로 가까워 오는 죽음을 마주하여 죽은 자의 부활과 영생에 대한 기독교적 약속을 강조하는 데에 있다. 이 또한 바울의 기독교적 믿음의 죽음에 대한 중심적인 증언 속에서 나타나는 것으로서 죽음의 극복에 대한 복음은 기독교 노인교육의 프로그램 안에서 나타나 노인에게 영향을 미쳐야 한다.

B) 바울은 죽음을 믿음과 연관 지어 바라본다. 죽음이라는 믿음 안에 사는 기독교인으로 하여금 자신의 미래를 긍정적으로 바라볼 수 있도록 현실화하는 것이다. 그러므로 기독교인의 죽음에 대해 이해를 비기독교인과 비교해 본다면, 기독교인은 자신의 삶이 창조주 하나님의 권한 아래 서 있다고 이해하기 때문에, 죽음을 새로운 삶을 열어주는 하나의 징표라고 이해하고 있다. 그렇기 때문에 그들은

죽음과 마주했을 때 비애(悲哀)에 가득 차서 자신의 삶을 회고하지 않는다. 그와는 반대로 그들은 영생을 믿고 있기 때문에 자신의 남은 삶의 시간에 대해 긍정적으로 바라볼 뿐만 아니나 남은 삶에 대해 하나의 새로운 방향을 설정하게 된다.

'삶과 믿음'은 서로서로 관계를 가진다. 그 안에서 이루어지는 상호간의 개발은 유용하게 이루어진다. 믿음은 삶의 조건의 관련하여 결정적인 변화를 포함한다. "믿음은 인간의 삶을 변모시킨다." 왜냐하면 삶은 믿음의 신앙고백의 내용적 관점에 반응할 때만이 그 효력을 가지기 때문이다. 이를 위해서는 먼저 변화하는 삶의 상황이 새로운 삶에 대한 인지와 경험을 의미하는 구심점이 되어야 한다. 더 정확히 말하자면 세상과 인간을 위한 하나님의 범접할 수 없는 신뢰에 대한 고백으로부터 시작해야 한다. 그리고 그로부터 나오는 결정적인 관점은 개인 고유의 믿음 안에서 해석되어야 한다. 그것에 의해서 믿음의 범위는 확장되어지며 그로 인해 믿음은 깊어진다.

믿음 안에 확실히 서 있는 자들은 자신의 평정을 입증할 수 있는 자들이다. 그리고 그 안에서 자신의 삶을 바라본다. 더 나아가 자신으로부터 다른 사람에게로 눈을 돌려 바라볼 수 있게 된다. 이것은 믿음의 확신이 없는 사람 또는 의심하는 자가 가지지 못하는 것이다. 왜냐하면 이들은 죽음에 대해 우울함을 느끼거나 두려움을 갖고 있기 때문에, 그로 인해 평정을 유지하고 주어진 시간을 남아 있는 선물로써 생각하고 받아들이고 그 안에서 누리는 것이 어려운 것이 일반적이기 때문이다. 이것이야 말로 기독교인과 비기독교인이 죽음을 바라보는 시각의 차이점이라고 말할 수 있다.

C) 기독교적 믿음의 견고함과 심화를 위한 가르침과 도움은 노인교육에 있어서 중요하고 불가피한 교육기초사업이다. 특별히 이 기초사업은 아직 믿음 안에 확실히 서 있지 않은 자로 하여금 믿음 안에서 새로운 시야를 가지도록 그들의 눈을 열게 하는 데에 그 목적을 가진다. 더 나아가 노인교육은 자신의 삶 안에서 새로운 시야를 찾은 자들로 하여금 다른 사람을 돕도록 하는 데에 기여하고자 한다.

D) 노인에게 있어서 자신의 직업 활동으로부터의 은퇴와 삶의 마지막 시간으로부터 얻게 되는 것은 바로 다양한 경험과 지식의 축적이다. 그러나 그동안 노인이 직업으로부터의 분리된 이후 사회 안에서 자신의 축적된 지식과 경험을 사용할 수 있는 여건이 많이 조성되지 못했던 것이 사실이다. 왜냐하면 일반적으로 노인의 지식과 경험은 사회에서 더 이상 사용되지 않거나 단순하게 무시되어 왔기 때문이다. 그리고 이러한 사고는 고쳐지기 어려운 아주 오래된 선입견이었다. 이는 그동안 노인학의 발전을 통해 노인의 존재하는 다양한 능력들이 증명되었음에도 불구하고 노인은 사회와 공동체 안에서 유용한 존재로 여전히 바라보지 않는 것과 연관된다. 하지만 이제는 이러한 사고가 국민 경제에 있어 매우 가치가 큰 인간 자원의 낭비를 의미한다는 사실을 깨달아야 한다.

특별히 성서에서 바라보는 노인에 대한 이해를 보면 오늘날 노인에 대해 어떤 시각과 사고로 바라보아야 하는지를 알 수 있다. 구약성서 안에서 얘기되는 노인은 이스라엘 공동체 내에서 여전히 능력 있으며, 자신에게 맞는 사명을 가지고 이스라엘 공동체 내에서 영향을 미치던 존재였다. 성경적 전통에 있어서 노인은 존경심과 경외심 가운에 서 있다. "너는 센 머리 앞에서 일어서고 노인의 얼굴을 공경하며 네 하나님을 경외하라 나는 여호와이니라"(레 19:32). 노인은 인생의 풍부한 지식을 제공한다. 이 지식은 하나님이 자신의 백성과 함께 했던 역사를 반영한다. 그리고 그로부터 젊은 세대를 위한 특별한 가치를 가진다. "노인의 전승을 거부하지 말라 이는 그의 조상으로부터 넘겨받은 것이다 만일 네가 곤경에 처하게 된다면, 이를 통해 판단력을 얻게 되고 해명할 수 있게 되기 때문이다"(락 8:9). 성서 안에서 이러한 지식은 지혜로서 표현된다. 노인이 자신의 인생의 긴 세월에 근거하여 지혜와 같은 재능을 가졌다. 그리고 그로 인해 그들은 존경을 받게 된다. 노인은 하나님으로부터 인도된 이스라엘 백성의 지난 일에 대한 결과를 보고, 실제적인 삶의 지식에 대해 참된 방법을 가르쳐주어 조치를 취하도록 지시한다. 이는 노인의 풍부한 삶의 지혜에 근거를 둔다.[64] 노인에 대한 존엄성은 간접적으로 그의 긴 삶의 약속과 연관 지어 생각할 수 있다. 이는 십계명 안에서 찾을 수 있다: "네 부모를 공경하라 그리하면 네 하나님 여호와가 네게 준 땅에서 네 생명이 길리라"(출 20:12). 긴 삶은 하나님의 계명과 약속 사이의 관계와 연관되어 있다. 그러므로

---

[64] 시편 119편 100절에서 언급되는 것을 보면 노인에게 제약 없는 지혜가 오는 것은 아니다: "주의 법도들을 지키므로 나의 명철함이 노인보다 나으니이다"

성서는 노인의 '존엄성'이 삶의 '무거운 짐'과 함께 나타나는 행동이나 특성의 융합임을 보여주는 것을 결코 숨기지 않는다. 여기에서 노인의 육체적인 노쇠함은 어떤 경우에도 영향을 미치지 못한다. 왜냐하면 노년의 시간과 그로 인해 나타나는 육체적인 노쇠는 모든 사람에게 오는 것이기 때문이다. 그러므로 성인이 된 자녀는 "그들의 늙은 부모를 공경하고 그들을 관대하게 마주하여야 한다"라는 훈계를 받게 된다. "너를 낳은 아비에게 청종하고 네 늙은 어미를 경히 여기지 말지니라"(잠 23:22).

만일 어떤 사람이 고령의 나이임에도 불구하고 여전히 정정하다면, 특별히 신적인 축복의 표시로써 평가되어진다. 이와 같은 상태는 그를 정의자로 예우한다. 그는 자신의 삶 가운데 항상 하나님으로 인해 변화되는 자이다. "여호와의 정직하심과 나의 바위 되심과 그에게는 불의가 없음이 선포되리로다"(시 92:15).

신약성서에서 노인에 대한 언급을 찾아본다면 과부규칙을 들 수 있다. 이는 늙은 과부로 하여금 교회 공동체 안에서 하나의 활동적인 참여를 규정하는 것이다. 과부는 공동체로부터 배려나 돌봄을 받는 존재로서 여겨지는 것뿐만이 아니라, 자신의 능력 안에서 공동체를 위해 적극적으로 활동할 수 있는 일을 수행할 수 있는 존재로 여겨진다. 예를 들어 데살로니가 공동체는 늙은 과부의 능력과 경험을 눈여겨보고, 그녀에게 적합한 임무를 배분하기도 했다.

그렇기 때문에 기독교적 노인교육의 핵심은 노인의 인적 자원을 인정하여 받아들이고, 자극하고 격려하여 교회와 사회에서 여전히 의미 있는 존재로 살아갈 수 있도록 하는 데에 있다. 이를 위해서는 노인의 능력이 적시적소에 적합하게 사용될 수 있는 가능성을 제공해야 한다. 이는 교회공동체 내 또는 사회적 봉사 안에서 나타나게 되는 것으로, 교회 공동체는 무보수 명예직의 사람의 능력을 정확하게 파악하고 적합한 자리에 세워주는 노력이 필요하다.

전 망

　의학에서 노인에 대해 관심을 가지기 시작한 이래 노인학은 매우 빠르게 발전하였다. 이를 통해 그동안 노인에 대해 일반화되었던 편견이 점차 사라지게 되었으며, 노인을 아주 새로운 관점 아래에서 보게 되었다. 노인학은 다음과 같은 주장을 하게 된다: 노화진행은 생물학적 진행과 전기(傳記)적 진행으로 인해 나타나는 것이기는 하지만 이것이 인간의 능력을 약화시키는 데에 커다란 요인이 되지는 못한다. 젊은이와 노인을 비교해 볼 때, 육체적인 힘과 심리적인 힘 사이에서 드러나는 차이점은 지금까지 편협적으로 생각되어 왔던 것과는 달리(예를 들어 노년의 지적 능력의 약화) 크지 않다. 노년에 들어서도 인간의 기본적인 능력들은 존재한다. 이러한 사실은 때때로 다음과 같은 내용에 초점을 두게 된다: "노인이 능동적으로 자신의 삶을 영위하고자 한다면 어떻게 해야 하는가?" "자신의 능력을 어떻게 사용해야 하는가?" "이를 위해서는 기존 사고의 전환과 도전이 유발되어야 한다는 사실을 알고 있는가?"

　인문학이 노인연구에 관심을 두고 발전되어 온 때는 50년대부터이다. 그 당시 노인을 훈육과 교육의 대상으로 간주되었다. 이러한 노인에 대한 관심은 70년대에 들어오면서부터 강화되기 시작했다. 노인학의 대표적인 학자인 Meieskes는 노인학을 선전, 보급시키고 노인학의 기초를 세우게 된다. 그에 의하면 노인교육은 늙어가는 자 내지 늙은 자를 위한 교육이다. 노인학의 목표는 다음과 같다. 노인으로 하여금 자신에게 남아있는 시간을 긍정적으로 바라보고 새로운 힘을 활성화하고자 하는 데에 노력을 하게 하는 것이다. 이는 노년 안에 나타나는 고독과 지루함에 대항하여 극복하도록 도와준다. 이를 위해서는 먼저 자신의 삶에 있어서 능동적으로 머무를 필요가 있다. 자신의 능력을 새롭게 인식하고 주어진 삶 속에서 적극적인 도전을 유발해야 한다. 또한 합당한 프로그램들이 발전되고 제공되어야 한다. 그리고 이를 통해 노인이 자신의 여가를 즐길 수 있도록 만들어야 한다. 이러한 사고는 70년대 동안 확대되었다. 70년대의 노인에 대한 인식은 다음과 같다: 노인은 고유의 학습능력을 간직하고 있다고 보아 이를 통해 흥미로운 교육학적 발전을 유발시켰다. 즉 계속교육과 평생에 걸친 배움의 콘셉트를 이끌게 되었다. '평생에 걸친 배움'과, '모든 사람을 위한 교육'은 사회 내에 많은 영향을 미치는 표어가 되었다. 이미 70년대에 강조된 이러한 내용은 이후 80년대에 들어서는 상이한 관점 아래에서 더욱 발전하게 했다. 특히 80년대에는 노인의 학습능력을 젊은이의 능력과 비교하는 데에 관심을 기울이게 되었다. 이는 노인에 대한 관점이 70년대보다 좀 더 발전되었다는 것을 의미한다: 노인은 더 이상 '간호 대상(돌봄 대상)'일뿐만 아니라 사회 내 주체로서 바라보아야 한다. 이를 위해서는 노인 스스로가 사회가 제공하는 프로그램에 적극적으로 참여하여 사회 내 주체적으로 설 수 있는 가능성을 찾아야 한다. 그러나 단지 사회 내의 참여만 강조해서는 안 된다. 스스로에 대해 긍정적이고 적극적으로 바라볼 수 있는 사고의 전환도 역시 필요하다. 90년대에는 이러한 경향이 매우 강화되었다. 즉 제3의 인생의 단계 안에서 삶의 발전은 대해 특별한 의미를 가진다. 노인은 자신의 삶의 단계 안에서 적극적이고 활동적으로 존재해야 할 뿐만 아니라(또는 존재하고 싶어 할 존재일 뿐만 아니라), 자신의 생산력을 믿고 다른 이들을 돌볼 능력을 가진 존재이다. 그러므로 사회 안에서 사용가능한 능력을 더욱 많이 사용할 수 있는 장(Feld)이 제공되어야 한다. 50년대부터 90년대의 이론들의 다양한 관점의 발전에도 불구하고 공통적인 견해는 다음과 같다: 노인이 자신의 삶을 잘 영위하기 위해서는 스스로 육체적·정신적·영적으로 건강하게 단련을 시켜야 한다. 현재 65-70세 내지 75세 된 사람은 과거의 같은 연령의 사람들과 동등하게 여겨서는 안 된다. 예를 들어 50-60년대 같은 연령에 있었던 노인과 지금의 동일 연령의 노인을 비교했을 때, 전자는 일반적으로 수동적인 상태에 머물러 있었으며 사회로부터 부양받거나 보호(간호)를 기대하던 사람들이었다. 그러나 오늘날의 노인은 사회로부터 돌봄만을 기대하는 것이 아니라 일반적인 인식과 인정, 즉 그들이 사회 안에서 여전히 한 부분을 차지할 수 있다는 것을 가능하게 하는 것, 여전히 자신의 능력이 사회를 위해 쓰일 수 있다는 것, 활동적이고 적극적인 삶을 이끌어 갈 수 있다는 것―예를 들어 '전문지식을 가진 노인'의 그룹 활동을 통해 주어지는 과제들 속에서―을 통해 자신의 능력과 경험을 사용하고자 한다.

현재 공공복리 속에 노인의 능력을 인정하고 사회 구조의 재투입을 강조하게 된 원인은 예전과 비교해서 나아진 건강상태와 상대적으로 증가된 교육수준, 그리고 높아진 삶의 질이 있다. 이러한 발전에 직면하여 고정된 연대기적 나이 구분은 더 이상 의미가 없어졌다: 정신적, 육체적 업무능력은 80세, 90세가 되어도 여전히 남는다는 이론이 점차 힘을 얻고 있다. 항상 새로운 프로그램을 노인교육이 보여준다면 이것은 지속적인 관심을 끌 수 있게 될 것이다.

필자는 이미 본문에서 인문학의 이론의 발달을 기독교교육(교회교육)과 비교하였다. 기독교교육(교회교육)의 영역에서 노인교육에 대한 관심은 약 70년대부터 시작되었다. 이 말은 기독교교육과 공동체교육의 이론의 발전이 인문학보다 약 40년 늦게 시작되었다는 것을 의미한다. 70년대까지의 교회는 전반적으로 노인을 돌보는 객체로서 보았다. 당시 인문학이 이미 노인의 능력을 인정했음에도 불구하고 말이다. 80년대 초반에 와서야 기독교교육 – 공동체교육은 마침내 노인들이 더 이상 돌보는 객체일 뿐만 아니라 주체이며 객체와는 사실을 받아들였다. 그러나 인문학적 노인교육과 기독교적 노인교육의 이론적인 발전을 비교해보면 기독교적 노인교육은 여전히 70 내지 80년대 이론에 머무르고 있다. 기독교적 노인교육은 믿음에 대한 보편타당한 언명에 한계를 짓고 노인의 자립적 생활설계와 사회 안 활동적인 협력관계를 위한 준비가 항상 전면에 서 있다는 발전적 이론을 받아들이지 못했다. "하나님은 가까이에서 우리를 도우시는 분이시다. 예수 그리스도의 삶 가운데서 증명된 약속은 출생부터 죽음까지 이르는 우리의 인생의 길 가운데에 관계한다. 그 외에 하나님의 함께하심과 하나님의 호의의 신적인 약속을 근거로 인간은 하나님의 임재 가운데 자신의 길의 모든 가능한 한 상황 안에서 태어났음을 확실하게 알고 있다. 이를 통해 인간은 성서적-기독교적 믿음의 근본적인 본질을 잠시 언급한다. 그의 '중심'은 세상에 대해, 각 사람에 대해 취소할 수 없는 영향력이 큰 하나님의 긍정이다. 이 긍정은 우리의 과거, 현재, 미래를 포함한다. 구약성서의 말씀 안에서 이 '중심'은 '야훼'라는 하나님의 이름 안에서 표현된다. "나는 너희를 위해 거기에 있다"

그러므로 기독교 노인교육의 계속적인 발전을 위해서는 다음과 같은 개념을 가져야 한다. 기독교적 종교성이 하나의 자원, 즉 노년에 인간의 능력이 완전히 소모된다는 것을 믿음의 차원 속에서 새롭게 바라보아야 한다. 동시에 노년이 기독교인의 삶 속에 커다란 선물로서 인지되어야 한다. 이것은 삶의 만족에 대해 긍정적인 영향을 줄 것이다. 이는 이미 해당하는 연구를 통해 증명된 것으로, 믿음이 고통과 상실에 대한 감정의 감소와 관련해서 큰 영향을 미친다는 사실을 말해주고 있다.

"실제로 공동체에 속한 모든 노인이 믿음이 있어서 똑같은 수준을 가지고 있고 그에 대해 똑같이 이해하고 있는가?" 이 질문은 일반적으로 부정적으로 생각되어질 수 있다. 왜냐하면 인간은 각자 개인적인 일생의 기록을 가지고 있기 때문이다. 이는 상이한 믿음의 경험을 만들 수 있으며 믿음이 성령과 신학의 진술과 관련하여 상이한 이해와 기대를 가질 수 있음을 보여준다. 이것은 믿음을 내면화하는 것으로부터 나타난다. 이러한 사실은 기독교 노인교육이 교회의 믿음의 목적을 위해 여러 가지 제안을 해야만 한다는 것을 알려준다. 예를 들어 이미 기독교 공동체에 속한 사람뿐만이 아니라 교회 테두리나 밖에 있는 사람을—기독교에 관심이 있거나 이에 노력을 하는 사람—위해서도 프로그램이 만들어져야 한다는 것이다. 이러한 사람들과 관련해서는 기독교 노인교육이 선교적 영향력을 가져야 할 것이다.

만일 기독교교육(교회교육)이 노인을 교육함에 있어 "죽음에 대한 정신적 준비"에 대한 테마로 한정시킨다면, 노인교육이 가지는 노인을 위한 정신적 자원에 대한 반응과 강인함 그리고 '삶에 대한 만족'으로서의 목적을 놓치게 된다. 기독교인은 예수 그리스도의 승리로 인해 죽음에 대해 다르게 생각을 한다. 죽음은 자신의 삶을 단절시키는 것이 아닌 영원한 삶을 위한 교두보이다. 즉 죽음의 의미를 극복하여 죽음을 자신의 뒤에 놓는 것이다. 그러나 자신의 고유한 죽음이 여전히 앞에 있음을 인정한다. 왜냐하면 죽음의 힘은 아직 최종적으로 깨지지 않았기 때문이다. 그러나 세례를 통해 죽음의 권세에 대한 '해방'은 확실히 이루어졌다. 이를 통해 기독교인은 새로운 사람이 되었다. 죽음에 대해 더 이상 두려움을 갖지 않으며 속세는 그들의 존재를 긍정적으로 시인한다. 인간이 기독교적 견해를 각 개인의 삶의 끝에 연관시킬 때, 그로부터 기독교적 죽음의 결정적인 견해가 나타난다. 만일 예수가 삶을 스스로를 위해 지니고 있는 것이 아니라 하나님에 대한 믿음 안에서 그리고 자신의 약속에 대한 신뢰 안에서 잃어버리는 것이라고 요청하게 된다면, 그것은 그 안에 죽음의 단계가 또한 연관되어질 것이다. 그 다음에 하나님은 개인 고유의 삶의 전체적 역사와 함께 자신의 최종적인 '긍정'에 대한 믿음 안에서 속마음을 털어놓게 된다. 그 다음에 죽음은 삶에 대한 하나님의 스스로의 위임의 사고 안에서 믿음의 가장 큰 완성으로서 여겨진다.

확신이 있는 성숙한 믿음의 열매로서 죽음에 대해 긍정적인 받아들인 노인은 남아있는 삶의 긴박함을 긍정적으로 보게 되고 더 나아가 즐겁게 사용할 수 있게 된다. 이를 위해서는 먼저 기독교 노인교육의 결정적인 약점을 알아야 할 필요가 있다. 첫째, 인문학적 노인연구의 발전과 비교했을 때 기독교 노인교육의 미약한 발전의 모습이다. 여전히 노인학에 대한 인문학적인 발전은 현재 기독교 노인교육에 많은 영향을 미치고 있다. 아직까지는 역관계가 이루어지고 있지 못하고 있는 것이 사실이다. 둘째, 이와 같은 모습은 기독교 노인교육의 실천적인 변화에 대한 결핍으로 나타난다. 삶의 만족의 포인트를 위해 존재하는 정신적 자원의 간직과 요청을 위한 학문적 지식의 실천적인 변화는 지금까지 기독교 노인교육 안에서 소홀히 다루어지고 있는 것이 사실이다. 왜냐하면 지금까지 우세했던 기독교 노인교육은 대부분 노인오후모임, 노인댄스교실, 채조, 회상훈련, 외국어 학습 등이었기 때문이다. 심지어 외국어 학습은 '집중치료'의 표현으로서, 이것은 노인을 '돌봄의 객체'로만 다루는 데서 끝나고 있다. 이와 같은 프로그램들은 '육체적인 돌봄을 위해 설계된 것'일 뿐만 아니라 '담소를 나눌 수 있는 장(Feld)', '지루하고 괴로운 환경으로부터 보호하는 (Feld)' 등으로 제공되고 있을 뿐이

다. 그러나 노인에 있어서 '삶의 기쁨'의 깨우고 이를 받아들일 수
있도록 하는 데에 실제로 영향을 주는 프로그램임은 의심할 수 없다.

그러므로 기독교 노인교육은 앞으로 다음과 같은 내용을 고려해
야 한다. 첫째, 노년의 삶으로 들어가는 사람들은 자신이 다니는 교
회로부터 인생의 동행과 이정표로서의 제3의 생의 단계를 기대하게
된다는 사실이다. 그러나 그동안 기독교 노인교육은 직업으로부터의
은퇴와 가족부양의무로부터의 해방을 통해 자유를 가질 때까지 기
독교 공동체에 속한 사람에 대해, 그리고 더 나아가 기독교 공동체
에 속하지 않은 사람에 대해 관심을 가질 필요성을 느끼지 못했다:
그러므로 기독교적 인간상과 기독교적 사랑으로부터 특징지어지고
책임감 있는 인간으로 형성하는 기독교 노인교육은 다음과 같은 매
력을 발산해야 한다. 그것은 기독교 공동체의 한계를 넘어 가치중립
적이고 사회 전체에 있어 형상되어진 노인교육이 그들에게 노년에
주어지는 삶의 만족과 평화가 가득한 길을 중재하는 것을 가리킨다.

둘째, 현재 교회에서 이루어지고 있는 기독교 노인교육의 프로그
램은 다른 사회적 노인교육 프로그램과 비교해 보았을 때 거의 차
이점을 찾을 수 없을뿐더러 교회의 다른 세대에 대한 교육과 비교
했을 때 관심조차 미미한 것이 사실이다. 이에 대한 반성적인 태도
를 가져야 한다. 왜냐하면 기독교인이 서있는 곳이 어디든지 그 안
에 예수 그리스도의 말씀과 교육이 전파되어야 하기 때문이다. 그렇
기 때문에 기독교 공동체들은 성서 안에 나타나는 노인에 대한 이
해에 근거하여 노인의 역할에 대한 개인적 기독교적 표상들을 우리

의 사회 안에서 발전시켜야 하며, 그와 더불어 적합한 프로그램들의 형태 안에 가져와야 할 것이다. 이를 통해 믿는 자의 삶과 사고를 변화시켜야 한다.

셋째, 교회와 지역공동체 안에 두드러지게 나타나고 자라나는 도전에 관심을 가져야 한다. 여기에서 중요한 것은 전문지식이 있는 전문가의 확보에 있다. 그들을 통해 시대와 교회 상황에 맞는 더 많은 프로그램의 제작이 이루어져야 할 것이다. 어떻게 하면 교회가 전형적인 노인교육 프로그램들은 발전시킬 수 있을까? 예를 들어 프로그램을 계획하고 설계할 때 교회 직원 외에 무보수 명예직의 협력자가 참여하는 장(Feld)을 먼저 만들어져야 할 것이다. 그들을 귀중한 협력자로 바라보고, 경험과 의견을 존중하고 고려하여 프로그램의 계획과 설계에 효과적으로 이용할 수 있는 열린 모습을 가져야 한다. 이러한 프로그램에 대한 예로 필자는 이미 본문에서 소개한 바 있다. 무보수 명예직적 설교봉사, 상담사역, 홀로 살거나 노년에 적적해 하는 여성들을 활용한 사역, 노인전문가의 역할 등이 그것이다. 교회 내 무보수 명예직의 협력자는 자신의 지식과 경험의 분야에 있어서 '전문가'들이 대부분이다. 이는 실로 매우 중요하다. 자신이 가지고 있는 지식과 경험을 교회 사역 안에서도 현실화시킬 수 있다면 이를 통해 사역의 효과는 배가될 것이 분명하다. 그러므로 기독교 노인교육은 노인에 대한 인습적인 생각의 변화와 함께 노인으로 하여금 공동체 안에서 능동적으로 머무르게 할 뿐만 아니라 교회의 번영을 위해 자신의 능력을 적극적으로 사용할 수 있도록 도와주는 교육이 되어야 한다.

이에 대해 필자는 기독교 노인교육의 미래적인 프로그램의 형성과 목표설정을 '삶의 만족'과 노인의 정신적 자원에 대한 '수령과 장려'에 초점을 맞추어 말하고자 한다. 이는 Tews의 고령으로 인한 '구별과 분리'에 대한 사상에 기초를 두고 있다. Tews에 의하면 인간은 자신의 고령의 시간에 도달하면서 다음과 같은 질문을 제기한다. "어떻게 하면 노년을 잘 보낼 수 있을까?" 그러나 중요한 것은 이러한 질문이 노년에 들어서서 제기되는 것이 아니라 노년 이전의 삶 속에서 던져져야 한다는 사실이다. 그리고 이에 맞추어 개인적인 본질과 특징이 강하게 나타나는 인생의 계획을 미리 세워 준비해야 한다. 또한 세월이 흐를수록 육체적이고 정신적인 능력이 점진적으로 쇠퇴되는 것에도 주목하여 훈련을 통해 건강한 정신과 육체를 유지하도록 노력하며, 과거에 대한 시각의 개별화(개성부여)와 함께 여전히 기대되는 미래를 위해 노력해야 한다. Tews는 노년과 함께 나타나는 육체적·정신적·사회적 분리에 대한 극복을 위해서는 노인에 대해 보편적으로 내려진 평가를 다시 한 번 되새겨 보아야 한다고 주장한다. 그리고 이 모든 것들이 근본적으로 '노인으로부터' 다시 말하여지도록 해야 한다. 이를 위해서는 먼저 노인 자신의 생각이 변화되어야 한다. 자신이 변화하지 않았는데 다른 사람에게 변화를 요구할 수 없기 때문이다. 이러한 변화를 위해서는 다음과 같은 마음가짐이 필요하다. 첫째, 노인은 자신의 환경에 관심을 가져야 한다. 왜냐하면 노인의 인격과 개성도 중요하지만 이에 영향을 주는 실제적인 생활습관 역시 중요하기 때문이다. 둘째, 자기가치의 식과 삶의 정리에 대한 자세를 가져야 하고 가족과의 관계 속에서 자신의 필요와 욕구 그리고 소원이 무엇인지를 깨달아야 한다. 또한 상이한 재정적인 가능성들 역시 전제되어야 한다.

기독교 노인교육은 미래에 있어 교회의 중요한 교육사명 중 하나이다. 어쩌면 교회의 교육사명의 '중심'에 서게 될지도 모른다. 사회적 발전과 질 높은 삶의 기대는 지난 날 노인의 삶의 상황을 강하게 변화시켰다. 과거에는 인생의 진행이 3단계로 나뉘었다. 인생이 배움-직업-자유 시간으로 이루어져 있다고 보았다. 첫 번째 단계는 어린 시절과 청소년 시절로서 배움의 시간으로서, 학습과 직업에 대한 직접적으로 준비하는 단계이다. 두 번째 단계는 성인 시절로서, 직업을 통해 자신의 삶을 충만시키는 단계이다. 세 번째 단계는 직장으로부터의 해방이 이루어지는 때로 휴식, 평온의 단계로서 삶의 완성이 이루어지는 때이다. 그러나 오늘날은 세 번째 단계를 한 번 더 나누어 총 4단계로 이해해야 한다. 즉 60-70세 사이를 중심으로 하나의 단계를 나누고 70세 이후 고령까지를 두 번째 단계로 나누어야 한다. 첫 번째 단계에 속하는 사람들은 삶 속에서 힘과 능력을 여전히 간직하고 있는 자들로서 자신의 개인적인 삶을 능동적으로 형성시킬 수 있으며, 공동체 안에 활동적으로 존재할 수 있는 자들이다. 두 번째 그룹에 속하는 자들은 이에 반대로 일반적으로 육체적 쇠약이 눈에 띠게 드러나기 때문에 활동보다는 돌봄을 받아야 할 시기이다. 그러므로 그들이 속한 공동체의 지원과 지도가

필요하다. 우리가 주의 깊게 살펴보아야 할 그룹은 첫 번째 그룹이
다. 왜냐하면 그동안 노인에 대한 관심은 연령에 관계없이 두 번째
그룹처럼 생각해 왔던 것이 사실이기 때문이다. 첫 번째 그룹에 속
하는 사람들을 위해 생각해야 할 것은 일반적으로 그들의 삶의 상
황과 관련하여 시작되는 변화에 대해 객관적으로 살펴보아야 한다
는 데에 있다. 다시 말해서 직업으로부터의 은퇴와 자녀의 독립으로
인해 집에는 노부부만 남게 되는 상황이 되었을 때, 어떻게 하면
이 상황을 받아들일 수 있는지, 부부가 서로에 대한 새로운 관계
형성을 위해 각자가 다시금 새롭게 서로를 바라보는 등의 노력을
해야 한다는 것이다. 그 안에서 새롭게 주어진 자유 시간과 은퇴
후 감소되는 재정적인 문제에 대해서도 의논해야 한다. 이러한 변화
가 이루어질 때 지금까지 경험했던 압박과 의무가 없어지고 해방된
다. 이 외에도 오는 세월을 슬기롭게 만족할 수 있도록 만들기 위
해서는 지금까지 살아왔던 삶 속에서 성취되지 못했던 소원과 기대
가 있는지에 대해 본인 스스로를 돌아보고, 자신에게 감추어졌던 특
별한 관심과 성향이 있는지를 생각해 보는 것도 좋을 것이다. 또한
개인적으로 내지는 배우자, 친구들과 함께 몰두할 수 있는 것은 무
엇이 있는지를 알아보거나 지금까지 활용되고 있지 못했거나 부분
적으로만 사용된 능력과 재능을 활발하게 사용하고 발달시킬 수 있
는 새로운 과제와 요청을 찾아내는 적극적인 모습도 가져야 할 것
이다.

위와 같은 내용들은 노인과 교회와의 관계에 있어 굉장히 중요하

다. 왜냐하면 이는 수많은 가능성을 열어주는 눈을 주기 때문이다. 이를 통해 노인은 교회 공동체 안에서 새로운 임무와 요청을 찾을 수 있게 되고 동시에 교회는 노인이라는 '인간자본'을 긍정적으로 직시하고 교회 공동체 안에 적용할 수 있는 방법들을 찾게 된다. 그러므로 노인의 소질과 경험에 상응하는 무보수 명예직의 봉사를 위임함으로 인해 그의 삶이 풍부하게 된다는 사실을 알아야 한다. 이는 노년에 있어 또 하나의 성공적 경험을 주게 될 것이다. 그리고 노인이 교회 안에서 필요한 존재라는 경험을 했을 때, 그의 삶에 대한 만족감은 증가될 것이다. 그렇기 때문에 각 교회들은 다양한 일들과 과제들의 영역을 제공해야 한다.

현재 노인 남여의 평균수명을 비교해 보았을 때, 여성의 평균수명이 남성보다 더 높다는 사실 역시 중요하다. 노년에 들어가면 불가피하게 남성에 비해 여성이 숫자상의 우위를 차지하게 된다. 이러한 높은 평균수명의 예상은 이미 교회의 실제적 프로그램에 능동적으로 참여하는 여성의 숫자가 남성에 비해 우세하다는 것을 통해 직·간접적으로 알 수 있다. 앞으로 '홀로 사는'―과부가 되거나 상이한 원인들로 결혼하지 않았거나 이혼한 여성의―여성노인의 숫자가 사회와 교회 안에서 더욱 우세를 차지하게 될 것이다. 그러므로 노인을 위한 프로그램을 계획·설계할 때에도 학습에 참여하는 성비를 잘 고려해서 만드는 것이 중요하다. 여성 중심의 프로그램과 남성 중심의 프로그램 그리고 여성과 남성을 고루 조화롭게 고려한 프로그램이 제공되어야 할 것이다. 그러나 노인의 경우 고령일수록 여성의 숫자가 점차 많아지는 것을 고려하여 특별히 교회 내에 존재하는 '여성모임'은 진지하게 강조되어 구별되어질 필요가 있다. 이는 한편으로는 참가자의 특별한 관심에 대해 관심을 가지는 것과, 다른 한편으로는 여성의 특별한 경험을 교회 공동체 내에 효과적으로 영향을 미치도록 하기 위해서이다. 상황에 따라서는 남성과 여성 사이의 내적으로 충만 되고 적절한 삶의 표상 안에서 잠재적으로 존재하는 차이점은 적절하게 고려되어져야 한다.

마지막으로 세대 간의 대화를 긍정적으로 바라보아야 한다. 이와 관련하여 기독교 노인교육은 다음과 같은 도전과 요구를 받아야 한다. 고령에 대한 기대로 오늘날 3 또는 4세대가 동시대에 살게 되었다(이것이 비록 같은 공간은 아닐지라도). 그들 사이의 대화 속에 서로에 대한 존경과 존중의 토대가 마련되어야 한다. 더 나아가 이에 대한 책임감을 가져야 한다. 교회와 그 구성원에게도 영향을 미치는 사회적, 문화적 발전 진행의 가속은 이해와 타협의 증가하는 어려움을 발생시킨다. 이는 특별히 정치적이고, 사회적이고 세계관의 상태와 관점에 대한 가치를 지닌다. 어떻게 노인은 '매체의존적인 인간'과 '부동투표자'의 표상 안에 그들의 특징을 발견하게 되는가? 사회적 - 공동체적 관계에 대해 과거와 비교해서 현재 존재하는 시간을 통한 안정성은 더 이상 존재하지 않는다. 안정성의 상실이라는 기독교적 믿음과 교회를 위한 견해 안에서 자신의 패배를 찾는 것이다.

과거 사회적이고 공동체적인 삶은 이제 더 이상 적합하지 않다. 사회적·문화적 변화는 빠르게 이루어지고 있다. 이 변화는 개인 각자의 사고의 다양성 안에서 동등한 권리가 보장되는 생활양식과 생활설계로써 인정하게 만든다. 이러한 변화들의 결과로써 각 세대는 연령이 서로 다른 세대와 무엇인가를 함께 공유하는 것이 어렵게 되었다. 이로 인해 세대 간에 많은 충돌이 일어나게 되었다. 세대 간의 갈등이 심화되어질 수밖에 없는 상황이 21세기의 사회구조라면, 우리는 이를 잠잠히 받아들일 수밖에 없는가? 세대 간의 거리를 좁히기 위한 대안은 없는가? 세대 간의 높아진 벽을 허물고 대화가 소통되게 하기 위해서는 먼저 서로가 서로에게 마음의 문을 열고 대화하려는 마음 자세를 가져야 한다. 특별히 우리는 노인과의 대화를 꺼려해 온 것이 사실이다. 그동안 매스컴을 통해 노인에 대한 부정적인 이미지는 고정되었으며 그 결과 사회와 문화 안에서 노인의 모습은 20세기와 비교해 보았을 때 전혀 새롭지가 못하다. 그러나 자기 이해와 사회의 전통적인 중재의 임무를 고려하여 잊어버려서는 안 되는 것이 바로 노인이다. 그들은 기억이라는 소중한 보물을 가지고 있다. 그 기억은 기쁘고 만족스러운 일에 관한 것일 수도 있고 괴롭고 비통한 경험에 관한 것일 수도 있다. 그러나 이러한 개인적이고 역사적인 기억들은 노인에게 있어서는 여전히 눈앞에서 생생하게 살아있다. 자신의 부모님, 조부모님, 친척에 대한 기억 그리고 가까운 지인과의 관계와 상황 아래서 당시의 삶은 전개되었다. 이것은 노인의 고유의 생각에 대한 이해와 젊은 세대에 대한 관계의 이해에 있어 영향을 미치게 된다. 노인이 자신의 경험과 지식을 통해 젊은 세대와 소통하기를 원한다면 젊은 세대 역시 자신의 경험과 지식을 통해 노인에게 다가가야 할 것이다. 옛 것을 배제하고 새 것이 나올 수 없으며 새 것을 배제한 옛 것은 썩을 수밖에 없기 때문이다.

또한 노년은 교육적 과제로부터 자유함을 느끼게 되는 시간이기도 하다. 이제 그들에게 주어진 시간은 어느 것으로부터도 구속받지 않는 자유로운 시간이다. 노인은 자신의 시간을 손자녀를 위해 베풀 수도 있다. 그 시간 속에서 과거 자신의 자녀와 관련하여 실천했던 훈육원칙을 무조건 고수하지는 않기도 한다. 왜냐하면 그들은 과거에 대한 회상으로부터 당시의 모습에 대해 비판적으로 평가를 내리기도 하기 때문이다. 그리고 이를 통해 현재를 바라보고, '다시 좋게' 만들기 위한 기회를 만들게 되고 이를 자신의 손자녀에게 투영하기도 한다.

노인 스스로가 여전히 건강하고 늙었다고 느끼지 않는 한, 노인은 삶에 대한 확신을 가질 수 있다. 만일 죽음의 징후가 짙게 드리워진 삶에 대해서도 긍정적인 확신을 가지고 바라볼 수 있는 사람은 자신의 삶을 흔쾌히 받아들일 수 있게 된다. 노년기는 지금까지의 삶의 단계(아동기, 성숙기, 노년기)에 대한 이별의 시간이 아니다. 노년기 이전의 삶의 단계(아동기, 청년기, 성인기)도 중요하지만 노년의 마지막 단계 역시 중요한 단계임을 깨달아야 한다. 물론 직업으로부터의 분리와 지금까지의 가족부양의무의 감소는 본인에게는 자신의 자리가 다른 사람에게 넘겨졌다는 느낌을 가지게 되는 순간일 수도 있다. 그리고 이는 매우 고통스럽게 지각되어질 수도 있다. 그러나 과거에 대한 회상을 통해 기독교인은 적어도 현재적 삶의 경험을 형성시킬 수 있다: 기독교인에게 있어서 지금까지 가졌던 모든 것으로부터의 분리는 세상적인 것에 대한 미련 없는 '떠남'을 의미하는 새로운 가능성의 성취를 의미한다. 이는 노년기에 있어서 성취된 새로운 자유시간과 관련지어 생각할 수 있다. 이러한 가능성은 개인 고유의 삶의 갱신을 위해 그리고 각 사람을 위한 관심—이는 '성령의 감동 안에서' '이웃사랑'으로써 표현되어지는 것이다—을 위해 사용되어져야 한다. 인생의 주기가 길어졌다는 말은 인간이 신체적·정신적으로 좋은 상태에 있다는 것을 의미하며, 이로 인해 마지막 생의 단계에 대해 어떤 특별한 의미와 삶의 질을 가질 수 있는 기회를 성취하게 된다는 말을 의미한다.

Ahlbrecht A.: Tod und Unsterblichkeit in der evangelischen Theologie der Gegenwart. Paderborn 1964.

Ahn G.: „Schicksal". In: De Gruyter W (Hg.).: Theologische Realenzyklopädie Bd. XXX. Berlin, New York 1999: 102-107.

Auer A.: Geglücktes Alters: Eine theologisch-ethische Ermutigung. Freiburg. Basel. Wien 1995.

Becker K. F.: Emanzipation des Alters: Ein Ratgeber für die kirchliche Arbeit. Gütersloh 1975.

Ders.: Wertvolle Entwicklungsphase. Vorbereitung auf das Alter. In: Diakonie 76: Jahrbuch des diakonischen Werkes. Stuttgart 1976: 57-60.

Becker S., Rudolph W.: Handlungsorientierte Seniorenbildung: Modellprojekte: konzeptionelle Überlegungen - praktische Beispiele. Opladen 1994.

Bergmeier R.: „Schicksal". In: De Gruyter W. (Hg.).: Theologische Realenzyklopädie Bd. XXX. Berlin, New York 1999: 107-110.

Blasberg-Kuhnke M.: Gerontologie und Praktische Theologie: Studien zur einer Neuorientierung der Altenpastoral. Düsseldorf 1985.

Ders.: Religiosität im Alter. In: Bitter G., Englert R., Miller G., Nipkow K-E. (Hg): Neues Handbuch religionspädagogischer Grundbegriffe. München

2002: 209-211.

Böcher O.: Die ausgebliebene Parusie. Und die Toten in Christus? Enderwartung und Jenseitshoffnung im Neuen Testament. In: Becker H., Einig B., Ullrich P-O (Hg.).: Im Angesicht des Todes. Ein interdisziplinäres Kompendium I. St. Ottilien 1987: 681-708.

Boeckler R., Dirschauer K.: Emanzipiertes Alter. Göttingen 1990.

Börsch-Supan A., Ludwig A., Sommer M.: Demographie und Kapitalmärkte: Die Auswirkungen der Bevölkerungsalterung auf Immobiienvermögen. Köln 2003.

Brunhilde A.: Alter, Altern und Bildung. In: Becker S., Veelken L., Wallraven K. P (Hg.).: Handbuch Altenbildung: Theorien und Konzepte für Gegenwart und Zukunft. Opladen 2000: 15-37.

Ders., Vogt C.: Second International Interdisciplinary Congress on Women: Strategies for Empowerment. In: Feministische Studien. Weinheim 1. 1985: 166-168.

Brunner A.: Dreifaltigkeit. Personale Zugänge zum Geheimnis. Einsiedeln 1976.

Bubolz E.: Bildung im Alter: Der Beitrag therapeutischer Konzepte zur Geragogik. Freiburg 1983.

Büngers H.: Theorien der Altenbildung und ihre praktische Umsetzung: Versuch einer Curriculumentwicklung. Hannover 1982.

Coenen L., Haacker K.: „Greisenalter" In: Theologisches Begriffslexikon zum Neuen Testament, Bd. I. Wuppertal 1997: 8.

Conrad J.: „!qı" In: Fabry H-J., Ringgeren H (Hg.).: Theologisches Wörterbuch zum Alten Testament Bd. II. Stuttgart, Berlin, Köln, Mainz 1977.: 639-659.

Cremer M., Honold W.: Neuer Mut und späte Freiheit: Junge Senioren
in der Gemeinde. Stuttgart 1993.

Cursiefen W.: Überlegungen zur Religiosität im Ablauf des menschlichen
Lebens. In: Katholische Bildung. Melle 96 1995: 64-73.

Dahms U.: Ehrenamtliche Arbeit in Hospizen: Bestandsaufnahme Analyse von
Konzepten. Hamburg 1999.

De Beauvoir S.: Das Alter. Reinbek 1972.

Deeken A.: Alt sein ist lernbar: Anleitung und Hilfe. Kevelaer 1973.

Donicht-Fluck B.: Bilder des Alters in den USA im 20. Jahrhundert
und ihr Einfluss auf die amerikanische Altenbildung und Alten
(Sozial) Politik. Berlin 1994.

Duden.: „Altern" In: Duden: Die Sinn und sachverwandten Wörter 8.
Mannheim, Leipzig, Wien, Zürich 1997: 37.

Dumont G-F.: Anhaltend niedrige Geburtenraten und ihre Folgen. In: Leipert C
(Hg.).: Demographie und Wohlstand: Neuer Stellenwert für Familie in
Wirtschaft und Gesellschaft. Opladen 2003.

Eirmbter E.: Altenbildung. Paderborn München, Wien, Zürich 1979.

Ellerbrock J.: Lebensexperimente des Glaubens: Eine empirische Untersuchung
zu Entwicklung und gegenwärtigem Erleben von Religiosität. Frankfurt
am Main, Bern, New York, Paris 1990.

Ders.: Zufriedenheit & Glaube: Religiosität im Alter. In: Religion heute.
Hannover 12. 1996: 260-265.

Evers R.: Alphabetisierung einer Sprache der Hoffnung Erwägungen zur
Altenbildung. In: Pohl-Patalong U. (Hg.).: Religiöse Bildung im Plural:
Konzeptionen und Perspektiven. Schenefeld 2003: 203-220.

Failing W-E.: Religionspädagogik und Alter. In: Jahrbuch der Religionspädagogik (JRP). Neukirchen – Vluyn 1985: 116-143.

Foitzik A.: Auch nicht mehr die Alten: eine herausfordernde Studie zur Religiosität Erwachsener. In: Herder Korrespondenz. Freiburg 57/2003: 298-302.

Fraas H. J. Die Religiosität des Menschen. Göttingen 1993.

Frehner P., Kamer B., Leuthold R., Vogt T.: Ein Arbeitsbuch. Altersbildung in der Gemeinde: Neue Konzepte und Praxismodelle. Zürich 1991.

Friedrich G.: Der alte Mensch. Soziologische, psychologische und biblische Aspekte. In: Pastoral-theologie. Göttingen 1983: 504-519.

Füglister N.: Furcht und Ehrfurcht vor dem Alter. Die Bibel zum Problem des Alterns. In: Zauner W., Erharter H (Hg.).: Alter – Altern - Altenpastoral. Wien 1973.

Funke A.: Die unentbehrlichen Alten. In: Arbeitsgemeinschaft Missionarische Dienste (Hg.).: Das missionarische Wort: Zeitschrift für Verkündigung und Gemeindeaufbau. Neukirchen –Vluyn 40. Jahrgang 1987: 170-175.

Fürstenberg F.: Bildungsproblem der jungen Alten. In: Geißler E. E (Hg.).: Bildung für das Alterbildung im Alter: Expertischensammlung. Bonn 1990: 41-50.

Gemoll W.: „γερων" In: Griechisch-Deutsches Schul- und Handwörterbuch. München/Wien 1997: 179.

Ders.: „γηραζ" In: Griechisch-Deutsches Schul- und Handwörterbuch. München/Wien 1997: 171.

Ders.: „ηλικια" In: Griechisch-Deutsches Schul- und Handwörterbuch. München/Wien 1997: 628.

Ders.: „πρεοβυτηζ" In: Griechisch-Deutsches Schul- und Handwörterbuch. München/Wien 1997: 361.

Gennrich A.: Die Religiosität der „lebenshungrigen" und der „lebenssatten" Alten. In: Archiv für Religionspsychologie. Göttingen 1994: 239-247.

Gesenius W.: „!qw" Gesenius. Hebräisches und aramäisches Handwörterbuch über das Alte Testament, Berlin, Heidelberg, New York, London, Paris, Tokyo 1987: 309.

Greshake G., Lohfink G.: Naherwatung, Auferstehung. Unsterblichkeit. Basel, Wien 1986.

Grethlein C.: Gemeindepädagogik. Berlin 1994.

GrønbÆk V.: Seelsorge an alten Menschen, Göttingen 1969.

Gronenmeyer R., Reimer H., Kief R., Schmidt W. R.: Alteninitiativen-soziale Prävention bei Alternsprozessen durch Partizipation. In: Kief H., Schmidt R (Hg.).: Selbsthilfe und Alteninitiativen: bedürfnisorientierte Weiterbildung mit Seniorengruppen; Bericht über die Fachtagung ,Selbsthilfe und Alteninitiativen' v. 14. bis 18. April 1980 in der Heimvolkshochschule Bergneustadt. Bonn 1980: 26-34.

Guardini R.: Welt und Person: Versuche zur christlichen Lehre vom Menschen. Würzburg 1950.

Haarbeck A.: Altwerden - Schwierigkeiten und Chancen. In: Arbeitsgemeinschaft Missionarische Dienste (Hg.).: Das missionarische Wort: Zeitschrift für Verkündigung und Gemeindeaufbau. Neukirchen-Vluyn 40. Jahrgang 1987: 180-186.

Habermas J.: Nachmetaphysisches Denken: Philosophische Aufsätze. Frankfurt am Main 1988.

Hahn U.: Kasualien. Gutersloh 2002.

Hampe J. C.: Meditation über Sterben und Leben: Was wir in der letzten Stunden zu leisten haben. In: Diakonie 76: Jahrbuch des Diakonischen Werkes, Stuttgart 1976: 73-82.

Heitmann C.: Alte Menschen vor Gott. Bremen 1989.

Heintze G.: Den Alten sage···. In: Arbeitsgemeinschaft Missionarische Dienste (Hg.).: Das missionarische Wort: Zeitschrift für Verkündigung und Gemeindeaufbau. Neukirchen-Vluyn, 40. Jahrgang 1987: 175-179.

Henckmann A.: Wohnen als Thema und Aufgabe der Altenbildung. In: Becker S., Veelken L., Wallraven K. P (Hg.).: Handbuch Altenbildung: Theorien und Konzepte für Gegenwart und Zukunft. Opladen 2000: 411-422.

Hennig P.: Altenarbeit. In: Adam G., Lachmann R (Hg.).: Gemeindepädagogisches Kompendium. Göttingen 1988: 414-430.

Hoffman-La Roche Ag, Urban & Schwarzenberg (Hg.).: „Biomorphose". In: Roche Lexikon Medizin, München, Wien, Baltimore 1987: 202

Holz T.: Evangelisch-katholischer Kommentar zum Neuen Testament XIII: Der erste Brief an die Thessalonicher. Zürich, Einsiedeln, Köln 1986.

Honold W.: Aufgabe und Chance: zum Auftrag kirchlicher Altenarbeit. In: Diakonie 76: Jahrbuch des Diakonischen Werkes. Stuttgart 1976: 51-56.

Hubbard W. H.: Familiengeschichte: Materialien zur deutschen Familie seit dem Ende des 18. Jahrhunderts. München 1983.

Hungs F. J.: Altenbildung- Altenpastoral: Erfahrungen in der theologischen

Erwachsenenbildung mit älteren Menschen. München 1978.

Hunzinger C-H.: Die Hoffnung angesichts des Todes im Wandel der paulinischen Aussagen. In: Thielicke H (Hg.).: Leben angesichts des Todes: Beiträge zum theologischen Problem des Todes. Tübingen 1968: 69-88.

Jores A.: Leitsymptom: Angst. In: Zwingmann C. (Hg.): Zur Psychologie der Lebenskrisen. Frankfurt a. M 1962: 251-261.

Joss-Dubach B.: Das Alter – Eine Herausforderung für die Kirche. Zürich 1987.

Josuttis M.: Glauben heißt lernen. In: Jahrbuch der Religionspädagogik (JRP). Neukirchen-Vluyn 1984: 223-232.

Jüngel E.: Tod. Stuttgart, Berlin 1971.

Junker J-P.: Alter als Exil. Zürich 1973.

Kallmeyer G., Breloer G., Fülgraff B., Pilwousek I., Recktenwald H.: Lernen im Alter: Analysen und Modell zur Weiterbildung. Bonn Frankfurt 1970.

Klaer I.: „Schicksal". In: De Gruyter W (Hg.).: Theologische Realenzyklopädie Bd. XXX. Walter de Gruyter, Berlin, New York 1999: 110-116.

Klingenberger H.: Handbuch Altenpädagogik: Aufgaben und Handlungsfelder der ganzheitlichen Geragogik. Rieden 1996.

Koch-Straube U.: Gemeindearbeit mit alten Menschen. Zürich, Köln 1979.

Körber K. A u. a.: Bergedorfer Gesprächskreis zu Fragen der Industriellen Gesellschaft: Wo bleiben die alten Menschen in der Leistungsgesellschaft? Interdisziplinäre Diskussion in der Gerontologie. Hamburg 1972.

Krauter B.: Trinitätslehre – eine Glaubenslehre im Christenleben heute. In: Religionsunterricht an höheren Schulen. Düsseldorf Heft 1/1981: 27-32.

Kruse A.: Die Endlichkeit der menschlichen Existenz als Thema einer Bildung im Alter. In: Geißler E. E (Hg.).: Bildung für die Altersbildung - Bildung im Alter. Expertisensammlung. Bonn 1990: 197-214.

Ders.: Lehr U.: Altenbildung – theoretische und empirische Beiträge der Gerontologie. In: Röhrs H., Schruerl H (Hg.).: Richtungsstreit in der Erziehungswissenschaft und pädagogische Verständigung. Frankfurt/M 1989: 317-338.

Kubler-Ross E.: Death: The Final Stage of Growth. Engelewood Cliffs Prentice Hall 1975.

Ders.: Interviews mit Sterbenden. Stuttgart, Berlin 1981.

Lehr U.: Psychologie des Alterns. Heidelberg 82003.

Ders.: Wir brauchen einen Generationenmix. In: Zeitzeichen. Stuttgart 4. 2003 Heft 11: 34-37.

Ders.: Schmitz-Scherzer R., Quadt E.: Weiterbildung im höheren Erwachsenenalter. Stuttgart, Berlin, Köln, Mainz 1979.

Ders.: Veränderungen der Daseinsthematik der Frau im Erwachsenenalter. In: Thomae H., Lehr U (Hg.).: Altern-Probleme und Tatsache. Frankfurt/M 1968: 469-504.

Lenz W.: Grundlagen der Erwachsenenbildung. Stuttgart 1979.

Leuenberger R.: Der Tod: Schicksal und Aufgabe. Zürich 1973.

Leuze H.: Lebenslang lernen: Vorbereitung auf das Alter. In: Diakonie

76: Jahrbuch des diakonischen Werkes. Stuttgart 1976: 61-63.

Lott J.: Handbuch Religion II: Erwachsenenbildung. Stuttgart, Berlin, Köln, Mainz 1984.

Lowy L.: Soziale Arbeit mit älteren Menschen. Freiburg i. Breisgau 1981.

Lücht-Steinberg M.: Gespräch mit älteren Menschen. Göttingen 1981.

Luther M.: Die Bibel: Nach der Übersetzung Martin Luthers. Stuttgart. 1985.

Manser J.: Der Tod des Menschen. Bern 1977.

Matthes J.: Volkskirchliche Amtshandlungen, Lebenszyklus und Lebensgeschichte. In: Matthes J (Hg.).: Erneuerung der Kirche. Gelnhausen 1975.

Menze C.: Bildung. In: Speck J., Wehle G (Hg.).: Handbuch pädagogischer Grundbegriffe Bd. I. Paderborn, 1970: 134-184.

Merkel H., Seibert H.: Perspektiven des Alterns. Alte Menschen in der Kirchengemeinde. Gütersloh 1983.

Mieskes H.: Geragogik − Pädagogik des Alters und des alten Menschen. In: Pädagogische Rundschau. Frankfurt am Main 1970: 90-101.

Moltmann J.: Liebe-Tod-Ewiges Leben: Entwurf einer personalen Eschatologie. In: Becker H., Einig B., Ullrich P-O (Hg.).: Im Angesicht des Todes. Ein interdisziplinäres Kompendium II. St. Ottilien 1987: 837-854.

Müller E.: Selbstbestimmtes Handeln und Partizipation: Zur Situation älterer Menschen in Deutschland. In: Diakonie 2003: Jahrbuch des diakonische Werkes. Stuttgart 2003: 149-153.

Nastainczyk W.: Katechese als Dienst an Menschlichkeit, Glaube und Heil. In: Nastainczyk W.: Neue Wege für Religionsunterricht und Katechese. Würzburg 1975: 224-258.

Oswald W. D.: Psychologische Alter(n)shypothese. In: Becker S., Veelken L., Wallraven K. P (Hg.).: Handbuch Altenbildung: Theorien und Konzepte für Gegenwart und Zukunft. 2000. Opladen: 106-116.

Ders., Fleischmann U. M.: Gerontopsychologie: Psychologie des alten Menschen. Stuttgart Berlin Köln Mainz 1983.

Otto G.: Sprache - im Angesicht des Todes. Pastoraltheologie. Göttingen 1987.

Petzold H.: Mit alten Menschen arbeiten: Bildungsarbeit, Psychotherapie, Soziotherapie. München 1985.

Ders.: Bubolz E.: Konzepte zu einer integrativen Bildungsarbeit mit alten Menschen. In: Ders (Hg.).: Bildungsarbeit mit alten Menschen. Stuttgart 1976: 37-60.

Ders.: Theorien zum Prozess des Alterns und ihre Relevanz für geragogische Fragestellungen, In: Ders (Hg.).: Bildungsarbeit mit alten Menschen. Stuttgart 1976: 116-144.

Pfeil E.: Die Familie im Gefüge der Großstadt: Zur Sozialtopographie der Stadt. Hamburg 1965.

Plagntz A., Schwab U.: Religionswissenschaftlich-empirische Praktische Theologie: Friedrich Niebergall. In: Grethlein C., Meyer-Blank M (Hg.).: Geschichte der Praktischen Theologie: Dargestellt anhand ihrer Klassiker. Leipzig 2000

Platon.: Phaidon. In: Von G. E.: Werke griech. und dt. III. Darmstadt 1974.

Pohl-Patalong U.: Erwachsenenalter. In: Lämmerman G., Naurath E., Pohl-Patalong U (Hg.).: Arbeitsbuch Religionspädagogik: Ein

Begleitbuch für Studium und Praxis. Bielefeld 2005: 245-284.

Potempa P. R.: Persönlichkeit und Religiosität. Göttingen 1958.

Raapke H.: Didaktik der Erwachsenbildung. Stuttgart 1985.

Rahner K.: Zur Theologie des Todes: Mit einen Exkurs über das Martyrium. Freiburg, Basel, Wien 1958.

Reichert M.: Hilfeverhalten gegenüber alten Menschen: eine experimentelle Überprüfung der Rolle von Erwartungen, Essen 1990.

Ders.: Psychologie in der Blauen Eule Bd. 3: Hilfeverhalten gegenüber alten Menschen eine experimentelle Überprüfung der Rolle von Erwartungen. Essen 1990.

Reily G.: Erziehung der religiösen Emotionen. In: Religionsunterricht an höheren Schulen (rhs). Düsseldorf Heft 1 1981: 140-145.

Riley M. W., Foner A.: Aging and Society. Vol. I : An Inventory of Research Findings. NewYork1968.

Ritter-Vosen X.: Der ältere Mensch als Adressat agogischer Zuwendung: Mit einer Untersuchung zur „Situation der Altenbildung im Jahre 1974 in Nordrein-Westfalen". Köln 1977.

Röhr-Sendmeier U.: Lernen im Alter. Der neuere Forschungsstand. In: Geißler E. E (Hg.).: Bildung für das Alterbildung im Alter: Expertisensammlung. Bonn 1990: 137-148.

Rosenmeyr L.: Hauptprobleme der Alterssoziologie. In: Oeter F (Hg.).: Familie und Gesellschaft. Tübingen 1966: 195-234.

Rubin I.: Sexual life after Sixty. London 1965.

Ruprecht H.: Lernen für das Älterwerden. In: Knoll J. H (Hg.).: Lebenslanges Lernen. Hamburg 1974: 234-246.

Schäfer H.: Altwerden als Routine? Vorbereitung auf das Alter. In: Diakonie 76: Jahrbuch des Diakonischen Werkes. Stuttgart 1976: 64-72.

Schartau H.: Demographie als Herausforderung_Antworten der Arbeitspolitik. In: Leipert C (Hg.) Demographie und Wohlstand: Neuer Stellenwert für Familie in Wirtschaft und Gesellschaft. Opladen 2003.

Schilling H.: Der Menschen Schönheit Ende? Voraussetzungen, Bedingungen und Maßstäbe kirchlicher Altenarbeit. München 1997.

Schladoth P.: Glaube im Alter. Münster 2005.

Schleiermacher F. D.: Der christliche Glaube. Bd. I. Berlin 1960.

Schlier H.: Der Römerbrief. HThk 6. Freiburg, Basel, Wien 1977.

Schließke O.: Evangelisches Altenbuch: Eine Lebenshilfe. Gütersloh 1971.

Schmalbrock G., Schoißwohl V.: Erzähl mir von deinem Leben. Handreichung zum Glaubensgespräch mit alten Menschen. München 1982.

Schmaus M.: Krankheit und Tod als personaler Auftrag (= SBKAB). München 1959.

Ders.: Der Glaube der Kirche: Gott der Vollender VI 2. St. Ottilien 1982.

Schmelzer H., Tebert W.: Alter und Gesellschaft. Bonn 1969.

Schölkopf M.: Demographische Entwicklung. In: Becker S., Veelken L., Wallraven K. P (Hg.).: Handbuch Altenbildung: Theorien und Konzepte für Gegenwart und Zukunft. Opladen 2000: 50-60.

Scholl A.: Die Last des anderen mittragen. Alte Menschen in der Gesellschaft. In: Diakonie 76: Jahrbuch des Diakonischen Werkes. Stuttgart 1976: 10-38.

Schrage W.: Evangelisch-katholischer Kommentar zum Neuen Testament VII/4: Der erste Brief an die Korinther, Düsseldorf, Neukirchen-Vluyn 2001.

Schwab R.: Der Mensch auf der Suche nach seiner Identität; Hinweise zur praktischen Arbeit mit einer Textsammlung. In: Religionsunterricht an höheren Schulen (rhs). Düsseldorf Heft1/1980: 37-40.

Seitz M.: Theologie für die Kirche: Beiträge zum christlichen Glauben, Leben und Handeln. Stuttgart 2003.

Sinn H-W.: Das demographische Defizit. Die Fakten, die Folgen, die Ursachen und die Politikimplikationen. In: Leipert C (Hg.): Demographie und Wohlstand. Opladen 2003.

Sopata M.: Zur Theologie des Todes. Frankfurt am Main, Berlin, Bern, New York, Paris, Wien 1993.

Staiger H.: Altenbildung: Bildungen und Grenzen organisierter Bildungsprozesse im Alter. Regensburg 1994.

Statistisches Bundesamt Berlin.: Bevölkerung Deutschlands bis 2050: 10. koordinierte Bevölkerungsvorausbrechung. Berlin 2003.

Statistisches Bundesamt Wiesbaden.: Statistisches Jahrbuch 1969 für Deutschland. Wiesbaden 1969.

Stollberg D.: Glaubensgewissheit und Lebenszufriedenheit im Alter: Pastoral-psychologische Beobachtungen, Deutungen und Vermutungen. In: Pastoraltheologie. Göttingen 2001: 473-484.

Tews H. P.: Soziologie des Alterns Bd. I. Heidelberg 1971.

Theunissen G.: Altenbildung und Behinderung: Impulse für die Arbeit mit Menschen, die als lern- und geistig behindert gelten. Bad Heilbrunn 2002.

Tillich P.: Die christliche Hoffnung und ihre Wirkung in der Welt. In: Albrecht R (Hg.).: Offenbarung und Glaube. Bd. 8. Stuttgart 1970: 257-264.

Trilling W.: Lebenszusage und Todesgeschick bei Jesus von Nazareth. In: Becker H., Einig B., Ullrich P-O (Hg.).: Im Angesicht des Todes. Ein interdisziplinäres Kompendium I. St. Ottilien 1987: 659-680.

Thun T.: Das religiöse Schicksal des alten Menschen: eine religionspsychologische Untersuchung. Stuttgart 1969.

Vath R.: Das Altern lernen: Die soziale Dimension des Alterns. Hannover Berlin Darmstadt Dormund 1973.

Veelken L.: Bildungsarbeit mit Jungen Alten und Seniorenstudium. In: Karl F., Tokarski W (Hg.).: Bildung und Freizeit im Alter. Göttingen, Toronto 1992: 73-91.

Ders.: Einführung in die Identitätstherapie: Vorschläge für die Praxis identitätsentfaltender Jugendarbeit: 20 Tabellen. Stuttgart 1978.

Von Hase H-C.: Alte mit den Jungen: Theologische Überlegungen zum Alter. In: Diakonie 76: Jahrbuch des Diakonischen Werkes. Stuttgart 1976: 39-50.

Wächter L.: „שְׁאוֹל „ In: Fabry H-J., Ringgeren H (Hg.).: Theologisches Wörterbuch zum Alten Testament VII: 901-910.

Weiser A.: Evangelisch-Katholischer Kommentar zum Neuen Testament XV/1: Der zweite Brief an Timotheus. Düsseldorf, Zürich, Neukirchen-Vluyn 2003.

Werbick J.: Glaube im Kontext: Prolegomena und Skizzen zu einer elementaren

Theologie: kann der christliche Glaube als identitätsbezogenes Wissen ausgelegt und verifiziert werden? Zürich, Einsiedeln, Köln 1983.

Weth R.: Glaube nachgefragt: Was für Fragen stellen die Menschen? In: Brennpunkt Gemeinde. Neukirchen-Vluyn 4. 2004 Heft 4: 124-130.

Wild K.: Altenpastoral: Integrierung und Aktivierung des alten Menschen innerhalb unserer christliche Gemeinde. In: Theologisch-praktische Quartalschrift. Linz an der Donau 1979 Heft 3: 260-270.

Winkler K.: Vom not-wendigen Verzicht im Alter. In: Deutsche Krankenpflege-Zeitschrift. Stuttgart 46/1993: 310.

Winzenick M.: Beziehungsfähig werden im Alter: In Beziehung zum Ganzen die eigene Mitte finden gegen Verzweiflung und Isolation. In: Esser W. G (Hg.).: Gott reift in uns: Lebensphasen und religiöse Entwicklung. München 1991: 295-311.

Wittrahm A.: Unsere Tage zu zählen lehre uns: vom Glauben im Alter und vom alternden Glauben. In: Zeitzeichen. Stuttgart 4. 2003: 28-30.

저자: 김정희

− 학 력
목원대학교 신학과 졸업
목원대학교 신학대학원 졸업
독일 Rheinische Friedrich-Wilhelms-University Bonn (Th. D)

− 경 력
목원대학교 기독교교육학 겸임교수
서울 YWCA 노인문화부 위원

− 논 문
"Altenbildung" als zukunftsorientierte Herausforderung der christlichen Gemeinde (Bonn, 2006)
노인교육에서 바라보는 노인의 믿음에 대한 인식론(목원대학교신학연구소, 2006)
TV에 나타난 노인 역할에 대한 기독교교육적 접근(기독교교육정보학회, 2007)
교회교육에 대한 기독교평생교육적 재해석(한국기독교교육학회, 2007)

기독교 노인교육

• 초판 인쇄	2008년 3월 31일
• 초판 발행	2008년 3월 31일
• 지 은 이	김정희
• 펴 낸 이	채종준
• 펴 낸 곳	한국학술정보㈜
	경기도 파주시 교하읍 문발리 513-5
	파주출판문화정보산업단지
	전화 031) 908-3181(대표) · 팩스 031) 908-3189
	홈페이지 http://www.kstudy.com
	e-mail(출판사업부) publish@kstudy.com
• 등 록	제일산-115호(2000. 6. 19)
• 가 격	32,000원

ISBN   978-89-534-8454-2 93370 (Paper Book)
       978-89-534-8454-2 93370 (e-Book)